10番勝負シリーズ

戦国武将10番勝負

かみゆ歴史編集部【編・著】

Gakken

はじめに

戦国時代《せんごくじだい》とは、室町幕府《むろまちばくふ》の後《あと》つぎ争《あらそ》いをきっかけに起《お》きた「応仁《おうにん》の乱《らん》」（1467年《ねん》）から、徳川家康《とくがわいえやす》が江戸《えど》に幕府《ばくふ》を開《ひら》き、「大坂夏《おおさかなつ》の陣《じん》」（1615年《ねん》）で豊臣家《とよとみけ》をほろぼすまでの、およそ百四十年間《ひゃくよんじゅうねんかん》をさす。

この時代《じだい》、世《よ》は乱《みだ》れ、各地《かくち》でたくさんの戦乱《せんらん》が起《お》きた。**地位《ちい》が低《ひく》い者《もの》が実力《じつりょく》で成《な》り上《あ》がり、上《うえ》の者《もの》を打《う》ちたおすこともあった（下剋上《げこくじょう》）**。たとえば、天下人《てんかびと》にまで上《のぼ》りつめた豊臣秀吉《とよとみひでよし》は、農民《のうみん》の出身《しゅっしん》だ。

厳《きび》しい時代《じだい》だが、新《あたら》しい世《よ》に向《む》かうエネルギーに満《み》ちあふれた時代《じだい》でもあった。テレビドラマや映画《えいが》、小説《しょうせつ》、マンガ、ゲームなどで数多《かずおお》くとりあげられ、とても人気《にんき》があるのも、うなずける。

戦国時代《せんごくじだい》には、多《おお》くの戦国武将《せんごくぶしょう》が活《かつ》やくした。

三英傑《さんえいけつ》と呼《よ》ばれる**織田信長《おだのぶなが》**、**豊臣秀吉《とよとみひでよし》**、**徳川家康《とくがわいえやす》**。

戦国最大《せんごくさいだい》のライバルで、5度《ど》も直接戦《ちょくせつたたか》った「甲斐《かい》の虎《とら》」**武田信玄《たけだしんげん》**と「越後《えちご》の龍《りゅう》」**上杉謙信《うえすぎけんしん》**。

東北《とうほく》に現《あらわ》れたニューヒーロー**伊達政宗《だてまさむね》**、日本一《ひのもといち》の兵《つわもの》と呼《よ》ばれ大坂《おおさか》の陣《じん》で豊臣家《とよとみけ》を支《ささ》えた**真田信繁《さなだのぶしげ》**（幸村《ゆきむら》）など、数々《かずかず》の心《こころ》ひかれる武将《ぶしょう》たちであふれかえっている。

かれらは、実際《じっさい》に戦《たたか》い、ぶつかり合《あ》った。ほんのわずかな出来事《できごと》が、勝負《しょうぶ》の結果《けっか》を左右《さゆう》することもあった。

「もしあのとき、雨《あめ》が降《ふ》らなかったら……」

「もしあのとき、家臣《かしん》の進言《しんげん》を聞《き》いていたら……」

そんなことの連続《れんぞく》だ。

でも、だからこそ、現実《げんじつ》の戦《たたか》いはドラマチックなのだ。
本書《ほんしょ》では、そんな戦国武将《せんごくぶしょう》の戦《たたか》いから、特《とく》に見応《みごた》えのある戦《たたか》いを10番《ばん》ピックアップし、紙上《しじょう》に再現《さいげん》した。

全《すべ》て、実際《じっさい》にあった戦《たたか》い（史実《しじつ》）である。

架空《かくう》（フィクション）の「最強本《さいきょうぼん》」が流行《はや》っている。空想《くうそう》は楽《たの》しいものだが、それは、リアルファイトとは別物《べつもの》だ。
真《しん》の最強《さいきょう》は、歴史上《れきしじょう》の事実《じじつ》（史実《しじつ》）の中《なか》にしか、存在《そんざい》しない。
その史実《しじつ》こそ、最高《さいこう》におもしろいのだ！

『10番勝負《ばんしょうぶ》シリーズ』プロデューサー
海藤緑沙《かいとうつかさ》

読者のみなさまへ

＊本書は、「史実」をベースにした「物語」です。年代や場所などの戦いの情報は史実ベースですが、登場人物のセリフ等は、物語としておもしろく読んでいただくために、創作したものです。
＊本書の下段の武将のイラストは、武将をかっこう良く見せるために、現代に残っている実際のよろいかぶとより、派手で色鮮やかに描いています。
＊戦いやエピソードの「史実」には、ほとんどの場合、諸説あります。なお、本書は、できるだけ通説（世間で広く承認されている説）に合わせて書いています。
＊歴史研究は、日々進んでいます。そのため、今は正しいとされている説でも、何年か後に誤りとされることもあります。

戦国武将10番勝負 もくじ

はじめに……2

本書《ほんしょ》の読《よ》み方《かた》……6

第《だい》1番《ばん》

決死《けっし》の攻撃《こうげき》で格上《かくうえ》の敵《てき》をたおせ！

桶狭間《おけはざま》の戦《たたか》い×織田《おだ》信長《のぶなが》VS今川《いまがわ》義元《よしもと》……7

戦国武将の必勝戦法 1 天気《てんき》を味方《みかた》につけた信長《のぶなが》……20

第《だい》2番《ばん》

龍《りゅう》と虎《とら》！ 最大《さいだい》のライバルが真《ま》っ向勝負《こうしょうぶ》！

川中島《かわなかじま》の戦《たたか》い×武田《たけだ》信玄《しんげん》VS上杉《うえすぎ》謙信《けんしん》……21

戦国武将の必勝戦法 2 勝敗《しょうはい》を左右《さゆう》する軍師《ぐんし》の役割《やくわり》……34

第《だい》3番《ばん》

最新兵器《さいしんへいき》で最強軍団《さいきょうぐんだん》を打《う》ちたおせ！

長篠《ながしの》の戦《たたか》い×織田《おだ》信長《のぶなが》VS武田《たけだ》勝頼《かつより》……35

戦国武将の必勝戦法 3 最新《さいしん》兵器《へいき》・鉄砲《てっぽう》の活用法《かつようほう》……50

第《だい》4番《ばん》

九州二大覇者《きゅうしゅうにだいはしゃ》の明暗《めいあん》を分《わ》けた"おとり戦術《せんじゅつ》"

耳川《みみかわ》の戦《たたか》い×島津《しまづ》義久《よしひさ》VS大友《おおとも》宗麟《そうりん》……51

戦国武将の必勝戦法 4 逆転上手《ぎゃくてんじょうず》の島津兄弟《しまづきょうだい》……64

第《だい》5番《ばん》

天才軍師《てんさいぐんし》が編《あ》み出《だ》したおどろきの策《さく》！

備中高松城《びっちゅうたかまつじょう》の戦《たたか》い×豊臣秀吉《とよとみひでよし》VS清水宗治《しみずむねはる》……65

戦国武将の必勝戦法 5 豊臣秀吉《とよとみひでよし》の一夜城《いちやじょう》……80

第《だい》6番《ばん》
信長《のぶなが》死《し》す！ 戦国乱世《せんごくらんせい》は新《あら》たな展開《てんかい》へ
本能寺《ほんのうじ》の変《へん》✕明智光秀《あけちみつひで》VS織田信長《おだのぶなが》……81
戦国武将の必勝戦法 6 信長《のぶなが》の油断《ゆだん》をついた光秀《みつひで》……96

第《だい》7番《ばん》
天下《てんか》をめぐる実力者《じつりょくしゃ》たちのかけ引《ひ》き
小牧《こまき》・長久手《ながくて》の戦《たたか》い✕豊臣秀吉《とよとみひでよし》VS徳川家康《とくがわいえやす》……97
戦国武将の必勝戦法 7 家康《いえやす》を従《したが》わせた秀吉《ひでよし》の政治力《せいじりょく》……110

第《だい》8番《ばん》
大軍《たいぐん》の攻撃《こうげき》を忠臣《ちゅうしん》たちと切《き》りぬけろ！
人取橋《ひととりばし》の戦《たたか》い✕佐竹義重《さたけよししげ》VS伊達政宗《だてまさむね》……111
戦国武将の必勝戦法 8 奥羽《おうう》の常識《じょうしき》を破《やぶ》った政宗《まさむね》……124

第《だい》9番《ばん》
天下《てんか》分《わ》け目《め》の戦《たたか》いを決《けっ》したのは、意外《いがい》な裏切《うらぎ》り!?
関ヶ原《せきがはら》の戦《たたか》い✕徳川家康《とくがわいえやす》VS石田三成《いしだみつなり》……125
戦国武将の必勝戦法 9 西軍武将《せいぐんぶしょう》を調略《ちょうりゃく》した黒田長政《くろだながまさ》……140

第《だい》10番《ばん》
戦国最後《せんごくさいご》の戦《たたか》い！ 泰平《たいへい》の世《よ》をつくるのはどちらだ！
大坂《おおさか》の陣《じん》✕徳川家康《とくがわいえやす》VS豊臣秀頼《とよとみひでより》……141
戦国武将の必勝戦法 10 大坂城攻略法《おおさかじょうこうりゃくほう》の考案者《こうあんしゃ》……156

戦国合戦年表《せんごくかっせんねんぴょう》……158

10番勝負の読《よ》み方《かた》

それぞれの合戦《かっせん》を物語《ものがたり》にしました。戦《たたか》いが起《お》こった理由《りゆう》や、どんな戦略《せんりゃく》を用《もち》いたか、合戦《かっせん》の流《なが》れなどがよくわかります。

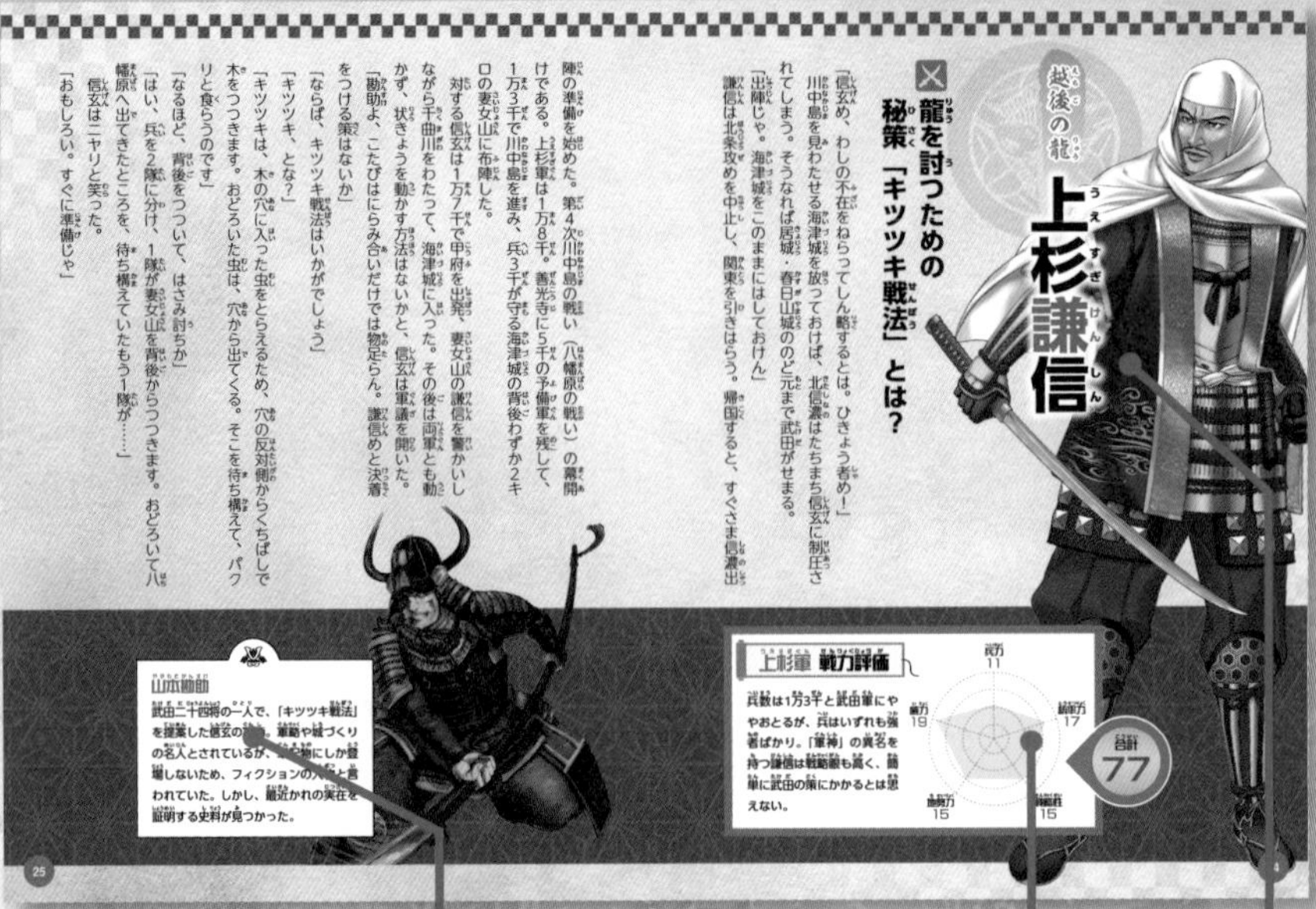

越後《えちご》の龍《りゅう》 上杉謙信《うえすぎけんしん》

龍《りゅう》を討《う》つための秘策《ひさく》「キッツキ戦法《せんぽう》」とは？


「信玄《しんげん》め、わしの不在《ふざい》をねらってしん略《りゃく》するとは。ひきょう者《しゃ》め！」

川中島《かわなかじま》を見《み》わたせる海津城《かいづじょう》を放《ほう》っておけば、北信濃《きたしなの》はたちまち信玄《しんげん》に制圧《せいあつ》されてしまう。そうなれば居城《きょじょう》・春日山城《かすがやまじょう》ののど元《もと》まで武田《たけだ》がせまる。

「出陣《しゅつじん》じゃ。海津城《かいづじょう》をこのままにはしておけん」

謙信《けんしん》は北条攻《ほうじょうぜ》めを中止《ちゅうし》し、関東《かんとう》を引《ひ》きはらう。帰国《きこく》すると、すぐさま信濃出陣《しなのしゅつじん》の準備《じゅんび》を始《はじ》めた。第《だい》4次川中島《じかわなかじま》の戦《たたか》い（八幡原《はちまんばら》の戦《たたか》い）の幕開《まくあ》けである。上杉軍《うえすぎぐん》は1万《まん》8千《せん》。善光寺《ぜんこうじ》に5千《せん》の予備軍《よびぐん》を残《のこ》して、1万《まん》3千《ぜん》で川中島《かわなかじま》を進《すす》み、兵《へい》3千《ぜん》が守《まも》る海津城《かいづじょう》の背後《はいご》わずか2キロの妻女山《さいじょさん》に布陣《ふじん》した。

対《たい》する信玄《しんげん》は1万《まん》7千《せん》で甲府《こうふ》を出発《しゅっぱつ》、妻女山《さいじょさん》の謙信《けんしん》を警《けい》かいしながら千曲川《ちくまがわ》をわたって、海津城《かいづじょう》に入《はい》った。その後《ご》は両軍《りょうぐん》とも動《うご》かず、状《じょう》きょうを動《うご》かす方法《ほうほう》はないかと、信玄《しんげん》は軍議《ぐんぎ》を開《ひら》いた。

「勘助《かんすけ》よ、こたびはにらみ合《あ》いだけでは物足《ものた》らん。謙信《けんしん》めと決着《けっちゃく》をつける策《さく》はないか」

「ならば、キッツキ戦法《せんぽう》はいかがでしょう」

「キッツキ、とな？」

「キッツキは、木《き》の穴《あな》に入《はい》った虫《むし》をとらえるため、穴《あな》の反対側《はんたいがわ》からくちばしで木《き》をつつきます。おどろいた虫《むし》は、穴《あな》から出《で》てくる。そこを待《ま》ち構《かま》えて、パクリと食《く》らうのです」

「なるほど、背後《はいご》をつついて、はさみ討《う》ちか」

「はい、兵《へい》を2隊《たい》に分《わ》け、1隊《たい》が妻女山《さいじょさん》を背後《はいご》からつつきます。おどろいて八幡原《はちまんばら》へ出《で》てきたところを、待《ま》ち構《かま》えていたもう1隊《たい》が……」

信玄《しんげん》はニヤリと笑《わら》った。

「おもしろい。すぐに準備《じゅんび》じゃ」

上杉軍《うえすぎぐん》 戦力評価《せんりょくひょうか》

兵数は1万3千と武田軍にややおとるが、兵はいずれも強者ばかり。「軍神」の異名を持つ謙信は戦略眼も高く、簡単に武田の策にかかるとは思えない。

兵力	11
統率力	17
戦略性	15
地勢力	15
威力	19
合計	77

山本勘助《やまもとかんすけ》

武田二十四将の一人で、「キッツキ戦法」を提案した信玄の軍師。軍略や城づくりの名人とされているが、軍記物にしか登場しないため、フィクションの人物と言われていた。しかし、最近かれの実在を証明する史料が見つかった。

25

総大将《そうだいしょう》
両軍《りょうぐん》の総大将《そうだいしょう》は、大《おお》きなイラストで。名前《なまえ》の前《まえ》にある色文字《いろもじ》は、その武将《ぶしょう》の異名《いみょう》。

戦力評価《せんりょくひょうか》
合戦直前《かっせんちょくぜん》の両軍《りょうぐん》の力《ちから》を比較《ひかく》して、5つの項目《こうもく》で数値化《すうちか》した。
①兵力《へいりょく》（兵数《へいすう》、兵《へい》の強《つよ》さ、武器《ぶき》の数《かず》など）
②統率力《とうそつりょく》（団結力《だんけつりょく》、大将《たいしょう》への信頼感《しんらいかん》など）
③戦略性《せんりゃくせい》（作戦《さくせん》、軍師《ぐんし》の知力《ちりょく》など）
④地勢力《ちせいりょく》（地《ち》の利《り》、難攻不落《なんこうふらく》の城《しろ》など）
⑤威力《いりょく》（天《てん》の時《とき》、勢《いきお》いなど）
各項目《かくこうもく》は20点満点《てんまんてん》、合計《ごうけい》で百点満点《ひゃくてんまんてん》。

武将紹介《ぶしょうしょうかい》
総大将以外《そうだいしょういがい》にも、合戦《かっせん》で活《かつ》やくした代表的《だいひょうてき》な武将《ぶしょう》を紹介《しょうかい》する。

エピソード
合戦《かっせん》や参戦武将《さんせんぶしょう》にまつわるエピソード（いつ話《わ》）。「あっぱれ」なものから「ざんねん」なものまで。

炎《ほのお》の中《なか》に消《き》えた信長《のぶなが》

明《あ》け方《がた》。昨夜《さくや》は心地《ここち》よいねむりについたが、どうも寺《てら》の外《そと》がさわがしい。小姓《こしょう》の森蘭丸《もりらんまる》に様子《ようす》を見《み》に行《い》かせると、寺《てら》が軍勢《ぐんぜい》に囲《かこ》まれているという。

「謀反《むほん》か。何《なに》やつじゃ」

「桔梗《ききょう》の旗印《はたじるし》……。明智《あけち》どのの軍勢《ぐんぜい》にございます」

信長《のぶなが》は一瞬《いっしゅん》おどろきの表情《ひょうじょう》を見《み》せたが、すぐに動《うご》き出《だ》した。

「ぜひにおよばず（こうなっては、やむをえない）。弓《ゆみ》を持《も》て！」

部屋《へや》から飛《と》び出《だ》し、なだれこむ明智軍《あけちぐん》に弓《ゆみ》を放《はな》つ。つるが切《き》れると槍《やり》に持《も》ちかえて戦《たたか》う。しかし、信長《のぶなが》の手勢《てぜい》は数十名《すうじゅうめい》のみ。ついにひじに傷《きず》を負《お》ってしまった。

「……これまでか。蘭丸《らんまる》、火《ひ》を放《はな》て」

信長《のぶなが》は侍女《じじょ》たちをにがすことを命《めい》じると、おくの部屋《へや》に入《はい》って自害《じがい》した。主《あるじ》の首《くび》を取《と》らせるものかと、けん命《めい》に戦《たたか》った蘭丸《らんまる》たち小姓衆《こしょうしゅう》も、全員討《ぜんいんう》ち死《じ》にした。

天下統一《てんかとういつ》を目前《もくぜん》にして、織田信長《おだのぶなが》が歴史《れきし》の舞台《ぶたい》から姿《すがた》を消《け》した。


信長は侍女たちをにがすと、わずかな手勢とともに籠戦。力つきると寺のおくに入り自害した。織田方が寺に火をかけたため信長の遺体は見つからず、光秀は信長の首（=信長をたおしたという決定的な証こ）を手に入れることはできなかった。この失敗が、秀吉と対決する時に、二人の明暗を分けることを光秀はまだ知らない…。

あっぱれ 信長に仕えた黒人武士

本能寺の変で信長方の中に弥助という黒人の武士がいた。かれは、宣教師が連れていた従者で、めずらしい見た目を気に入った信長が引き取り武士にしたという。信長が死ぬと、弥助は信忠のもとにかけつけ戦ったがやぶれ、とらえられた。戦いの後、弥助は光秀の指示で解放される。その後の消息は不明だという。

黒人の従者を連れた南ばん人がえがかれた「唐船・南蛮船図屛風」（九州国立博物館蔵／ColBase）。

89

88

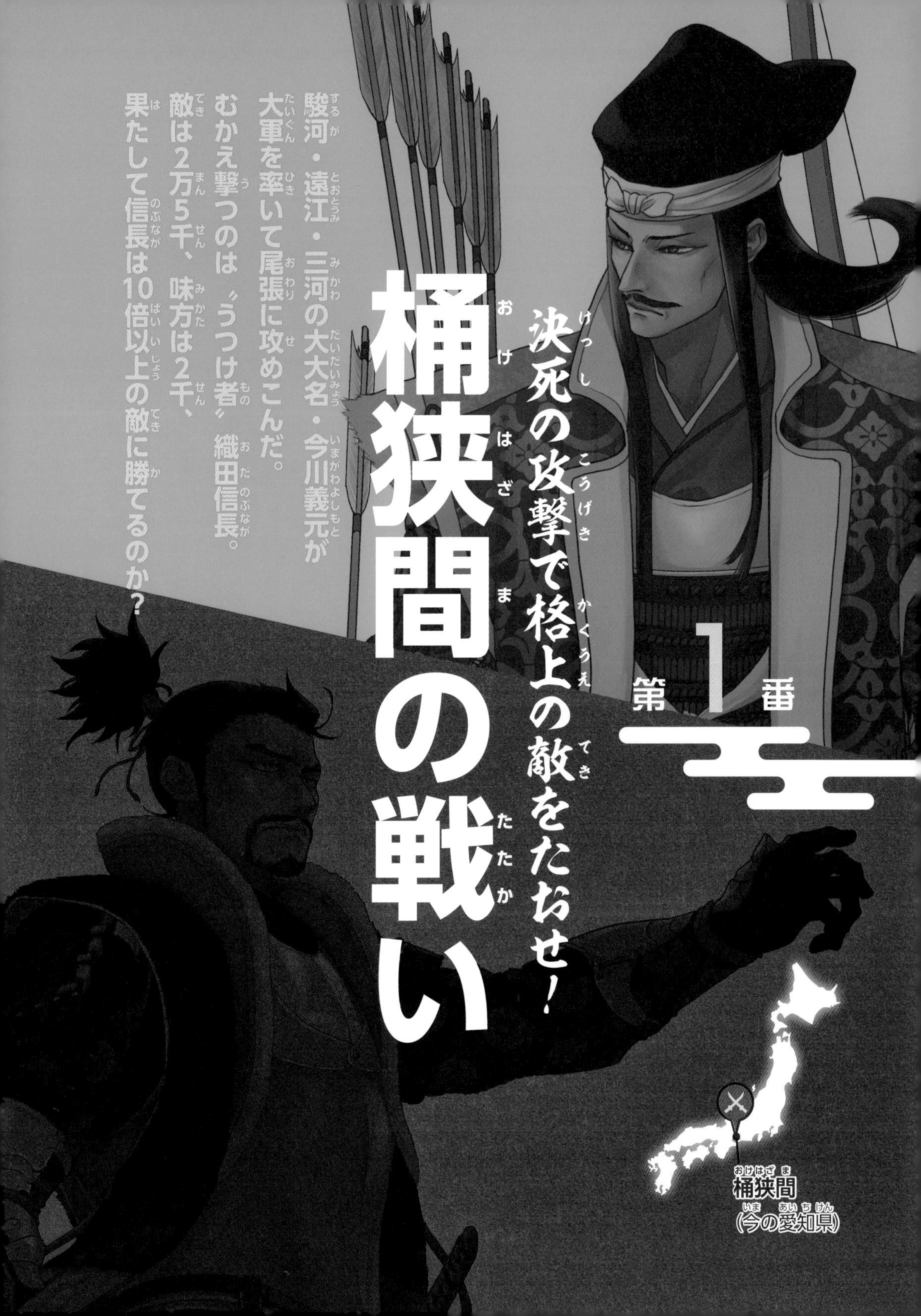

第1番

決死《けっし》の攻撃《こうげき》で格上《かくうえ》の敵《てき》をたおせ！

桶狭間《おけはざま》の戦《たたか》い

駿河《するが》・遠江《とおとうみ》・三河《みかわ》の大大名《だいだいみょう》・今川義元《いまがわよしもと》が
大軍《たいぐん》を率《ひき》いて尾張《おわり》に攻《せ》めこんだ。
むかえ撃《う》つのは“うつけ者《もの》”織田信長《おだのぶなが》。
敵《てき》は2万《まん》5千《せん》、味方《みかた》は2千《せん》、
果《は》たして信長《のぶなが》は10倍以上《ばいいじょう》の敵《てき》に勝《か》てるのか？

海道《かいどう》一《いち》の弓取《ゆみと》り

今川義元《いまがわよしもと》

うつけ者《もの》が当主《とうしゅ》になったすきに尾張進出《おわりしんしゅつ》をねらう義元《よしもと》

尾張《おわり》（愛知県西部《あいちけんせいぶ》）の小大名《しょうだいみょう》の子《こ》・織田信長《おだのぶなが》は、派手《はで》で変《か》わった身《み》なりをし、町中《まちなか》で行儀悪《ぎょうぎわる》く食《た》べ歩《ある》きをするなど奇行《きこう》が多《おお》かったため、周囲《しゅうい》から「うつけ者《もの》」（おろか者《もの》・ばか者《もの》）と呼《よ》ばれていた。そんな評判《ひょうばん》の悪《わる》い信長《のぶなが》だが、18歳《さい》のときに父《ちち》・織田信秀《おだのぶひで》が死去《しきょ》し、織田家《おだけ》の当主《とうしゅ》となる。

今川軍《いまがわぐん》 戦力評価《せんりょくひょうか》

2万《まん》5千《せん》の大軍《たいぐん》で尾張《おわり》の城《しろ》を次々《つぎつぎ》と落《お》としていく今川軍《いまがわぐん》。尾張平定《おわりへいてい》は時間《じかん》の問題《もんだい》となったが、兵士《へいし》の中《なか》にはすでに勝《か》った気分《きぶん》で油断《ゆだん》している者《もの》もいるようだ。

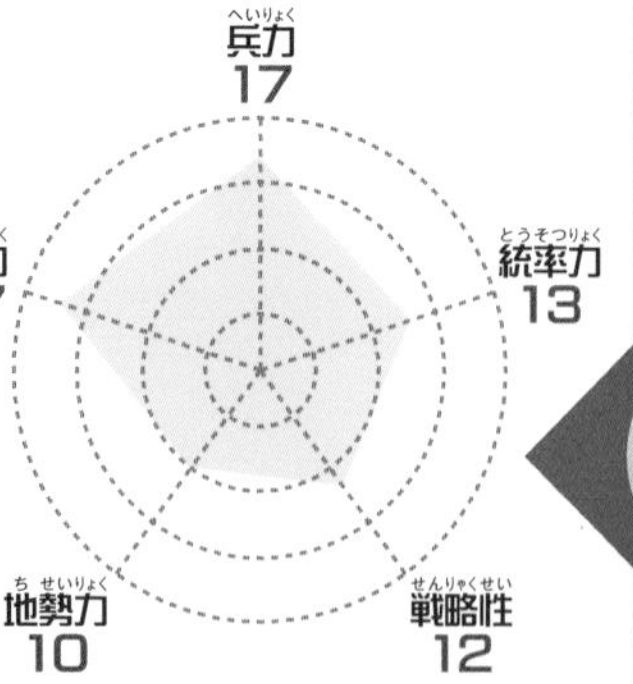

合計《ごうけい》
69

織田家《おだけ》の家臣《かしん》たちは不安《ふあん》であった。なにせ、時《とき》は戦国時代《せんごくじだい》。弱《よわ》い国《くに》は強《つよ》い国《くに》に飲《の》みこまれていく「弱肉強食《じゃくにくきょうしょく》」の時代《じだい》である。当主《とうしゅ》がうつけ者《もの》では、織田家《おだけ》がほろぼされるのも時間《じかん》の問題《もんだい》だ。しかも、当時《とうじ》の織田家《おだけ》は分《ぶん》れつしており、信長《のぶなが》は尾張《おわり》1国《こく》すら支配《しはい》しきれていなかった。

こうした状《じょう》きょうに不安《ふあん》にかられた柴田勝家《しばたかついえ》などの重臣《じゅうしん》たちは、信長《のぶなが》の優秀《ゆうしゅう》な弟《おとうと》・信勝《のぶかつ》を当主《とうしゅ》にするため謀反《むほん》をくわだてる。兄弟《きょうだい》で争《あらそ》った末《すえ》に、信長《のぶなが》が信《のぶ》勝《かつ》を殺害《さつがい》したが、信長《のぶなが》が家《いえ》をついで以降《いこう》、織田家《おだけ》ではこうした混乱《こんらん》が続《つづ》いていたのだ。

これを見《み》のがさない男《おとこ》がいた。

駿河《するが》（静岡県中部《しずおかけんちゅうぶ》）・遠江《とおとうみ》（静岡県西部《しずおかけんせいぶ》）・三河《みかわ》（愛知県東部《あいちけんとうぶ》）の3か国《こく》を領《りょう》土《ど》に持《も》つ大大名《だいだいみょう》、今川義元《いまがわよしもと》だ。義元《よしもと》は、海道一《かいどういち》の弓取《ゆみと》り（東海道一《とうかいどういち》の武将《ぶしょう》）と呼《よ》ばれ、政治《せいじ》にも武力《ぶりょく》にも、すぐれた人物《じんぶつ》であった。

「うつけ者《もの》が当主《とうしゅ》になり、織田《おだ》は混乱《こんらん》している。今《いま》こそ、尾張《おわり》をうばう好機《こうき》ぞ」

義元《よしもと》がそう宣言《せんげん》すると、重臣《じゅうしん》たちはすぐに策《さく》を提案《ていあん》する。

「では、織田方《おだがた》の城主《じょうしゅ》に書状《しょじょう》を送《おく》り、寝返《ねがえ》らせましょう」

「うつけが当主《とうしゅ》になって不安《ふあん》なのは支城《しじょう》の城主《じょうしゅ》たちも同《おな》じ。領地《りょうち》と命《いのち》を保《ほ》しょうしてやれば、必《かなら》ずこちらの味方《みかた》になりましょう」

義元《よしもと》は満足《まんぞく》そうにうなずく。

「うむ、尾張《おわり》の支城《しじょう》をくずす。まずねらうのは鳴海城《なるみじょう》じゃ！」

鳴海城《なるみじょう》は織田家臣《おだかしん》の山口教継《やまぐちのりつぐ》が守《まも》っていたが、うつけ者《もの》の信長《のぶなが》が当主《とうしゅ》となった不安《ふあん》から裏切《うらぎ》ってしまった。現在《げんざい》は公園《こうえん》になっていて、城《しろ》はあと形《かた》も残《のこ》っていない。

義元《よしもと》動《うご》く！織田家《おだけ》にせまるめつ亡《ぼう》の危機《きき》

信長《のぶなが》のいる清洲城《きよすじょう》に、しょう撃《げき》が走《はし》った。

「なんと、鳴海《なるみ》が今川《いまがわ》の手《て》に落《お》ちたと！」

「信秀様《のぶひでさま》が亡《な》くなり、うつけ者《もの》の信長様《のぶながさま》が当主《とうしゅ》となったとたんにこれじゃ」

「これは、他《ほか》の城《しろ》も危《あぶ》ないのではないか」

家臣《かしん》たちの悪《わる》い予感《よかん》は的中《てきちゅう》した。鳴海城《なるみじょう》に続《つづ》いて大高城《おおだかじょう》、沓掛城《くつかけじょう》など、尾張《おわり》国内《こくない》の重要《じゅうよう》な城《しろ》の城主《じょうしゅ》たちが、新当主《しんとうしゅ》・信長《のぶなが》への不安《ふあん》から、今川方《いまがわがた》のさそいに乗《の》って次々《つぎつぎ》と裏切《うらぎ》ったのだ。

「われらの混乱《こんらん》に乗《じょう》じて攻《せ》めてくるとはな。義元《よしもと》め、容《よう》しゃがない」

すぐに手《て》を打《う》たなければ、待《ま》っているのはめつ亡《ぼう》しかない。信長《のぶなが》は城《しろ》を取《と》り返《かえ》すための足場《あしば》となる砦《とりで》を、鳴海城《なるみじょう》や大高城《おおだかじょう》を包囲《ほうい》するように、いくつも築《きず》いた。これに義元《よしもと》は、待《ま》ってましたと反応《はんのう》する。

「うつけ殿《どの》も戦《たたか》い方《かた》は知《し》っておったか。ならば大軍《たいぐん》で飲《の》みこんでくれよう」

永禄《えいろく》3年《ねん》（1560年《ねん》）、今川義元《いまがわよしもと》は2万《まん》5千《せん》の大軍《たいぐん》を集《あつ》め、尾張《おわり》に向《む》けて進軍《しんぐん》を開始《かいし》した。これだけの大軍勢《だいぐんぜい》を集《あつ》められたのは、今川家《いまがわけ》が甲斐《かい》（山梨《やまなし》県《けん》）の武田信玄《たけだしんげん》、相模《さがみ》（神奈川県《かながわけん》）の北条氏康《ほうじょううじやす》と同盟《どうめい》を結《むす》んでいたからだ（甲《こう》

あっぱれ 三河《みかわ》をめぐる人質作戦《ひとじちさくせん》

今川義元《いまがわよしもと》と織田信秀《おだのぶひで》は三河《みかわ》の領地《りょうち》をめぐって争《あらそ》いをくり広《ひろ》げていた。義元《よしもと》は三河《みかわ》の領主《りょうしゅ》・松平広忠《まつだいらひろただ》に目《め》をつけ、かれの後《あと》つぎ・竹千代《たけちよ》（後《のち》の徳川家康《とくがわいえやす》）を人質《ひとじち》にしようとするが、信秀《のぶひで》に竹千代《たけちよ》をうばわれてしまう。これに対《たい》し、義元《よしもと》は信秀《のぶひで》の子《こ》をとらえて竹千代《たけちよ》と交《こう》かん。その後《ご》、信秀《のぶひで》が亡《な》くなったこともあり、三河《みかわ》を領地化《りょうちか》することに成功《せいこう》した。

相駿三国同盟《そうすんさんごくどうめい》）。大軍《たいぐん》で長期間《ちょうきかん》の遠《えん》せいに出《で》ても、留守《るす》を気《き》にする必要《ひつよう》がなかったのである。

一方《いっぽう》の信長《のぶなが》は、父《ちち》をついで当主《とうしゅ》となり、ようやく弟《おとうと》や柴田《しばた》たちの謀反《むほん》をおさめたばかり。動員《どういん》できる兵力《へいりょく》は少《すく》ない。織田家《おだけ》に、めつ亡《ぼう》の危機《きき》がせまっていた。

第六天魔王《だいろくてんまおう》
織田信長《おだのぶなが》

織田軍《おだぐん》 戦力評価《せんりょくひょうか》

2万《まん》をこえる大軍《たいぐん》の今川軍《いまがわぐん》に対《たい》して織田軍《おだぐん》はわずか2千《せん》。重臣《じゅうしん》たちは信長《のぶなが》の能力《のうりょく》を疑《うたが》っており、統率面《とうそつめん》でも不安《ふあん》がある。果《は》たして、信長《のぶなが》に逆転《ぎゃくてん》の策《さく》はあるのだろうか…？

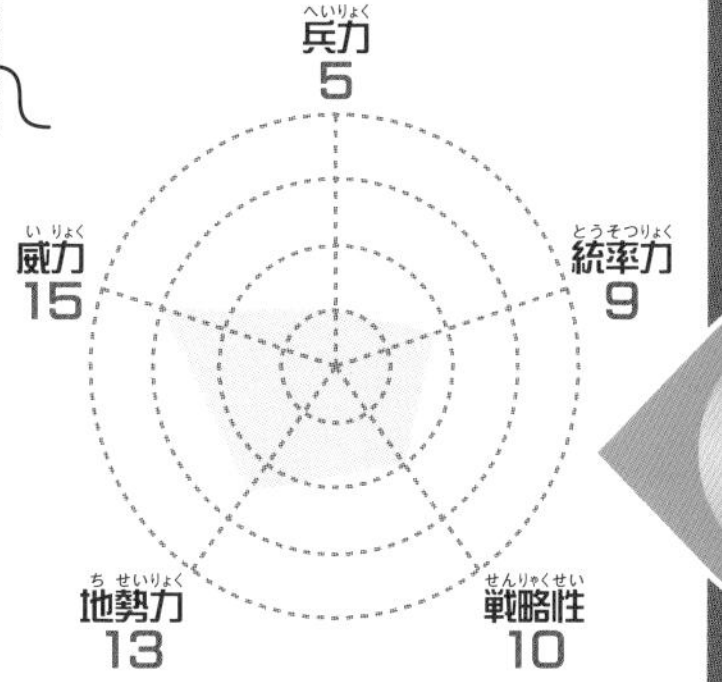

合計《ごうけい》
52

仲間《なかま》を救《すく》え！ 松平元康《まつだいらもとやす》の大高《おおだか》兵糧《ひょうろう》入《い》れ

今川方《いまがわがた》の鳴海城《なるみじょう》と大高城《おおだかじょう》は、信長《のぶなが》が築《きず》いた砦《とりで》に包囲《ほうい》され、周囲《しゅうい》と連《れん》らくが断《た》たれている。そこで、義元《よしもと》は後方《こうほう》から援軍《えんぐん》を送《おく》ろうと考《かんが》えた。今川館《いまがわやかた》を出発《しゅっぱつ》した今川軍《いまがわぐん》は、駿河《するが》・遠江《とおとうみ》・三《み》河《かわ》の自領《じりょう》の城《しろ》をたどりながら西《にし》へ西《にし》へと進《すす》み、三《み》河《かわ》・尾張《おわり》の国境《くにざかい》にある沓掛城《くつかけじょう》に入《はい》る。

「まず大高城《おおだかじょう》の囲《かこ》みを破《やぶ》り、城内《じょうない》に兵糧《ひょうろう》（食料《しょくりょう》）を運《はこ》び入《い》れよ」

大高城《おおだかじょう》は鵜殿長照《うどのながてる》が守《まも》っていたが、織田軍《おだぐん》の包囲《ほうい》により物資《ぶっし》がつきていた。

「さらに、大高《おおだか》を囲《かこ》む織田方《おだがた》の鷲津《わしづ》・丸根《まるね》の両砦《りょうとりで》を攻《せ》め落《お》とすのだ」

大高城《おおだかじょう》を無事《ぶじ》に救援《きゅうえん》したら、義元本隊《よしもとほんたい》も大高城《おおだかじょう》へ向《む》かい、城周辺《しろしゅうへん》の砦《とりで》を片《かた》っぱしから落《お》としていく。信長《のぶなが》が来《き》たらそこで決戦《けっせん》という作戦《さくせん》だ。今川軍《いまがわぐん》2万《まん》5千《せん》に対《たい》し、織田軍《おだぐん》は5千《せん》に満《み》たないだろう。楽勝《らくしょう》まちがいなしだ。

大高城《おおだかじょう》への兵糧入《ひょうろうい》れを任《まか》されたのは、松平元康《まつだいらもとやす》（後《のち》の徳川家康《とくがわいえやす》）だった。幼《おさな》いころから人質《ひとじち》として駿府《すんぷ》で育《そだ》ち、成長《せいちょう》して今川《いまがわ》の武将《ぶしょう》となった青年《せいねん》だ。

「はっ、お役目《やくめ》、必《かなら》ず果《は》たして参《まい》ります！」

元康《もとやす》は家臣《かしん》とともに出陣《しゅつじん》し、織田軍《おだぐん》の包囲《ほうい》をとっ破《ぱ》して兵糧入《ひょうろうい》れに成功《せいこう》した。続《つづ》いて、元康《もとやす》は丸根砦《まるねとりで》に、今川家臣《いまがわかしん》の朝比奈泰朝《あさひなやすとも》は鷲《わし》津砦《づとりで》に攻《せ》めかかった。

松平元康《まつだいらもとやす》〔徳川家康《とくがわいえやす》〕

三河《みかわ》の領主《りょうしゅ》・松平広忠《まつだいらひろただ》の子《こ》。人質《ひとじち》として駿府《すんぷ》で育《そだ》ち、今《いま》川一門《がわいちもん》の姫《ひめ》を妻《つま》にしていた。今川家《いまがわけ》の重臣候補《じゅうしんこうほ》として期待《きたい》されていたが、義元《よしもと》の死後《しご》、今川家《いまかわけ》から独立《どくりつ》する。

大高城《おおだかじょう》の救援《きゅうえん》を命《めい》じられた元《もと》康《やす》は、千人《せんにん》の兵《へい》を率《ひき》いて包囲《ほうい》をとっ破《ぱ》。大高城《おおだかじょう》に兵糧《ひょうろう》（食《しょく》料《りょう》）を届《とど》ける。そのまま、元《もと》康《やす》は城《しろ》の守《まも》りにつき、織《お》田《だ》方《がた》の丸《まる》根《ね》砦《とりで》を落《お》とした。

大高城《おおだかじょう》のあとは公園《こうえん》になっており、土《ど》るい（土《つち》を盛《も》ったかべ）など城《しろ》のなごりを見《み》ることができる。

ろう城《じょう》か決戦《けっせん》か、信長《のぶなが》の決断《けつだん》は？

一方《いっぽう》、駿河《するが》を発《た》った今川《いまがわ》の大軍《たいぐん》の情報《じょうほう》が続々《ぞくぞく》ともたらされる清洲城《きよすじょう》では、これは一大事《いちだいじ》と重臣《じゅうしん》たちが集結《しゅうけつ》し、議論《ぎろん》が交《か》わされていた。あまりの兵力差《へいりょくさ》に、だれも戦《たたか》うための策《さく》が思《おも》いうかばない。その様子《ようす》を、信長《のぶなが》は上段《じょうだん》からだまってながめている。

「亡《な》き信秀様《のぶひでさま》が守《まも》ってこられた尾張《おわり》を、みすみすうばわれてなるものか」

「されど、義元《よしもと》みずから2万《まん》5千《せん》の兵《へい》を率《ひき》いてくるとは……」

「多勢《たぜい》に無勢《ぶぜい》。ろう城《じょう》しかなかろう」

「さよう。ろう城《じょう》しかない」

ろう城《じょう》とは、城《しろ》にたてこもって戦《たたか》うことである。城《しろ》の外《そと》で戦《たたか》っても勝《か》ち目《め》がない以上《いじょう》、清洲城《きよすじょう》で守《まも》りをかためて持久戦《じきゅうせん》に持《も》ちこもうというわけだ。意見《いけん》が一《いっ》ちした重臣《じゅうしん》たちは、信長《のぶなが》の方《ほう》に向《む》き直《なお》り、手《て》をついてうったえた。

「との、ここはろう城《じょう》しかないと存《ぞん》じますが、とののお考《かんが》えはいかに？」

「何《なに》とぞ、ご決断《けつだん》を！」

重臣《じゅうしん》たちにせっつかれて、信長《のぶなが》はようやく言葉《ことば》を発《はっ》した。

信長《のぶなが》はどのようなルートで決戦地《けっせんち》へ向《む》かったのか。出撃時《しゅつげきじ》はちょうど満潮《まんちょう》で、海沿《うみぞ》いは進《すす》めなかったため、信長《のぶなが》は内陸《ないりく》から丹下砦《たんげとりで》に入《はい》ったという。従来《じゅうらい》の説《せつ》では、今川軍《いまかわぐん》に見《み》つからないようにう回《かい》した（赤《あか》の点線《てんせん》）とされていたが、近年《きんねん》は、正面《しょうめん》から今川軍《いまかわぐん》をおそったとする説《せつ》（赤《あか》の実線《じっせん》）が有力《ゆうりょく》だ。

「ろう城《じょう》はせぬ」

一同《いちどう》はおどろき、いっせいに意見《いけん》しようとしたが、信長《のぶなが》ははぐらかすように、大《おお》きなあくびをしながら立《た》ち上《あ》がった。

「もう夜《よる》もおそい。わしは寝《ね》る。ほれ、そなたらも早《はよ》う帰《かえ》れ」

さっさと寝所《しんじょ》へ下《さ》がってしまった主《あるじ》をぼうぜんと見送《みおく》り、重臣《じゅうしん》たちはため息《いき》をついた。

「織田家《おだけ》は、もうだめじゃ……」

明《あ》け方《がた》、再《ふたた》び清洲城《きよすじょう》があわただしくなった。大高城《おおだかじょう》を包囲《ほうい》していた鷲津砦《わしづとりで》と丸根砦《まるねとりで》が今川方《いまがわがた》に攻《せ》められているという。その情報《じょうほう》はただちに信長《のぶなが》に伝《つた》えられた。寝所《しんじょ》から出《で》てくると、とつぜん信長《のぶなが》はつづみを持《も》たせ、扇《おうぎ》をかまえた。

「人間《じんかん》五十年《ごじゅうねん》　下天《げてん》のうちを比《くら》ぶれば　夢《ゆめ》まぼろしのごとくなり……」

源平合戦《げんぺいがっせん》で若《わか》くして世《よ》を去《さ》った平敦盛《たいらのあつもり》のことをうたった幸若舞《こうわかまい》『敦盛《あつもり》』である。舞《ま》い終《お》えると、信長《のぶなが》は扇《おうぎ》をとじ、息《いき》をはいた。そして、とまどう家臣《かしん》たちに向《む》かって号令《ごうれい》を発《はっ》した。

「出陣《しゅつじん》じゃ！」

信長《のぶなが》は馬《うま》にまたがってかけ出《だ》した。とつ然《ぜん》の命令《めいれい》に、すぐに後《あと》を追《お》ったのは、信長《のぶなが》の身《み》の回《まわ》りの世話《せわ》をする小姓《こしょう》たちだけだった。

勝利《しょうり》は目前《もくぜん》？ おけはざま山《やま》で休《きゅう》けいする今川軍《いまがわぐん》

清洲城《きよすじょう》を飛《と》び出《だ》した信長《のぶなが》は、そのまま熱田神宮《あつたじんぐう》まで一気《いっき》にかけた。大高城方《おおだかじょうほう》面《めん》を望《のぞ》むと、鷲津《わしづ》・丸根《まるね》の両砦《りょうとりで》あたりからけむりが立《た》ち上《のぼ》っている。

「鷲津《わしづ》と丸根《まるね》は、落《お》ちたか……」

神宮《じんぐう》に参拝《さんぱい》し、敵方《てきがた》のもう一《ひと》つの城《しろ》・鳴海城《なるみじょう》を囲《かこ》む丹下砦《たんげとりで》、さらに善照寺砦《ぜんしょうじとりで》へと進《すす》む。この間《あいだ》に兵《へい》が追《お》いつき、その数《かず》は2千《せん》ほどになっていた。

「今川本陣《いまがわほんじん》へ奇《き》しゅうをかける。義元《よしもと》の首《くび》をとるのだ！」

信長《のぶなが》は集《あつ》まった兵《へい》の前《まえ》に立《た》ち、そうさけんだ。

清洲城《きよすじょう》にろう城《じょう》しても、敵《てき》が10倍《ばい》では守《まも》り切《き》れない。めつ亡《ぼう》が少《すこ》しおそくなるだけだ。だが、奇《き》しゅうならば、わずかだが勝利《しょうり》の可能性《かのうせい》がある。希望《きぼう》が見《み》えてきた兵《へい》たちがざわつく中《なか》、伝令《でんれい》がかけこむ。

「との！　義元《よしもと》はおけはざま山《やま》に本陣《ほんじん》を置《お》き、休《きゅう》けいしております。勝利《しょうり》が続《つづ》いたことで油断《ゆだん》し、宴《うたげ》まで開《ひら》いているようです」

（これを待《ま》っていた！）と、信長《のぶなが》が笑《わら》った直後《ちょくご》、大《だい》つぶの雨《あめ》がふってきた。

「これぞ天《てん》の助《たす》け！　雨《あめ》にまぎれて今川軍《いまかわぐん》に近《ちか》づき本陣《ほんじん》を攻撃《こうげき》する。雑魚《ざこ》にかまうな、ねらうは義元《よしもと》の首《くび》一《ひと》つだ！」

信長《のぶなが》が桶狭間《おけはざま》の戦《たたか》いで勝利《しょうり》をいのった熱田神宮《あつたじんぐう》。義元《よしもと》を討《う》ち取《と》った後《あと》、信長《のぶなが》はお礼《れい》として熱田《あつた》神宮《じんぐう》に土《つち》のへいをつくった。

おけはざま山《やま》で休《やす》む今川軍《いまがわぐん》に対《たい》し、織田軍《おだぐん》は雨《あめ》にまぎれて進軍《しんぐん》し今川軍《いまがわぐん》に近《ちか》づいていた。この時《とき》の雨《あめ》は史料《しりょう》に「石氷《せきひょう》投《な》げ打《う》つよう」と記《しる》されており、ひょう混《ま》じりの暴風雨《ぼうふうう》だったとも言《い》われている。

信長《のぶなが》大逆転《だいぎゃくてん》！ 決死《けっし》のとつ撃《げき》で義元《よしもと》を討《う》つ

織田軍《おだぐん》は雨《あめ》を背《せ》に東《ひがし》に進《すす》む。西向《にしむ》きの今川軍《いまがわぐん》は雨風《あめかぜ》で目《め》も開《あ》けられない。気《き》が付《つ》けば、今川軍前衛部隊《いまがわぐんぜんえいぶたい》の目《め》の前《まえ》に織田《おだ》の旗《はた》がひるがえっていた。

「とつ撃《げき》じゃあ!!」

「うおおおお!!」

信長《のぶなが》の大音声《だいおんじょう》で、織田軍《おだぐん》の若《わか》い兵士《へいし》たちはいっせいにかけ出《だ》した。

「進《すす》め、進《すす》め!! ただ義元《よしもと》の首《くび》だけをねらえ!!」

あわてふためく前衛部隊《ぜんえいぶたい》をけちらし、信長《のぶなが》みずから槍《やり》を手《て》に義元本陣《よしもとほんじん》へとかけ上《あ》がる。敵味方《てきみかた》が入《はい》りみだれ、義元《よしもと》はにげようとするが、追《お》いついた服部小平太《はっとりこへいた》が切《き》りかかり、続《つづ》く毛利新介《もうりしんすけ》が首《くび》を取《と》った。

「今川義元《いまがわよしもと》、討《う》ち取《と》ったり!!」

織田軍《おだぐん》は雨《あめ》の中《なか》、山《やま》の裏側《うらがわ》に回《まわ》りこみ、今川軍《いまがわぐん》の不意《ふい》をついたとされてきた。しかし最近《さいきん》の研究《けんきゅう》では、正面《しょうめん》きって戦《たたか》いをいどんだともいわれている。いずれにせよ、だれも予想《よそう》しない勝利《しょうり》で、信長《のぶなが》の名《な》は、一気《いっき》に全国《ぜんこく》に知《し》れわたった。

義元《よしもと》が討《う》たれたおけはざま山《やま》の正確《せいかく》な位《い》置《ち》は今《いま》も分《わ》かっていない。有力《ゆうりょく》な候補地《こうほち》である桶狭間古戦場公園《おけはざまこせんじょうこうえん》には戦死地《せんしち》の碑《ひ》や首洗《くびあら》いの池《いけ》などの伝承《でんしょう》が残《のこ》っている。

ざんねん

その後《ご》の今川家《いまがわけ》

桶狭間《おけはざま》の戦《たたか》いでは、義元《よしもと》の他《ほか》にも多《おお》くの重臣《じゅうしん》が討《う》たれたため、今川家《いまがわけ》は弱体化《じゃくたいか》してしまった。義元《よしもと》の子《こ》・氏真《うじざね》は混乱《こんらん》する家中《かちゅう》をまとめようとするが、謀反《むほん》があいつぎ、今川家《いまがわけ》はますます衰退《すいたい》する。そこに武田信玄《たけだしんげん》が豊《ゆた》かな駿《する》河《が》をねらって攻《せ》めてきた。氏真《うじざね》は駿河《するが》から追《お》われ、大名《だいみょう》としての今川家《いまがわけ》はめつ亡《ぼう》してしまったのである。

江戸時代《えどじだい》にえがかれた氏真《うじざね》（『秀雅百人一首《しゅうがひゃくにんいっしゅ》』京都大学附属図書館蔵《きょうとだいがくふぞくとしょかんぞう》）。▲

天気《てんき》を味方《みかた》につけた信長《のぶなが》

天気《てんき》が決《き》めた合戦《かっせん》の勝敗《しょうはい》

信長《のぶなが》は天気《てんき》を予測《よそく》していた!?

桶狭間《おけはざま》の戦《たたか》いで大逆転《だいぎゃくてん》を果《は》たした織田信長《おだのぶなが》。勝利《しょうり》の要因《よういん》の一《ひと》つとなったのが大雨《おおあめ》だ。信長《のぶなが》の伝記《でんき》『信長公記《しんちょうこうき》』によると、合戦当日《かっせんとうじつ》は昼《ひる》ごろまで天気《てんき》は安定《あんてい》していたらしい。だが、午後《ごご》になるとひょう混《ま》じりの暴風雨《ぼうふうう》になった。この雨《あめ》のおかげで織田軍《おだぐん》は今川軍《いまがわぐん》に気《き》づかれることなく義元本陣《よしもとほんじん》に近付《ちかづ》けた。一方《いっぽう》、今川軍《いまがわぐん》は急《きゅう》な大雨《おおあめ》と織田軍《おだぐん》の攻撃《こうげき》にあわてふためき、大将《たいしょう》の義元《よしもと》が討《う》たれてしまったのだ。

信長《のぶなが》は武田軍《たけだぐん》を破《やぶ》った長篠《ながしの》の戦《たたか》いでも天気《てんき》を味方《みかた》につけている。この合戦《かっせん》がおこったのは梅雨時《つゆどき》で、本来《ほんらい》なら鉄砲《てっぽう》（火縄銃《ひなわじゅう》）は雨《あめ》で使《つか》い物《もの》にならない。だが、信長《のぶなが》は梅雨《つゆ》の晴《は》れ間《ま》をぬって軍《ぐん》を動《うご》かし、鉄砲《てっぽう》を生《い》かせる日《ひ》に決戦《けっせん》をいどんだのだ。信長《のぶなが》が天気《てんき》を予測《よそく》していたかどうかは分《わ》からないが、少《すく》なくとも天気《てんき》が戦《いくさ》の勝敗《しょうはい》を左右《さゆう》することを、理解《りかい》していたのだろう。

毛利元就《もうりもとなり》は厳島《いつくしま》の戦《たたか》いで、敵《てき》に気《き》づかれないよう暴風雨《ぼうふうう》の中《なか》、海《うみ》をわたり奇しゅうをかけた。

備中高松城《びっちゅうたかまつじょう》の水攻《みずぜ》めは、城《しろ》の地形《ちけい》と梅雨《つゆ》の雨《あめ》を利用《りよう》した作戦《さくせん》だった。

織田軍《おだぐん》に圧勝《あっしょう》した手取川《てどりがわ》の戦《たたか》いで、上杉謙信《うえすぎけんしん》は長雨《ながあめ》で増水《ぞうすい》した手取川《てどりがわ》に敵《てき》を追《お》いつめた。

関ヶ原《せきがはら》の戦《たたか》いでは濃《こ》いきりがでていた。敵《てき》に内通《ないつう》していた一部《いちぶ》の西軍武将《せいぐんぶしょう》は、きりを言《い》い訳《わけ》に戦闘《せんとう》に加《くわ》わらなかったという。

第2番

龍《りゅう》と虎《とら》！最大《さいだい》のライバルが真《ま》っ向勝負《こうしょうぶ》！

川中島《かわなかじま》の戦《たたか》い

北信濃《きたしなの》をめぐって3度《ど》争《あらそ》った信玄《しんげん》と謙信《けんしん》は
今度《こんど》こそ決着《けっちゃく》をつけるべく
川中島《かわなかじま》へ4度目《どめ》の進軍《しんぐん》を行《おこな》う。
信玄《しんげん》の秘策《ひさく》「キツツキ戦法《せんぽう》」とは？
そして、一騎討《いっきう》ちの結末《けつまつ》は？

龍《りゅう》のいぬ間《ま》に暗《あん》やくする信玄《しんげん》

甲斐《かい》（山梨県《やまなしけん》）の武田信玄《たけだしんげん》と越後《えちご》（新潟県《にいがたけん》）の上杉謙信《うえすぎけんしん》は、信濃《しなの》（長野県《ながのけん》）の川中島《かわなかじま》でこれまで3度《ど》も戦《たたか》ったライバルである。二人《ふたり》とも戦《いくさ》がめっぽう強《つよ》く、信玄《しんげん》は「甲斐《かい》の虎《とら》」、謙信《けんしん》は「越後《えちご》の龍《りゅう》」と呼《よ》ばれおそれられた。二人《ふたり》の対決《たいけつ》のきっかけは、信玄《しんげん》に攻《せ》められた東信濃《ひがししなの》の村上義清《むらかみよしきよ》が、謙信《けんしん》に助《たす》けを求《もと》めたことだった。領土拡大《りょうどかくだい》に燃《も》える信玄《しんげん》も、越後《えちご》を守《まも》るため北信濃《きたしなの》を取《と》られたくない謙信《けんしん》もたがいに勝《か》ちをゆずらず、3度《ど》とも決着《けっちゃく》はつかなかった。

このころ信玄《しんげん》は、相模《さがみ》（神奈川県《かながわけん》）の北条氏康《ほうじょううじやす》や駿河《するが》（静岡県中部《しずおかけんちゅうぶ》）の今川《いまがわ》義元《よしもと》と、政略結《せいりゃくけっ》こんによってきずなを深《ふか》めていた（甲相駿三国同盟《こうそうすんさんごくどうめい》）。ところが、桶狭間《おけはざま》の戦《たたか》いで、義元《よしもと》がまだ無名《むめい》だった織田信長《おだのぶなが》に討《う》たれるという大事件《だいじけん》が起《お》こる。これをきっかけに、まず謙信《けんしん》が動《うご》く。

「憲政《のりまさ》どの、今川《いまがわ》が混乱《こんらん》している今《いま》なら、関東《かんとう》は攻《せ》め時《どき》です」

謙信《けんしん》（当時《とうじ》の名《な》は長尾景虎《ながおかげとら》）は、氏康《うじやす》によって関東《かんとう》から追《お》いやられた上杉《うえすぎ》憲政《のりまさ》を越後《えちご》でかくまっていた。かれはたよられると断《ことわ》れない義理《ぎり》がたい武将《ぶしょう》だったため、憲政《のりまさ》の領地《りょうち》を取《と》りもどすべく関東《かんとう》に出陣《しゅつじん》。この時《とき》、憲政《のりまさ》から上杉《うえすぎ》の名字《みょうじ》と上杉家《うえすぎけ》が受《う》けついできた「関東管領《かんとうかんれい》」という役職《やくしょく》をゆずられている。

一方《いっぽう》の信玄《しんげん》は、謙信《けんしん》の関東遠《かんとうえん》せいのすきをねらって兵《へい》を出《だ》し、越後《えちご》をおびやかす。軍師《ぐんし》・山本勘助《やまもとかんすけ》の助言《じょげん》で、川中島《かわなかじま》には海津城《かいづじょう》を築《きず》いた。

川中島《かわなかじま》をめぐるこれまでの戦《たたか》い

二人《ふたり》はすでに3度《ど》川中島《かわなかじま》で戦《たたか》っている。1度目《どめ》は1553年《ねん》で、小競《こぜ》りあいに終《お》わった。2度目《どめ》は1555年《ねん》。川中島《かわなかじま》を流《なが》れる犀川《さいがわ》をはさんで200日以上《にちいじょう》もにらみ合《あ》ったという。3度目《どめ》は1557年《ねん》。越後《えちご》が雪《ゆき》で動《うご》けない時期《じき》に信玄《しんげん》が仕《し》かけ、謙信《けんしん》は対応《たいおう》がおくれたが、雪解《ゆきど》け後《ご》に城《しろ》をうばい返《かえし》した。結局《けっきょく》、3度《ど》の戦《たたか》いで決着《けっちゃく》はついていない。

2、3度目《どめ》で両軍《りょうぐん》がきょ点《てん》とした旭山城《あさひやまじょう》（左《ひだり》）と葛山城《かつらやまじょう》（右《みぎ》）。

「海津《かいづ》は川中島《かわなかじま》全体《ぜんたい》が見《み》わたせ、西《にし》は千曲川《ちくまがわ》が堀《ほり》となり、他《ほか》の三方《さんぽう》は山《やま》に囲《かこ》まれた天然《てんねん》の要害《ようがい》です」

「うむ。次《つぎ》に謙信《けんしん》めと戦《たたか》う時《とき》は、この城《しろ》で必《かなら》ず決着《けっちゃく》をつけてやろう。それにしても、あやつまた、他人《たにん》のために小田原《おだわら》まで出陣《しゅつじん》しておるのか。変《へん》なヤツじゃ」

信玄《しんげん》はおかしそうに笑《わら》った。

甲斐《かい》の虎《とら》

武田信玄《たけだしんげん》

武田軍《たけだぐん》　戦力評価《せんりょくひょうか》

武田軍《たけだぐん》は総勢《そうぜい》2万《まん》。兵《へい》の戦闘力《せんとうりょく》は高《たか》く、戦国最強軍団《せんごくさいきょうぐんだん》との呼《よ》び声《ごえ》も高《たか》い。海津城《かいづじょう》で地《ち》の利《り》も得《え》た。名軍師《めいぐんし》・山本勘助《やまもとかんすけ》が考案《こうあん》した「キツツキ戦法《せんぽう》」が見事《みごと》に決《き》まるか？

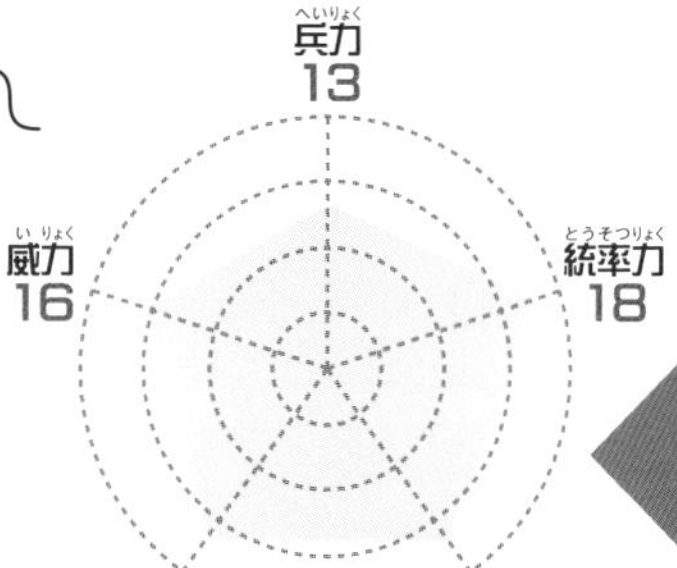

合計《ごうけい》 81

越後《えちご》の龍《りゅう》 上杉《うえすぎ》謙信《けんしん》

龍《りゅう》を討《う》つための秘策《ひさく》「キツツキ戦法《せんぽう》」とは？

「信玄《しんげん》め、わしの不在《ふざい》をねらってしん略《りゃく》するとは。ひきょう者《しゃ》め！」

川中島《かわなかじま》を見《み》わたせる海津城《かいづじょう》を放《ほう》っておけば、北信濃《きたしなの》はたちまち信玄《しんげん》に制圧《せいあつ》されてしまう。そうなれば居城《きょじょう》・春日山城《かすがやまじょう》ののど元《もと》まで武田《たけだ》がせまる。

「出陣《しゅつじん》じゃ。海津城《かいづじょう》をこのままにはしておけん」

謙信《けんしん》は北条《ほうじょう》攻《ぜ》めを中止《ちゅうし》し、関東《かんとう》を引《ひ》きはらう。帰国《きこく》すると、すぐさま信濃《しなの》出《しゅつ》

上杉軍《うえすぎぐん》 戦力評価《せんりょくひょうか》

兵数《へいすう》は1万《まん》3千《ぜん》と武田軍《たけだぐん》にややおとるが、兵《へい》はいずれも強《つわ》者《もの》ばかり。「軍神《ぐんしん》」の異名《いみょう》を持《も》つ謙信《けんしん》は戦略眼《せんりゃくがん》も高《たか》く、簡単《かんたん》に武田《たけだ》の策《さく》にかかるとは思《おも》えない。

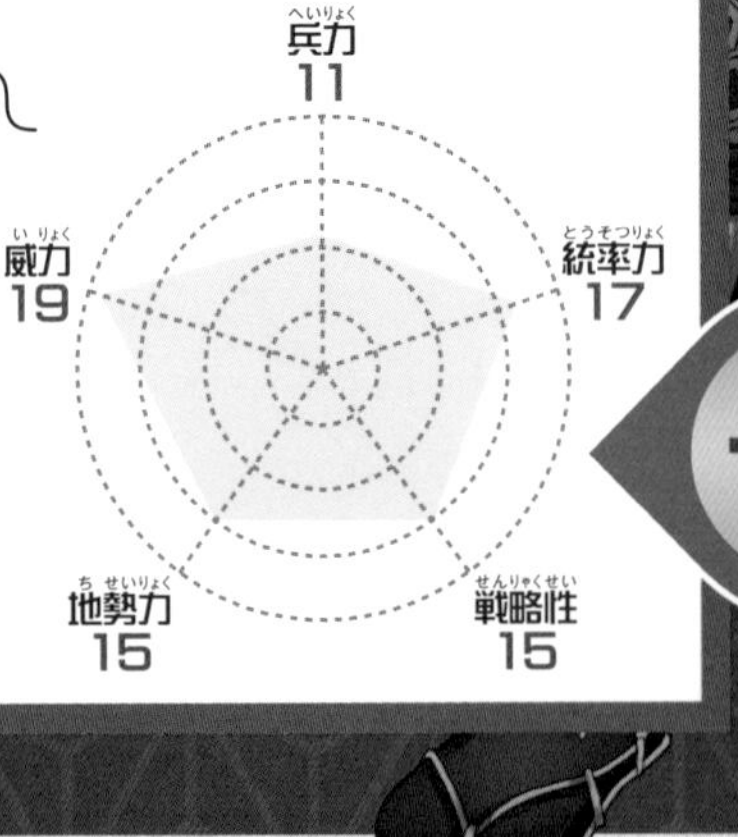

陣《じん》の準備《じゅんび》を始《はじ》めた。第《だい》4次《じ》川中島《かわなかじま》の戦《たたか》い（八幡原《はちまんぱら》の戦《たたか》い）の幕開《まくあ》けである。上杉軍《うえすぎぐん》は1万《まん》8千《せん》。善光寺《ぜんこうじ》に5千《せん》の予備軍《よびぐん》を残《のこ》して、1万《まん》3千《ぜん》で川中島《かわなかじま》を進《すす》み、兵《へい》3千《ぜん》が守《まも》る海津城《かいづじょう》の背後《はいご》わずか2キロの妻女山《さいじょさん》に布陣《ふじん》した。

対《たい》する信玄《しんげん》は1万《まん》7千《せん》で甲府《こうふ》を出発《しゅっぱつ》、妻女山《さいじょさん》の謙信《けんしん》を警《けい》かいしながら千曲川《ちくまがわ》をわたって、海津城《かいづじょう》に入《はい》った。その後《ご》は両軍《りょうぐん》とも動《うご》かず、状《じょう》きょうを動《うご》かす方法《ほうほう》はないかと、信玄《しんげん》は軍議《ぐんぎ》を開《ひら》いた。

「勘助《かんすけ》よ、こたびはにらみ合《あ》いだけでは物足《ものた》らん。謙信《けんしん》めと決着《けっちゃく》をつける策《さく》はないか」

「ならば、キツツキ戦法《せんぽう》はいかがでしょう」

「キツツキ、とな?」

「キツツキは、木《き》の穴《あな》に入《はい》った虫《むし》をとらえるため、穴《あな》の反対側《はんたいがわ》からくちばしで木《き》をつつきます。おどろいた虫《むし》は、穴《あな》から出《で》てくる。そこを待《ま》ち構《かま》えて、パクリと食《く》らうのです」

「なるほど、背後《はいご》をつついて、はさみ討《う》ちか」

「はい、兵《へい》を2隊《たい》に分《わ》け、1隊《たい》が妻女山《さいじょさん》を背後《はいご》からつつきます。おどろいて八《はち》幡原《まんぱら》へ出《で》てきたところを、待《ま》ち構《かま》えていたもう1隊《たい》が……」

信玄《しんげん》はニヤリと笑《わら》った。

「おもしろい。すぐに準備《じゅんび》じゃ」

山本勘助《やまもとかんすけ》

武田二十四将《たけだにじゅうよんしょう》の一人《ひとり》で、「キツツキ戦法《せんぽう》」を提案《ていあん》した信玄《しんげん》の軍師《ぐんし》。軍略《ぐんりゃく》や城《しろ》づくりの名人《めいじん》とされているが、軍記物《ぐんきもの》にしか登《とう》場《じょう》しないため、フィクションの人物《じんぶつ》と言《い》われていた。しかし、最近《さいきん》かれの実在《じつざい》を証明《しょうめい》する史料《しりょう》が見《み》つかった。

謙信《けんしん》、海津城《かいづじょう》から立《た》ちのぼるけむりの正体《しょうたい》に気付《きづ》く！

勘助《かんすけ》が提案《ていあん》した、キツツキ戦法《せんぽう》のおさらいをしよう。海津城《かいづじょう》には、信玄率《しんげんひき》いる武田軍《たけだぐん》。その背後《はいご》にある妻《さい》女山《じょさん》には、謙信率《けんしんひき》いる上杉軍《うえすぎぐん》。

武田軍《たけだぐん》は隊《たい》を二《ふた》つに分《わ》け、本隊《ほんたい》は川中島《かわなかじま》の八幡原《はちまんばら》に布陣《ふじん》し敵《てき》を待《ま》ちぶせする。別働隊《べつどうたい》は妻女山《さいじょさん》の裏側《うらがわ》にまわりこみ、背後《はいご》からおそいかかる。おどろいた上杉軍《うえすぎぐん》が妻女山《さいじょさん》を下《お》りて川《かわ》をわたり、八幡原《はちまんばら》までにげてきたところを、待《ま》ち構《かま》えていた本隊《ほんたい》と別働隊《べつどうたい》ではさみ討《う》ちにして、上杉軍《うえすぎぐん》をたたきつぶす、というものだ。

今度《こんど》こそは謙信《けんしん》と決着《けっちゃく》をつけ、北信濃《きたしなの》も手《て》に入《い》れたい信玄《しんげん》は、これならいける、とこの策《さく》を採用《さいよう》したのである。

「春日隊《かすがたい》・馬場隊《ばばたい》に別働隊《べつどうたい》を率《ひき》いていただきたい」

別働隊《べつどうたい》は、この作戦《さくせん》のカギをにぎっている。勘助《かんすけ》は、武田四天王《たけだしてんのう》から、春日《かすが》虎綱《とらつな》と馬場信春《ばばのぶはる》の二人《ふたり》に1万《まん》2千《せん》の兵《へい》を任《まか》せることにした。信玄率《しんげんひき》いる本隊《ほんたい》は8千《せん》である。

「隊《たい》を分《わ》けたことを敵《てき》にさとられぬよう、夜《よる》のうちに動《うご》きましょう」

「よし。必《かなら》ず八幡原《はちまんばら》で、ともに勝《か》ちどきをあげようぞ」

こう約束《やくそく》し、午前《ごぜん》0時《じ》ごろに別働隊《べつどうたい》は出立《しゅったつ》。本隊《ほんたい》も4時《じ》ごろに海津城《かいづじょう》を出《で》た。

しかし妻女山《さいじょさん》にいた謙信《けんしん》は、この武田軍《たけだぐん》の策《さく》を読《よ》んでいた。海津城《かいづじょう》から立《た》ちのぼる飯《めし》たきのけむりがいつもよりも多《おお》かったため、今夜《こんや》大《おお》きな動《うご》きがあると察知《さっち》したのである。（信玄《しんげん》め、何《なに》かたくらんでいるようだが、わしには通《つう》じぬぞ）とうすく笑《わら》った謙信《けんしん》は、家臣《かしん》たちを集《あつ》めて武田軍《たけだぐん》が動《うご》いたことを告《つ》げた。

「われらも動《うご》くぞ。陣《じん》はそのままにして、かがり火《び》もたいておくのだ。われらが移動《いどう》したことを敵《てき》にさとらせてはならぬ」

謙信《けんしん》はいっさいの音《おと》をたてないように厳《きび》しく兵《へい》たちに申《もう》しわたして、午前《ごぜん》2時《じ》ごろに全軍《ぜんぐん》で山《やま》を下《お》り、武田軍《たけだぐん》に気付《きづ》かれないよう遠回《とおまわ》りして川《かわ》をわたった。

と中《ちゅう》、山《やま》をかけ下《お》りてくるであろう武田軍《たけだぐん》別働隊《べつどうたい》に対《たい》する備《そな》えとして、甘粕景持《あまかすかげもち》、村上義清《むらかみよしきよ》など千《せん》の兵《へい》を配《はい》した。

そして謙信《けんしん》は、残《のこ》る全軍《ぜんぐん》を率《ひき》いて静《しず》かに八幡原《はちまんばら》へ向《む》かった。

夜明《よあ》けが、近《ちか》づいている。

あっぱれ

信玄《しんげん》が見出《みいだ》した武田四天王《たけだしてんのう》

武田四天王《たけだしてんのう》は武田家《たけだけ》の軍事《ぐんじ》や政治《せいじ》で活《かつ》やくした重臣《じゅうしん》4人《にん》のことで、山県昌景《やまがたまさかげ》・内藤昌秀《ないとうまさひで》・馬場信春《ばばのぶはる》・春日虎綱《かすがとらつな》をさす。身分《みぶん》や血筋《ちすじ》が重要視《じゅうようし》された時代《じだい》に、信玄《しんげん》は身分《みぶん》が低《ひく》かったかれらの才能《さいのう》を認《みと》めて出世《しゅっせ》させたのだ。春日《かすが》は、地侍出身《じざむらいしゅっしん》だったが信玄《しんげん》に信頼《しんらい》され、後《のち》に海津城《かいづじょう》の守《まも》りを任《まか》されている。

信玄《しんげん》と四天王《してんのう》を描《えが》いた『武田四天王図《たけだしてんのうず》』（泰巌歴史美術館蔵《たいがんれきしびじゅつかんぞう》）。

（写真上《しゃしんうえ》）謙信《けんしん》が布陣《ふじん》した妻女山《さいじょさん》から見《み》た八幡原《はちまんばら》。

妻女山《さいじょさん》はからっぽ。信玄《しんげん》に危機《きき》がせまる！

「夜《よ》が明《あ》けたな、そろそろ参《まい》ろう。ものども、とつ撃《げき》じゃあ！」

春日《かすが》・馬場《ばば》の別働隊《べつどうたい》は、手《て》はず通《どお》り夜明《よあ》けとともに、背後《はいご》から妻女山《さいじょさん》の上杉《うえすぎ》陣《じん》に一気《いっき》におそいかかった。しかし、そこはもぬけのからだった。

「しまった！　読《よ》まれておったか。これは本隊《ほんたい》が危《あぶ》ない！」

「このまま山《やま》を下《お》りるぞ！　川《かわ》をわたって八幡原《はちまんばら》へ向《む》かう。全速力《ぜんそくりょく》じゃ！」

そのころ、朝《あさ》をむかえた八幡原《はちまんばら》は、濃《こ》いきりにおおわれていた。武田軍本体《たけだぐんほんたい》は、別働隊《べつどうたい》に追《お》われてにげてくるはずの上杉軍《うえすぎぐん》を待《ま》っている。ゆっくりときりが晴《は》れた時《とき》、武田軍《たけだぐん》の目《め》の前《まえ》に、いるはずのない上杉軍《うえすぎぐん》が出現《しゅつげん》した。

謙信《けんしん》の合図《あいず》で、車《くるま》がかりの陣《じん》をしいた上杉軍《うえすぎぐん》が、車輪《しゃりん》が回転《かいてん》するように次々《つぎつぎ》とおそいかかる。いきなりの激戦《げきせん》となった。

「あ、あわてるな！　鶴翼《かくよく》の陣《じん》でむかえ撃《う》て！」

信玄《しんげん》は、鶴《つる》が翼《つばさ》を広《ひろ》げたような鶴翼《かくよく》の陣《じん》で包囲《ほうい》を試《こころ》みるが、全軍《ぜんぐん》の動《どう》ようが激《はげ》しい。策《さく》の失敗《しっぱい》をさとった勘助《かんすけ》は、責任《せきにん》を感《かん》じて奮戦《ふんせん》し、討《う》ち死《じ》にした。また、信玄《しんげん》の補佐《ほさ》としてつくしてきた弟《おとうと》の信繁《のぶしげ》も、兄《あに》の身代《みが》わりとなって討《う》たれた。

武田信繁《たけだのぶしげ》

信玄《しんげん》の弟《おとうと》（次男《じなん》）。幼《おさな》いころから賢《かしこ》く、父《ちち》の信虎《のぶとら》は信玄《しんげん》ではなく信繁《のぶしげ》に家《いえ》をつがせようと考《かんが》えていたという。だが、信繁《のぶしげ》は兄《あに》に仕《つか》える道《みち》を選《えら》び、右《みぎ》うでとして信玄《しんげん》を支《ささ》え続《つづ》けた。

赤《あか》が武田軍《たけだぐん》、青《あお》が上杉軍《うえすぎぐん》の動《うご》き。武田軍《たけだぐん》は、まっすぐ八幡原《はちまんぱら》に向《む》かった本隊《ほんたい》8千《せん》と、妻女山《さいじょさん》を奇《き》しゅうする別動隊《べつどうたい》1万《まん》2千《せん》に分《わ》かれた。この策《さく》を読《よ》んだ上杉軍《うえすぎぐん》は、妻女山《さいじょさん》を下《お》りて全軍《ぜんぐん》で武田軍《たけだぐん》におそいかかる。上杉軍《うえすぎぐん》は数《かず》でも勢《いきお》いでも武田軍《たけだぐん》を上《うわ》回《まわ》り、武田軍《たけだぐん》の危機《きき》は、午前《ごぜん》6時《じ》の開戦《かいせん》から、別《べつ》動隊《どうたい》が合流《ごうりゅう》する午前《ごぜん》10時《じ》ごろまで続《つづ》いた。

龍《りゅう》虎《こ》一騎《いっき》討《う》ち！ 勝負《しょうぶ》のゆくえは!?

「あの本陣《ほんじん》に信玄《しんげん》がいるはずじゃ！ 進《すす》め、進《すす》め！」

上杉軍《うえすぎぐん》の勢《いきお》いはすさまじく、防戦一方《ぼうせんいっぽう》の武田軍《たけだぐん》はじりじりとおされていく。

その時《とき》、地《じ》ひびきとともに、南《みなみ》から武田《たけだ》の旗《はた》をなびかせた大軍《たいぐん》が戦場《せんじょう》に向《む》かってとっ進《しん》してきた。妻女山《さいじょさん》を下《お》りた春日《かすが》たちの別働隊《べつどうたい》が、上杉軍《うえすぎぐん》の甘粕隊《あまかすたい》をけちらして八幡原《はちまんばら》にとう着《ちゃく》したのである。形勢不利《けいせいふり》だった武田軍《たけだぐん》が盛《も》り返《かえ》す。

両軍《りょうぐん》入《い》り乱《みだ》れるなか、白《しろ》い頭《ず》きんを身《み》につけ太刀《たち》を手《て》にした騎馬武者《きばむしゃ》が乱戦《らんせん》をぬけ出《だ》し、手《て》うすになった信玄本陣《しんげんほんじん》にとつ入《にゅう》した。

騎馬武者《きばむしゃ》は、床几《しょうぎ》にこしかけていた信玄《しんげん》に馬上《ばじょう》から切《き》りかかる。おどろいた信玄《しんげん》はとっさに持《も》っていた軍配《ぐんばい》でそれを受《う》ける。騎馬武者《きばむしゃ》は三度《さんど》切《き》りかかったが、武田《たけだ》の兵《へい》がやりでその馬《うま》をつくと、その場《ば》からかけ去《さ》った。

「……なんという剛勇《ごうゆう》じゃ。いや、危《あぶ》なかった」

信玄《しんげん》は後日《ごじつ》、その騎馬武者《きばむしゃ》が謙信《けんしん》その人《ひと》だと知《し》った。一瞬《いっしゅん》の出会《であ》いだった。

武田信繁《たけだのぶしげ》たち戦死者《せんししゃ》をとむらう典厩寺《てんきゅうじ》。元々《もともと》は別《べつ》の名前《なまえ》の寺《てら》だったが、信繁《のぶしげ》の通称《つうしょう》「典《てん》厩《きゅう》」にちなんで改名《かいめい》された。

またも決着《けっちゃく》はつかず、ライバル同士《どうし》の争《あらそ》いはつづく

春日《かすが》たちの別働隊《べつどうたい》のとう着《ちゃく》で、戦《せん》きょうは一変《いっぺん》した。大軍《たいぐん》になった武田軍《たけだぐん》が、上杉軍《うえすぎぐん》をはさみ討《う》ちにする形《かたち》になったのだ。

「ここまでか……。よし、退《しりぞ》こう。善光寺《ぜんこうじ》までかけるぞ!」

上杉軍《うえすぎぐん》は犀川《さいがわ》をわたって善光寺《ぜんこうじ》で予備隊《よびたい》の5千《せん》と合流《ごうりゅう》し、越後《えちご》へ帰《かえ》った。

武田軍《たけだぐん》も夕方《ゆうがた》までに追撃《ついげき》をやめて八幡原《はちまんばら》にもどり、戦《いくさ》は終《お》わった。

武田軍《たけだぐん》は八幡原《はちまんばら》で勝《か》ちどきをあげたが、策《さく》は完全《かんぜん》に見破《みやぶ》られ、激《はげ》しい戦《たたか》いのなかで軍師《ぐんし》の勘助《かんすけ》や弟《おとうと》の信繁《のぶしげ》など、家《か》中《ちゅう》の大切《たいせつ》な人《ひと》をうしなった。

「またも決着《けっちゃく》はつかなかったか。それにしても、すさまじい一戦《いっせん》であった……」

第《だい》4次《じ》川中島《かわなかじま》の戦《たたか》いにおけるぎせい者《しゃ》は、上杉軍《うえすぎぐん》3千人《ぜんにん》、武田軍《たけだぐん》4千人《せんにん》と伝《つた》わっている。当時《とうじ》の戦《いくさ》の常識《じょうしき》からは考《かんが》えられないほどの死者数《ししゃすう》で、どちらにとっても大《おお》きな痛手《いたで》を

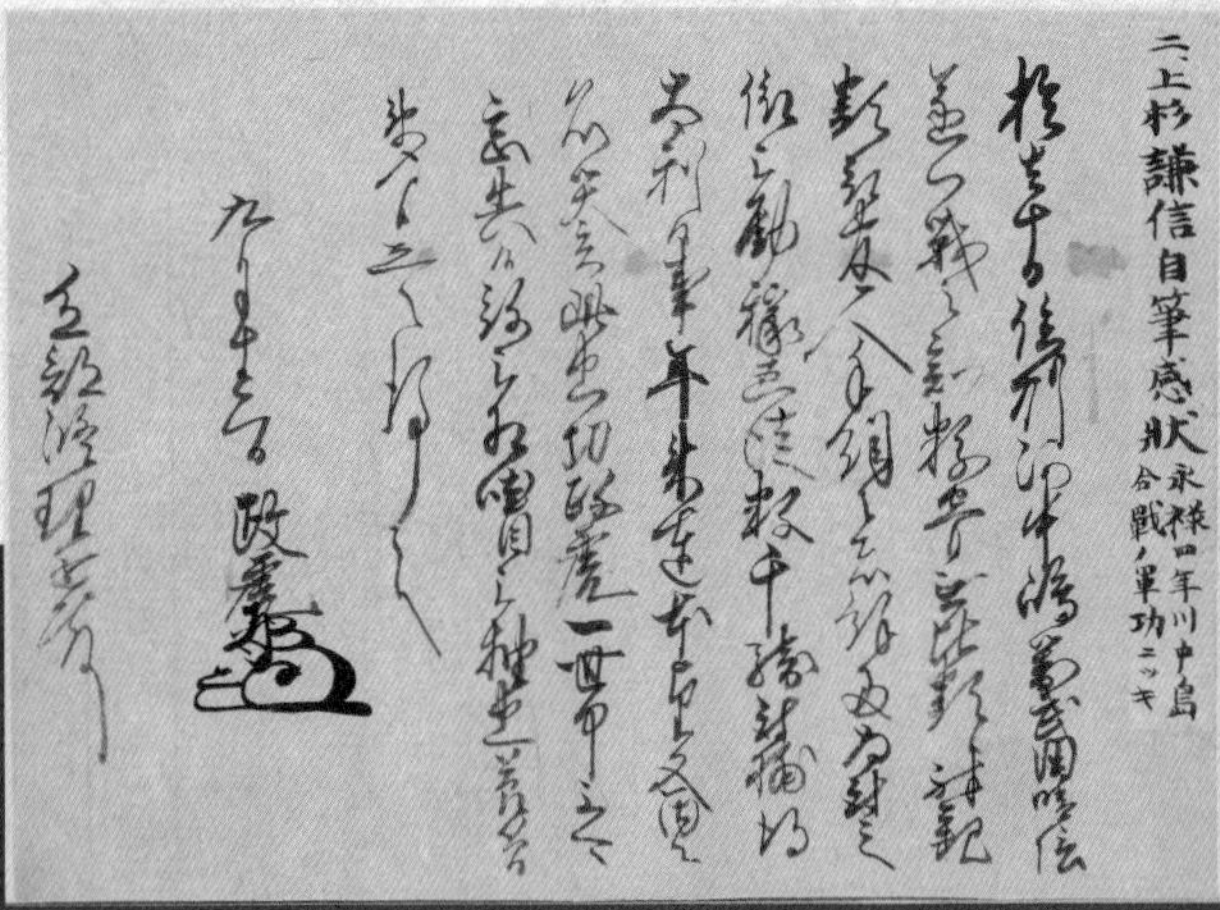

第《だい》4次《じ》川中島《かわなかじま》の戦《たたか》い後《ご》に謙信《けんしん》が発行《はっこう》した感状《かんじょう》（合戦《かっせん》での武功《ぶこう》を証明《しょうめい》する書類《しょるい》）。この戦《たたか》いが多《おお》くの戦死者《せんししゃ》を出《だ》した激戦《げきせん》だったことから「血染《ちぞ》めの感状《かんじょう》」と呼《よ》ばれている（新潟県立歴史博物館蔵《にいがたけんりつれきしはくぶつかんぞう》）。

受《う》けた合戦《かっせん》だった。

「謙信《けんしん》は、やはり手《て》ごわい。毎回《まいかい》こんな激《はげ》しい戦《いくさ》をしては、おたがいつぶれてしまう。ほどほどにせねば」

3年後《ねんご》、第《だい》5次《じ》川中島《かわなかじま》の戦《たたか》いが起《お》こるが、この時《とき》はにらみ合《あ》いに終《お》わり、またも決着《けっちゃく》はつかなかった。

そしてこれが、最後《さいご》の川中島《かわなかじま》での戦《たたか》いとなる。


こんな伝説《でんせつ》が残《のこ》っている。信玄《しんげん》が、今川《いまがわ》氏真《うじざね》との同盟《どうめい》を解消《かいしょう》した時《とき》、氏真《うじざね》は仕返《しかえ》しに武田《たけだ》との塩《しお》の取引《とりひき》を中止《ちゅうし》した。海《うみ》のない甲斐《かい》では塩《しお》が作《つく》れず、領民《りょうみん》にとっては死活《しかつ》問題《もんだい》であった。その時《とき》、ひきょうな行動《こうどう》をきらう謙信《けんしん》から、信玄《しんげん》のもとに塩《しお》が送《おく》られてきて、信玄《しんげん》と領民《りょうみん》を救《すく》ったという。

「敵《てき》に塩《しお》を送《おく》る」ということわざのもとになったこのエピソードは、おそらく後世《こうせい》の創作《そうさく》だが、こんな伝説《でんせつ》が生《う》まれるほど、信《しん》玄《げん》と謙信《けんしん》は、たがいを認《みと》め合《あ》ったよきライバル関係《かんけい》だったのかもしれない。

第《だい》4次《じ》川中島《かわなかじま》の戦《たたか》い後《ご》、謙信《けんしん》は関東遠《かんとうえん》せいへ力《ちから》を入《い》れ、さらに越中《えっちゅう》や能登《のと》へも進出《しんしゅつ》した。一方《いっぽう》の信玄《しんげん》は上野《こうずけ》へかい入《にゅう》する一方《いっぽう》で、弱体《じゃくたい》化《か》した今川領《いまがわりょう》を攻《せ》め駿河《するが》をかく得《とく》。三河《みかわ》や遠江《とおとうみ》もねらうが、遠《えん》せいのと中《ちゅう》で世《よ》を去《さ》った。

勝敗《しょうはい》を左右《さゆう》する軍師《ぐんし》の役割《やくわり》

大名《だいみょう》の戦《いくさ》や政治《せいじ》を頭脳《ずのう》で支《ささ》える

川中島《かわなかじま》の戦《たたか》いで武田信玄《たけだしんげん》に「キツツキ戦法《せんぽう》」を提案《ていあん》した山本勘助《やまもとかんすけ》。かれのような人物《じんぶつ》は「軍師《ぐんし》」と呼《よ》ばれ、合戦《かっせん》が大規模《だいきぼ》で複雑《ふくざつ》になった戦国時代《せんごくじだい》には、たくさんの軍師《ぐんし》が戦国大名《せんごくだいみょう》に仕《つか》えていた。

たとえば、豊臣秀吉《とよとみひでよし》には竹中半兵衛《たけなかはんべえ》・黒田官兵衛《くろだかんべえ》という軍師《ぐんし》がいた。秀吉《ひでよし》お得意《とくい》の水攻《みずぜ》めや兵糧攻《ひょうろうぜ》めは、かれらの立《た》てた作戦《さくせん》だったと言《い》われている。伊達政宗《だてまさむね》の軍師《ぐんし》・片倉小十郎《かたくらこじゅうろう》は合戦《かっせん》だけでなく、政治《せいじ》でも主君《しゅくん》を支《ささ》える忠臣《ちゅうしん》だった。

僧《そう》を軍師《ぐんし》にしていた大名《だいみょう》もいた。当時《とうじ》の僧《そう》は敵味方《てきみかた》関係《かんけい》なく国《くに》を行《い》き来《き》できたため、外交官《がいこうかん》にうってつけだったのだ。僧《そう》の軍師《ぐんし》として有名《ゆうめい》なのが太原雪斎《たいげんせっさい》。今《いま》川義元《がわよしもと》の頭脳《ずのう》として仕《つか》え、外交《がいこう》だけでなく政治《せいじ》・合戦《かっせん》もこなす万能型《ばんのうがた》の軍師《ぐんし》だった。

戦国大名《せんごくだいみょう》にとって軍師《ぐんし》は不可欠《ふかけつ》の存在《そんざい》だったのだ。

戦国《せんごく》の軍師《ぐんし》たち

豊臣秀吉《とよとみひでよし》の軍師《ぐんし》だった竹中半兵衛《たけなかはんべえ》。美濃《みの》の斎藤龍興《さいとうたつおき》に仕《つか》えていた時《とき》、悪行《あくぎょう》をくり返《かえ》す龍興《たつおき》をいさめるため、たった16人《にん》で城《しろ》を乗《の》っ取《と》ったという天才《てんさい》だ。

伊達政宗《だてまさむね》の軍師《ぐんし》だった片倉小十郎《かたくらこじゅうろう》。合戦《かっせん》ではつっ走《ぱし》りがちな政宗《まさむね》をいさめ、政治《せいじ》では外交交《がいこうこう》しょうや支城《しじょう》の城主《じょうしゅ》などを任《まか》されていた。

第3番

長篠《ながしの》の戦《たたか》い

最新兵器《さいしんへいき》で最強軍団《さいきょうぐんだん》を打《う》ちたおせ！

名将《めいしょう》・信玄《しんげん》の死後《しご》も織田《おだ》・徳川《とくがわ》の領地《りょうち》では
武田軍《たけだぐん》が暴《あば》れまわっていた。
そんななか、徳川家康《とくがわいえやす》の支城《しじょう》・長篠城《ながしのじょう》が
攻《せ》められ、織田信長《おだのぶなが》は武田《たけだ》との決戦《けっせん》を決意《けつい》する。
最強軍団《さいきょうぐんだん》をたおすため、
信長《のぶなが》が用意《ようい》した秘策《ひさく》とは――!?

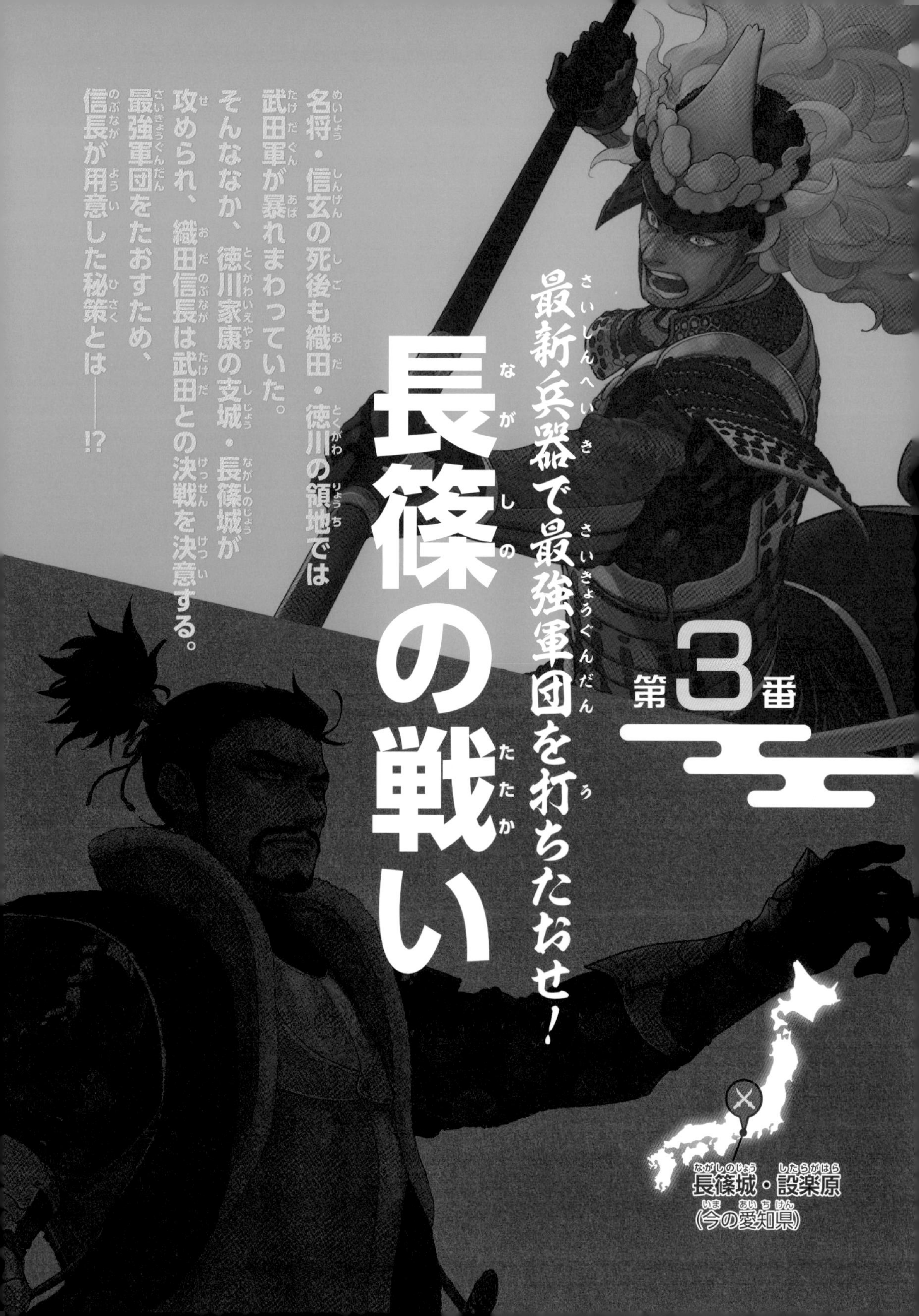

三河《みかわ》をしん略《りゃく》する武田軍《たけだぐん》！ 追《お》いつめられた家康《いえやす》はどうする!?

元亀《げんき》3年《ねん》（1572年《ねん》）、三方ヶ原《みかたがはら》の戦《たたか》いで徳川家康《とくがわいえやす》を破《やぶ》り強《つよ》さを見《み》せつけた武田信玄《たけだしんげん》だったが、続《つづ》いて攻《せ》め入《い》った三河《みかわ》（愛知県東部《あいちけんとうぶ》）で病気《びょうき》が悪化《あっか》し、領地《りょうち》の甲斐《かい》（山梨県《やまなしけん》）にもどると中《ちゅう》で死《し》んでしまった。しかし、最強《さいきょう》とおそれられた武田軍《たけだぐん》の強《つよ》さは、信玄《しんげん》なき後《あと》もおとろえていなかった。

「信玄坊主《しんげんぼうず》はいなくなったが、戦《いくさ》になれた古参《こさん》の将《しょう》たちは、まだピンピンしておるようじゃ。しかも……」

信長《のぶなが》はうで組《く》みをして言《い》った。

「勝頼《かつより》もまた手《て》ごわい」

この時期《じき》、将軍《しょうぐん》・足利義昭《あしかがよしあき》を手助《てだす》けして上洛《じょうらく》したことで、信長《のぶなが》は中央政権《ちゅうおうせいけん》を実質的《じっしつてき》に手《て》にしていたが、その義昭《よしあき》は裏切《うらぎ》り、信玄《しんげん》はじめ有力大名《ゆうりょくだいみょう》たちをけしかけて自分《じぶん》をつぶそうとしたため、京《きょう》から追放《ついほう》した。その後《ご》、信玄《しんげん》も病死《びょうし》。義《よし》昭《あき》の呼《よ》びかけに応《おう》じたおもな勢力《せいりょく》は、今《いま》のところほぼおさえこんでいる。

しかし、最強《さいきょう》の敵《てき》だった信玄《しんげん》の息子《むすこ》・勝頼《かつより》が強《つよ》いのだ。

「父上《ちちうえ》の死《し》につけこませるな。ひるまず織田《おだ》・徳川領《とくがわりょう》に攻《せ》め入《い》るぞ」

山県昌景《やまがたまさかげ》や馬場信春《ばばのぶはる》といった信玄《しんげん》以来《いらい》の名将《めいしょう》たちは健在《けんざい》で、勝頼《かつより》が当主《とうしゅ》とな

長篠城《ながしのじょう》は、宇連川《うれがわ》と豊川《とよがわ》にはさまれた断崖《だんがい》絶壁《ぜっぺき》の上《うえ》に造《つく》られていた。

った武田軍《たけだぐん》は、美濃《みの》（岐阜県《ぎふけん》）へ出陣《しゅつじん》したかと思《おも》うと、短期間《たんきかん》で18もの城《しろ》や砦《とりで》を攻《せ》め落《お》とした。さらに勝頼《かつより》は家康《いえやす》の居城《きょじょう》・浜松城下《はままつじょうか》に火《ひ》を放《はな》ち、三河《みかわ》にも攻《せ》めこんで徳川軍《とくがわぐん》を圧《あっ》ぱくしていく。家康《いえやす》はため息《いき》をついた。

「長篠城《ながしのじょう》を取《と》り返《かえ》しておいてよかったわ。なんとしても死守《ししゅ》せねば」

武田《たけだ》・徳川領《とくがわりょう》の境《さかい》にあった長篠城《ながしのじょう》は、信玄《しんげん》の三河攻《みかわぜ》めの時《とき》に武田方《たけだがた》の城《しろ》になったが、家康《いえやす》がうばい返《かえ》して、家臣《かしん》を城主《じょうしゅ》にしていた。

織田《おだ》・徳川軍《とくがわぐん》 戦力評価《せんりょくひょうか》

徳川軍《とくがわぐん》8千《せん》に織田《おだ》の援軍《えんぐん》3万《まん》が加《くわ》わり大軍勢《だいぐんぜい》となった。さらに信長《のぶなが》は武田軍《たけだぐん》を確実《かくじつ》にたおすため、最新武器《さいしんぶき》である鉄砲《てっぽう》を大量《たいりょう》に用意《ようい》している。

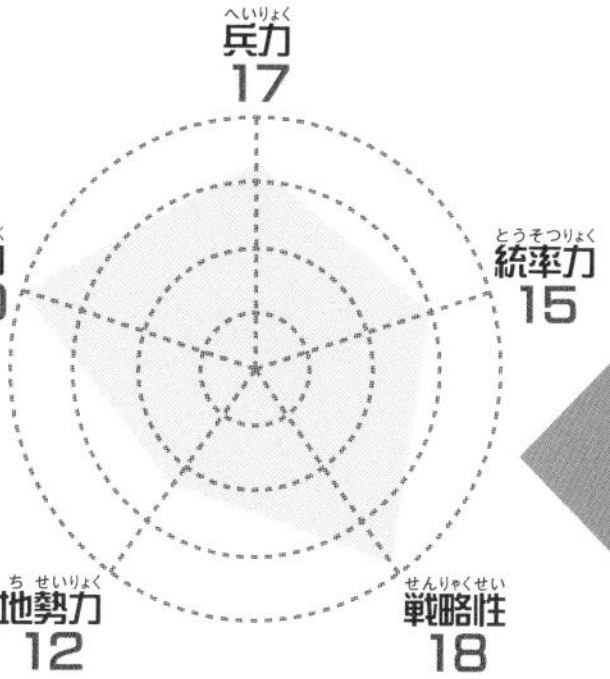

合計《ごうけい》 82

強《つよ》すぎたる大将《たいしょう》

武田勝頼《たけだかつより》

武田軍《たけだぐん》の猛攻《もうこう》で長篠城《ながしのじょう》は絶体絶命《ぜったいぜつめい》！

少《すこ》し前《まえ》、勝頼《かつより》は家康《いえやす》が守《まも》る吉田城《よしだじょう》を攻《せ》めていた。しかし、守《まも》りのかたさに手《て》を焼《や》き、かれは長篠城《ながしのじょう》へ矛先《ほこさき》を変《か》える。この時《とき》の長篠城主《ながしのじょうしゅ》は奥平信昌《おくだいらのぶまさ》。父《ちち》の代《だい》から家康《いえやす》に仕《つか》えており、信玄《しんげん》に攻《せ》められて武田方《たけだがた》となったが、信玄《しんげん》が死《し》ぬとま

た徳川方《とくがわがた》にもどり、最前線《さいぜんせん》の長篠城《ながしのじょう》の守《まも》りを任《まか》された。戦国時代《せんごくじだい》、主君《しゅくん》を変《か》えるのは当《あ》たり前《まえ》のことだったが、武田方《たけだがた》からすればただの裏切《うらぎ》り者《もの》だ。

「裏切《うらぎ》り者《もの》の奥平《おくだいら》をエサに家康《いえやす》をおびき出《だ》し、まとめて討《う》ち果《は》たすのだ！」

勝頼《かつより》は本陣《ほんじん》を城《しろ》の北側《きたがわ》におき、城《しろ》を見下《みお》ろす東側《ひがしがわ》の山《やま》には、鳶ケ巣山砦《とびがすやまとりで》など城攻《しろぜ》め用《よう》の砦《とりで》を築《きず》いて長篠城《ながしのじょう》を囲《かこ》んだ。その数《かず》1万《まん》5千《せん》の大軍《たいぐん》である。

長篠城《ながしのじょう》の兵《へい》は5百《ひゃく》。激《はげ》しい攻撃《こうげき》を何度《なんど》も受《う》けたが、周囲《しゅうい》が谷《たに》や川《かわ》に囲《かこ》まれた城《しろ》だったことと、鉄砲《てっぽう》などの武器《ぶき》がたくさん備《そな》えられていたことで、ギリギリ持《も》ちこたえていた。ところが、兵糧庫《ひょうろうこ》を焼《や》かれてしまい食料《しょくりょう》が足《た》りなくなった。もはや、あと数日《すうじつ》で城《しろ》は落《お》ちてしまう。

「われらが助《たす》かるには、とにかく援軍《えんぐん》に早《はや》く来《き》ていただくしかない。だれか、家康様《いえやすさま》に状《じょう》きょうをお伝《つた》えする使者《ししゃ》になる者《もの》はおらぬか」

信昌《のぶまさ》の言葉《ことば》に、重《おも》い空気《くうき》が流《なが》れる。

当然《とうぜん》だ。城《しろ》は今《いま》、武田軍《たけだぐん》に包囲《ほうい》されている。それをくぐりぬけて家康《いえやす》のもとにたどり着《つ》くのは至難《しなん》の業《わざ》だ。敵《てき》に見《み》つかれば殺《ころ》される、命《いのち》がけの任務《にんむ》である。

そのとき……

「わしが」

名乗《なの》り出《で》た者《もの》がいた。

「おお、鳥居強右衛門《とりいすねえもん》よ、行《い》ってくれるか」

武田軍《たけだぐん》 戦力評価《せんりょくひょうか》

くっ強《きょう》な将兵《しょうへい》で構成《こうせい》された最《さい》強軍団《きょうぐんだん》で、特《とく》に騎馬隊《きばたい》は高《たか》い戦闘力《せんとうりょく》をほこる。だが、信玄《しんげん》という大黒柱《だいこくばしら》を失《うしな》ったばかりの上《うえ》、新当主《しんとうしゅ》の勝頼《かつより》は若《わか》く統《とう》率力《そつりょく》に不安《ふあん》が残《のこ》る。

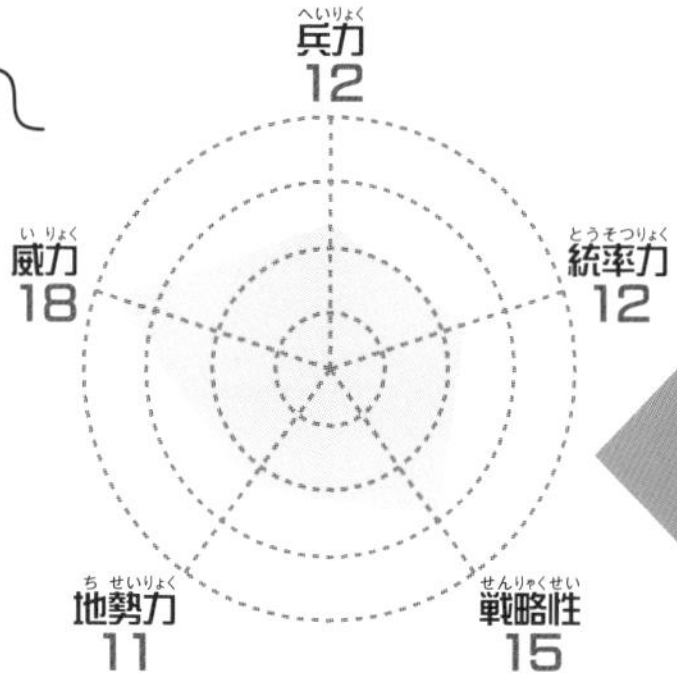

合計《ごうけい》 68

包囲《ほうい》をかいくぐり岡崎城《おかざきじょう》へ！
鳥居《とりい》強右衛門《すねえもん》、決死《けっし》の任務《にんむ》

「必《かなら》ずや囲《かこ》みをぬけて走《はし》りきり、家康様《いえやすさま》にお伝《つた》えいたしまする」

「鳥居強右衛門《とりいすねえもん》、あっぱれな勇気《ゆうき》じゃ。この城《しろ》の命運《めいうん》、そなたにたくしたぞ」

命《いのち》がけの使者《ししゃ》に立候補《りっこうほ》したのは、足軽《あしがる》の鳥居強右衛門《とりいすねえもん》である。

強右衛門《すねえもん》は、夜《よる》のやみにまぎれて下水口《げすいこう》から城《しろ》を出《で》ると、川《かわ》にもぐって泳《およ》ぎ、見事《みごと》に敵《てき》の目《め》をかいくぐって敵《てき》の包囲《ほうい》の外側《そとがわ》に出《で》た。脱出成功《だっしゅつせいこう》の*のろしを上《あ》げると、走《はし》りに走《はし》って、次《つぎ》の日《ひ》の午後《ごご》には岡崎城《おかざきじょう》にたどり着《つ》き、家康《いえやす》に長篠城《ながしのじょう》の状《じょう》きょうを説明《せつめい》した。ちょうどその時《とき》、岡崎《おかざき》には織田軍《おだぐん》3万《まん》がとう着《ちゃく》しており、徳川軍《とくがわぐん》とあわせて3万《まん》8千《せん》の大軍《たいぐん》で長篠《ながしの》に向《む》かう準備《じゅんび》をしているところだった。

「強右衛門《すねえもん》、よく知《し》らせてくれた。われらはすぐに出立《しゅったつ》し長篠《ながしの》へ向《む》かう」

「ははっ。これはありがたい、みな喜《よろこ》びまする！」

「うむ。お主《ぬし》は安心《あんしん》して、ここで休《やす》んでおれ」

「いいえ、わしは急《いそ》ぎもどって、必《かなら》ずあと数日《すうじつ》もちこたえるようにと、城《しろ》の者《もの》たちに伝《つた》えまする」

長篠城《ながしのじょう》から脱出《だっしゅつ》する強右衛門《すねえもん》（東京《とうきょう》都立《とりつ》中央《ちゅうおう》図書館《としょかん》特別《とくべつ》文庫《ぶんこ》室蔵《しつぞう》『皇國二十四功《こうこくにじゅうしこう》』より）。

あっぱれ

忠義《ちゅうぎ》の象徴《しょうちょう》となった強右衛門《すねえもん》

強右衛門《すねえもん》の忠義《ちゅうぎ》は他《ほか》の武士《ぶし》にも強《つよ》い感動《かんどう》をあたえたようで、落合左平次《おちあいさへいじ》という武士《ぶし》が作《つく》ったはりつけにされた強右衛門《すねえもん》の旗《はた》が、現在《げんざい》も残《のこ》っている。また、忠義《ちゅうぎ》や愛国心《あいこくしん》が重《おも》んじられた戦前《せんぜん》の日本《にほん》では、忠義《ちゅうぎ》の代表例《だいひょうれい》として『尋常小学読本《じんじょうしょうがくどくほん》』（戦前《せんぜん》の国語教科書《こくごきょうかしょ》）で強《すね》右衛門《えもん》のいつ話《わ》がしょうかいされていた。

強右衛門《すねえもん》は走《はし》りつかれた体《からだ》もかえりみず、すぐに長篠城《ながしのじょう》へ引《ひ》き返《かえ》す。だが、直前《ちょくぜん》で武田軍《たけだぐん》に見《み》つかってしまい、総大将《そうだいしょう》・勝頼《かつより》の前《まえ》に引《ひ》き出《だ》された。

援軍《えんぐん》が来《く》る前《まえ》に城《しろ》を落《お》としたい勝頼《かつより》は、強右衛門《すねえもん》に取《と》り引《ひ》きをもちかける。

「そなたを家臣《かしん》に取《と》り立《た》てるゆえ、城《しろ》の者《もの》たちに援軍《えんぐん》は来《こ》ぬ、すぐ降参《こうさん》しろと伝《つた》えるのだ」

城《しろ》から見《み》えるところに引《ひ》き立《た》てられた強右衛門《すねえもん》は、かくごを決《き》め大声《おおごえ》で言《い》った。

「城内《じょうない》のみなさま！　援軍《えんぐん》はまもなくとう着《ちゃく》しますぞ！　あと数日《すうじつ》、必《かなら》ずもちこたえよと、家康様《いえやすさま》はおおせです！」

勝頼《かつより》は激《げき》どし、強右衛門《すねえもん》をはりつけにして、殺《ころ》してしまった。

しかし、武田軍《たけだぐん》にくっしなかった強右衛門《すねえもん》の姿《すがた》は、長篠城《ながしのじょう》の兵《へい》たちを勇《ゆう》気《き》づけた。城主《じょうしゅ》の信昌《のぶまさ》も最後《さいご》まで戦《たたか》いぬく決意《けつい》で城兵《じょうへい》たちをはげます。

「強右衛門《すねえもん》の思《おも》いを決《けっ》してむだにしてはならぬ。なんとしても、援軍《えんぐん》が来《く》るまでもちこたえるぞ！」

「うおおおお！！」

援軍《えんぐん》の情報《じょうほう》に士気《しき》が上《あ》がった長篠城《ながしのじょう》の兵《へい》たちは、その後《ご》も武田軍《たけだぐん》の激《はげ》しい攻撃《こうげき》にたえぬいた。戦《たたか》いの後《あと》、強右衛門《すねえもん》の忠義《ちゅうぎ》に心《こころ》を打《う》たれた信長《のぶなが》は、かれのために立派《りっぱ》な墓《はか》を建《た》てたという。

＊のろし……けむりをあげて味方《みかた》に情報《じょうほう》を伝《つた》えること。

「鳥居強右衛門《とりいすねえもん》はりつけの場《ば》」の碑。強右衛門《すねえもん》がはりつけにされた場所《ばしょ》に建《た》っているとされる。

退《たい》きゃくか、決戦《けっせん》か。割《わ》れる武田軍《たけだぐん》

織田《おだ》・徳川《とくがわ》の大軍《たいぐん》は、長篠城近《ながしのじょうちか》くの設楽原《したらがはら》に布陣《ふじん》しつつある。勝頼《かつより》の本陣《ほんじん》では、圧《あっ》とう的《てき》に有利《ゆうり》だった空気《くうき》が一変《いっぺん》していた。

「家康《いえやす》をつり出《で》したはよいが、信長《のぶなが》まで来《く》るとはな。しかも、敵《てき》の数《かず》は3万《まん》8千《せん》。われらの倍以上《ばいいじょう》じゃ」

「との、このままではわれらが包囲《ほうい》されかねませぬ。いったん甲斐《かい》へ退《ひ》き出直《でなお》すべきです」

「いやいや、むしろ信長《のぶなが》と家康《いえやす》をまとめて討《う》ち取《と》る好機《こうき》です。この勢《いきお》いのまま決戦《けっせん》をいどみ、敵《てき》をけちらしてやりましょうぞ!」

軍議《ぐんぎ》の意見《いけん》は割《わ》れている。山県《やまがた》・馬場《ばば》といった百戦《ひゃくせん》*錬磨《れんま》の重臣《じゅうしん》たちは敵《てき》の兵力《へいりょく》を警《けい》かいし、戦《たたか》わずいったん退《ひ》くことを説《と》くが、勝頼《かつより》の側近《そっきん》などは、このままの勢《いきお》いで決戦《けっせん》をいどむべきだと前《まえ》のめりだ。

そして勝頼《かつより》が出《だ》した答《こた》えは、〝決戦《けっせん》〟だった。

「われらは美濃《みの》・三河《みかわ》と順調《じゅんちょう》に勝《か》ってきた。信玄《しんげん》なくとも武田《たけだ》は強《つよ》いと、だれもがみとめておろう。信長《のぶなが》が

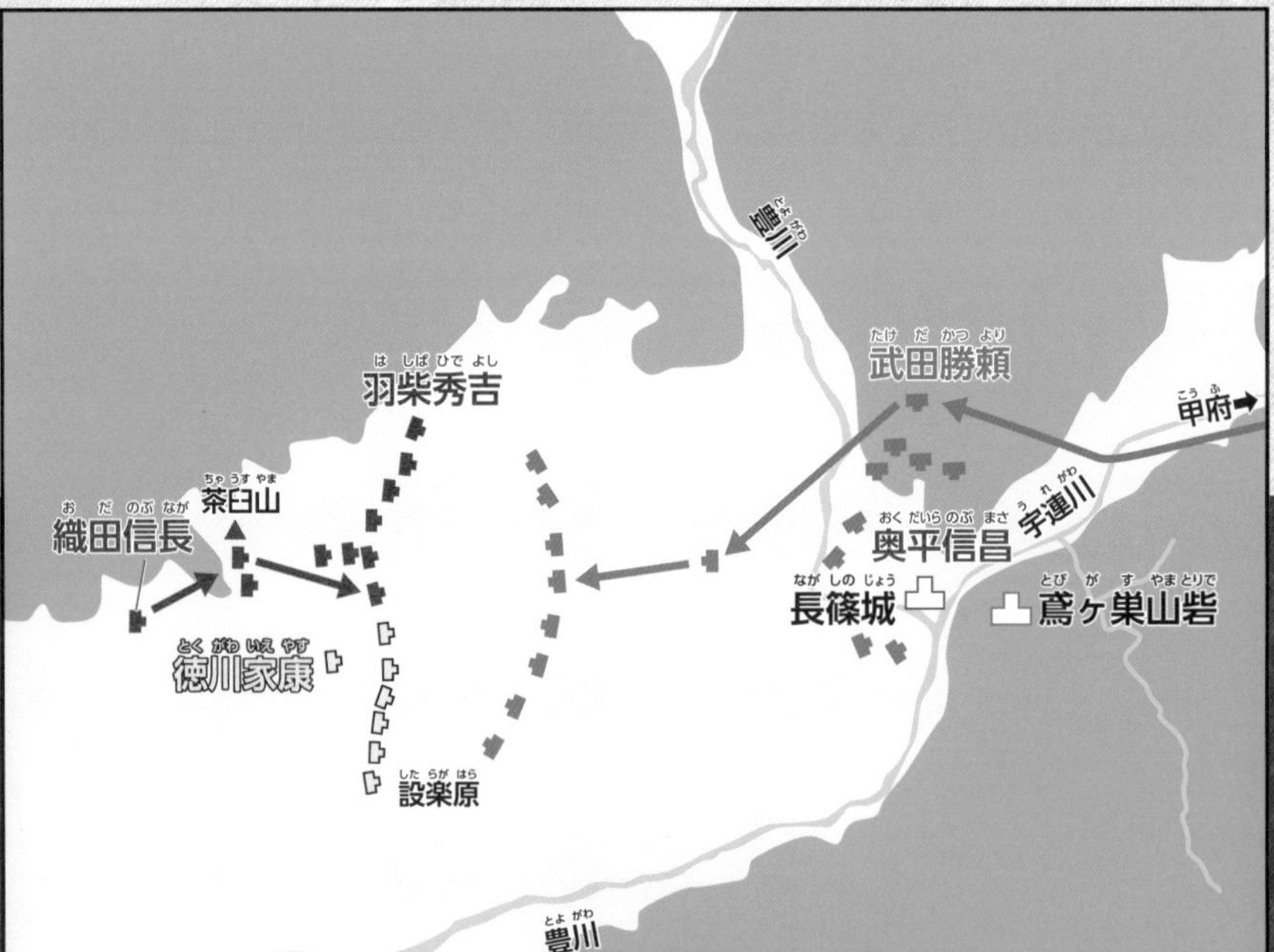

来《こ》ようと、われらは負《ま》けぬ。ゆえに、決戦《けっせん》じゃ」

軍議《ぐんぎ》の後《あと》、馬場《ばば》は自陣《じじん》の大通寺《だいつうじ》に山県《やまがた》や内藤昌秀《ないとうまさひで》などの同志《どうし》たちを招《まね》いていた。

「とのは、やはり決戦《けっせん》をとられたな……」

「思《おも》えばわれら、武田《たけだ》の旗《はた》のもと数《かぞ》えきれぬほどの戦場《せんじょう》をかけてきた」

「よくぞ今《いま》まで生《い》き残《のこ》ったものよ」

山県《やまがた》がそう言《い》って笑《わら》うと、一同《いちどう》も「まことに」と、うなずいて笑《わら》った。

「明日《あす》はさすがに厳《きび》しかろう。さあ、一杯《いっぱい》いかぬか」

酒《さけ》はない。馬場《ばば》は、そばにある泉《いずみ》の水《みず》をひしゃくですくい、一同《いちどう》の杯《さかずき》に注《そそ》いだ。

「どうあっても、勝頼様《かつよりさま》だけは」

「おう、必《かなら》ずにげのびていただこう」

「ここがわれらの死《し》に場所《ばしょ》じゃ」

口々《くちぐち》に言《い》うと、そろって杯《さかずき》をかかげ、飲《の》みほした。必《かなら》ず大将《たいしょう》を守《まも》ろうと、死《し》を覚《かく》ごした将《しょう》たちは、水杯《みずさかずき》を交《か》わした後《あと》、自陣《じじん》にもどって隊《たい》を整《ととの》えた。

武田軍《たけだぐん》は、長篠城《ながしのじょう》と、その背後《はいご》を囲《かこ》む鳶ヶ巣山《とびがすやま》などの砦《とりで》に守兵《しゅへい》を残《のこ》し、織《お》田《だ》・徳川軍《とくがわぐん》のいる設楽原《したらがはら》へ移動《いどう》した。

＊百戦錬磨《ひゃくせんれんま》……経験豊富《けいけんほうふ》できたえあげられている人《ひと》のこと。

山県《やまがた》、馬場《ばば》、内藤《ないとう》らが水杯《みずさかずき》を交《か》わしたという大通寺《だいつうじ》の盃井戸《さかずきいど》。

山県昌景《やまがたまさかげ》

信玄《しんげん》の下《もと》で出世《しゅっせ》し、「武田《たけだ》四天王《してんのう》」に数《かず》えられる名将《めいしょう》。合戦《かっせん》では赤《あか》いよろいの精《せい》えい部隊《ぶたい》「赤備《あかぞな》え」を率《ひき》いて戦《たたか》い、敵《てき》におそれられた。

奇《き》しゅうで武田軍《たけだぐん》の退路《たいろ》を断《た》て！

「勝頼《かつより》が動《うご》いたか。いよいよ武田《たけだ》と決戦《けっせん》じゃな」

設楽原《したらがはら》で自軍《じぐん》の布陣《ふじん》を終《お》えたころ、信長《のぶなが》は武田軍《たけだぐん》がこちらへ移動《いどう》していることを知《し》る。そこへ、家康《いえやす》の重臣《じゅうしん》・酒井忠次《さかいただつぐ》が別働隊《べつどうたい》の策《さく》を進言《しんげん》してきた。

「今夜《こんや》のうちにわが軍《ぐん》が大《おお》きく回《まわ》りこみ、夜明《よあ》けとともに鳶ヶ巣山《とびがすやま》砦《とりで》を背後《はいご》からおそい、長篠城《ながしのじょう》を救《すく》いまする」

「なるほどな。武田《たけだ》の主力《しゅりょく》はこちらへ向《む》かい、城《しろ》の囲《かこ》みは手《て》うすであろう。長篠城《ながしのじょう》を確保《かくほ》すれば、武田《たけだ》の退路《たいろ》を断《た》つことができる、か」

「御意《ぎょい》（その通《とお》りです）」

信長《のぶなが》は策《さく》を採用《さいよう》し、酒井隊《さかいたい》は夜《よる》のうちにひそかに設楽原《したらがはら》を出立《しゅったつ》した。

夜《よる》が明《あ》けた。設楽原《したらがはら》では、連吾川《れんごがわ》をはさんで細長《ほそなが》く布陣《ふじん》した両軍《りょうぐん》が向《む》かい合《あ》い、正面《しょうめん》の敵《てき》の動《うご》きに集中《しゅうちゅう》している。開戦《かいせん》はもうすぐだ。

その時《とき》、酒井隊《さかいたい》が鳶ヶ巣山砦《とびがすやまとりで》をおそった。不意《ふい》をつかれた守兵《しゅへい》は大混乱《だいこんらん》となった。砦《とりで》を落《お》とした酒井隊《さかいたい》は城《しろ》を囲《かこ》む守兵《しゅへい》にも攻《せ》めかかり、長篠城《ながしのじょう》の救援《きゅうえん》は成《せい》功《こう》した。武田軍《たけだぐん》は背後《はいご》をふさがれ、退《たい》きゃくすらできなくなった。

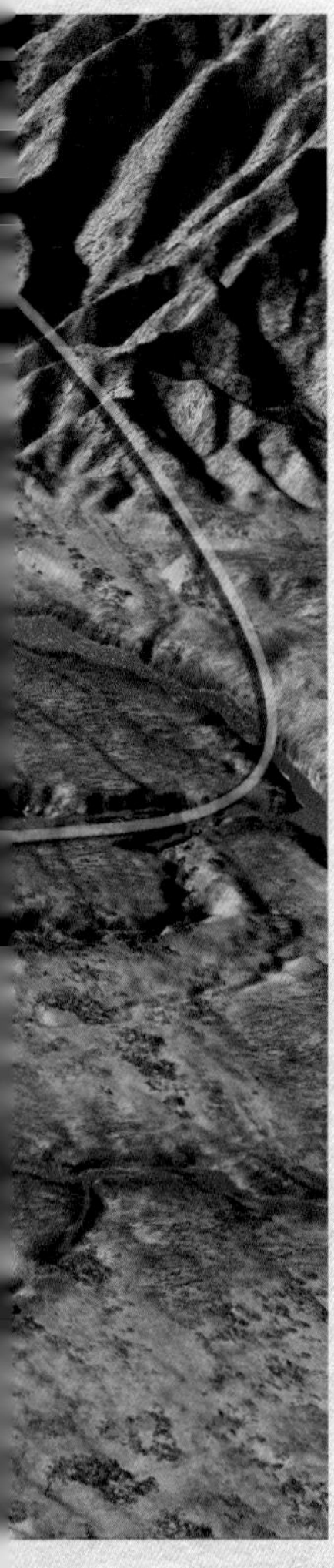

酒井忠次《さかいただつぐ》

徳川家《とくがわけ》に代々《だいだい》仕《つか》える家臣《かしん》。幼《おさな》いころから家康《いえやす》を支《ささ》え、三方ヶ原《みかたがはら》の戦《たたか》いや小牧《こまき》・長《なが》久手《くて》の戦《たたか》いなど、家康《いえやす》の主《しゅ》要《よう》な戦《たたか》いで活《かつ》やくする。

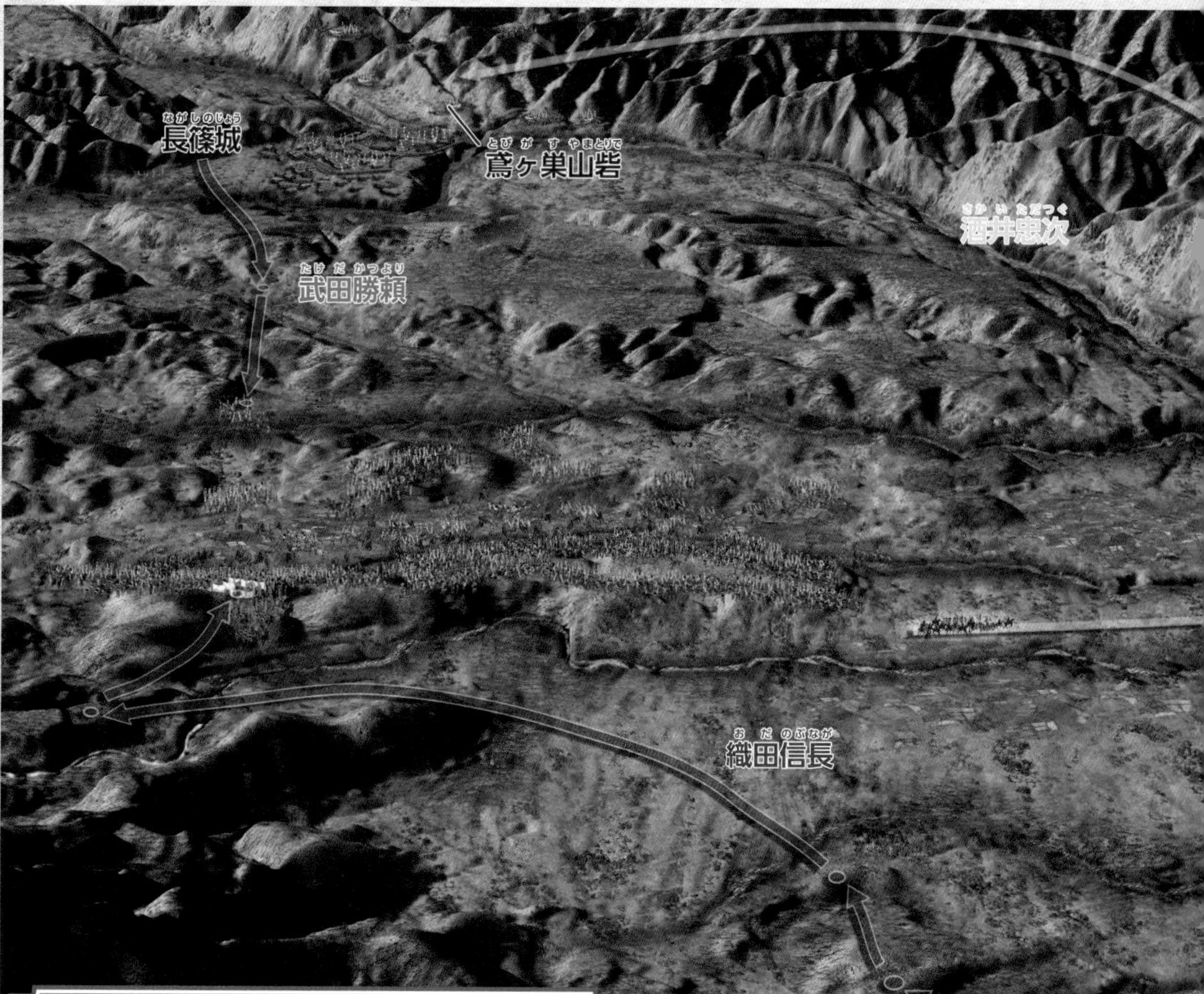

設楽原《したらがはら》に着陣《ちゃくじん》した織田信長《おだのぶなが》は、徳川軍《とくがわぐん》の酒井忠《さかいただ》次《つぐ》に鳶ヶ巣山砦攻略《とびがすやまとりでこうりゃく》を命《めい》じた。忠次《ただつぐ》は武田軍《たけだぐん》を奇《き》しゅうするために大《おお》きくう回《かい》。鳶ヶ巣山砦《とびがすやまとりで》から武田兵《たけだへい》を追《お》いはらって長篠城《ながしのじょう》を解放《かいほう》するとともに、武田本隊《たけだほんたい》の退路《たいろ》をふさぐ事《こと》に成功《せいこう》した。

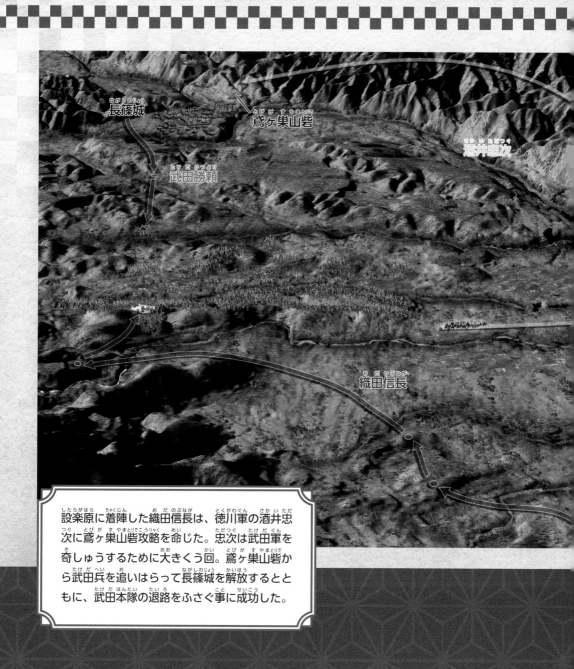

無情《むじょう》！　設楽原《したらがはら》にたおれる最強軍団《さいきょうぐんだん》

「山県隊《やまがたたい》、参《まい》る！」

設楽原《したらがはら》で最初《さいしょ》に動《うご》いたのは、武田軍《たけだぐん》1番隊《ばんたい》、真《ま》っ赤《か》なよろいでそろえた山県隊《やまがたたい》だ。地《じ》ひびきとともにかけ下《お》りてくる。織田《おだ》・徳川軍《とくがわぐん》にきんちょうが走《はし》った。

「がまんじゃ。十分《じゅうぶん》に引《ひ》きつけよ……。今《いま》じゃ、放《はな》て！」

武田軍《たけだぐん》の攻撃《こうげき》は2波《は》、3波《ぱ》と波《なみ》のようにくり返《かえ》される。対《たい》する織田《おだ》・徳川軍《とくがわぐん》は、ほとんど動《うご》かない。そして千《せん》ちょうもの鉄砲《てっぽう》で、近《ちか》づいた敵《てき》をうちまくる。ごう音《おん》とともに騎馬兵《きばへい》が次々《つぎつぎ》とたおれていく。

信長《のぶなが》の作戦《さくせん》はこうだ。ぬかるみが多《おお》く馬《うま》が使《つか》いにくい設楽原《したらがはら》に勝頼《かつより》をさそい出《だ》し、大量《たいりょう》の鉄砲《てっぽう》で騎馬隊《きばたい》を打《う》ち破《やぶ》る。念《ねん》には念《ねん》を入《い》れて、自陣《じじん》には三重《さんじゅう》の馬防柵《ばぼうさく》をめぐらせて鉄砲隊《てっぽうたい》の安全《あんぜん》を確保《かくほ》した。

やがて、勝頼《かつより》は鳶《とび》ケ《が》巣《す》山《やま》砦《とりで》が落《お》ちたことを知《し》った。もはや正面《しょうめん》の敵《てき》をたおさなければにげることすらできない。だが、馬防柵《ばぼうさく》の守《まも》りはかたく、敵《てき》の鉄砲隊《てっぽうたい》を止《と》めるすべはなかった。

織田《おだ》・徳川軍《とくがわぐん》の陣《じん》あとに復元《ふくげん》された馬防柵《ばぼうさく》。

あっぱれ

一方的敗北《いっぽうてきはいぼく》ではなかった武田軍《たけだぐん》

長篠《ながしの》の戦《たたか》いは、鉄砲隊《てっぽうたい》のいっせい射撃《しゃげき》によって武田軍《たけだぐん》がなすすべなく打《う》ちたおされたイメージが強《つよ》いが、一部《いちぶ》の部隊《ぶたい》は馬《ば》防柵《ぼうさく》を越《こ》えて敵陣《てきじん》に攻《せ》めこんでいるし、重臣《じゅうしん》で鉄砲隊《てっぽうたい》にたおされたのは土屋昌続《つちやまさつぐ》や真田信綱《さなだのぶつな》・昌輝《まさてる》など少数《しょうすう》だった。また、武田軍《たけだぐん》にも鉄砲隊《てっぽうたい》がいたが、武田《たけだ》の鉄砲隊《てっぽうたい》は弾《たま》と火薬不足《かやくぶそく》で、設楽原《したらがはら》ではほとんど活《かつ》やくできなかった。

設楽原《したらがはら》の古戦場《こせんじょう》に立《た》つ真田信綱《さなだのぶつな》・昌輝《まさてる》の墓《はか》。

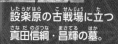

命《いのち》をかけて主君《しゅくん》を守《まも》った老将《ろうしょう》

作戦《さくせん》は見事《みごと》にはまった。ここで勝頼《かつより》を討《う》って武田《たけだ》をほろぼしたい信長《のぶなが》は、完《かん》全《ぜん》に勢《いきお》いを失《うしな》った武田軍《たけだぐん》の様子《ようす》を確認《かくにん》すると、追撃戦《ついげきせん》の指示《しじ》を出《だ》した。

「勝頼《かつより》をとらえよ！　にがすな！」

武田軍《たけだぐん》は総《そう》くずれとなり、午後《ごご》2時《じ》ごろ、たまらず退《たい》きゃくのほら貝《がい》をふいた。だが、敵《てき》の追撃《ついげき》は激《はげ》しく、このままでは勝頼《かつより》すらにげきれるか分《わ》からない。討《う》ち死《じ》にの覚《かく》ごを決《き》める勝頼《かつより》の前《まえ》に馬場《ばば》が現《あらわ》れた。

「との、しんがりはわが隊《たい》に。必《かなら》ずやにげきって、立《た》て直《なお》しをたのみますぞ」

追撃《ついげき》されている時《とき》のしんがり（最後尾《さいこうび》の軍《ぐん》）は、最《もっと》も危険《きけん》な役回《やくまわ》りだ。

「すまぬ。そなたらの進言《しんげん》を聞《き》くべきであった」

「なあに、年寄《としよ》りが役《やく》に立《た》ちそうで、うれしゅうござる」

「無理《むり》はせんでくれ。まだまだそなたが必要《ひつよう》じゃ」

「ありがたきお言葉《ことば》。3代《だい》にわたりお仕《つか》えできて、幸《しあわ》せでござった。御免《ごめん》」

馬場《ばば》は60歳《さい》を過《す》ぎているが、この大敗《たいはい》のなか、馬場隊《ばばたい》は最後《さいご》までくずれず形《かたち》を保《たも》っている。勝頼《かつより》はそのたのもしい背中《せなか》を見送《みおく》ると、兵《へい》たちに向《む》き直《なお》った。

「これより甲府《こうふ》を目指《めざ》す！　みな全力《ぜんりょく》でにげてくれ。必《かなら》ず甲府《こうふ》で会《あ》おうぞ！」

勝頼《かつより》は馬《うま》の腹《はら》をけって、少数《しょうすう》の側近《そっきん》たちと豊川《とよがわ》ぞいをかけぬけた。織田《おだ》・徳《とく》川軍《がわぐん》が一気《いっき》にせまりくるなか、兵《へい》たちもちりぢりになってにげた。

あっぱれ

比類《ひるい》なき働《はたら》きで勝頼《かつより》をにがした馬場信春《ばばのぶはる》

「武田四天王《たけだしてんのう》」の一人《ひとり》・馬場信春《ばばのぶはる》は長篠《ながしの》の戦《たたか》いまで、戦《いくさ》では傷一《きずひと》つ負《お》わなかったという。人《ひと》がらも優《すぐ》れていたようで、敵《てき》の宝物《たからもの》をうばおうとする信玄《しんげん》をたしなめるなど、主君《しゅくん》をいさめるいつ話《わ》が多《おお》く残《のこ》っている。長篠《ながしの》の戦《たたか》いでは勝頼《かつより》を守《まも》るため戦場《せんじょう》に残《のこ》り、勝頼《かつより》の無事《ぶじ》を見届《みとど》けた後《あと》に討《う》ち取《と》られた。その奮戦《ふんせん》ぶりは織田軍《おだぐん》にも「馬場美濃守《ばばみのかみ》（信春《のぶはる》）の働《はたら》き比類《ひるい》なし」とほめたたえられている。

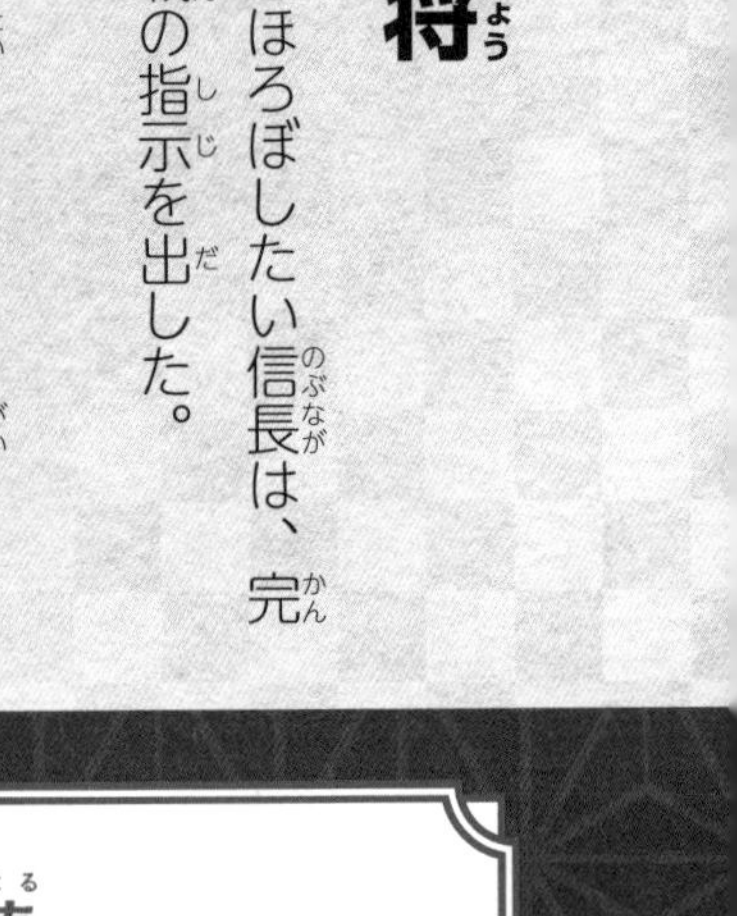

『長篠合戦図屏風《ながしのかっせんずびょうぶ》（模本《もほん》）』にえがかれた馬場《ばば》の最期《さいご》（東京国立博物館蔵《とうきょうこくりつはくぶつかんぞう》／Colbase）。▲

合戦《かっせん》を通《とお》しての武田軍《たけだぐん》の戦死者《せんししゃ》は1万人《まんにん》といわれている。そして追撃戦《ついげきせん》では、名前《なまえ》を聞《き》くだけでだれもがふるえ上《あ》がった武田軍《たけだぐん》の名将《めいしょう》・山県昌景《やまがたまさかげ》、内藤昌秀《ないとうまさひで》、馬場信春《ばばのぶはる》が討《う》ち死《し》にした。内藤《ないとう》も、馬場《ばば》とともにしんがりを務《つと》めたとも伝《つた》わっている。かれらの最後《さいご》の奮戦《ふんせん》のかいあって、勝頼《かつより》はその後《ご》2週間《しゅうかん》ほどかけて、なんとか甲府《こうふ》までたどり着《つ》いた。

その後《ご》勝頼《かつより》は、心機一転《しんきいってん》、武田家《たけだけ》の立《た》て直《なお》しに全力《ぜんりょく》をつくした。しかし長篠《ながしの》での大敗《たいはい》がひびき、家臣《かしん》の裏切《うらぎ》りが続《つづ》くなどうまくいかず、約《やく》7年後《ねんご》にめつ亡《ぼう》をむかえることになる。

討《う》ち死《じ》にした主《おも》な武田軍《たけだぐん》の武将《ぶしょう》

山県昌景《やまがたまさかげ》	真田信綱《さなだのぶつな》
内藤昌秀《ないとうまさひで》	真田昌輝《さなだまさてる》
馬場信春《ばばのぶはる》	土屋昌続《つちやまさつぐ》
原昌胤《はらまさたね》	武田信実《たけだのぶざね》
那波無理介《なわむりのすけ》	三枝昌貞《さいぐさまささだ》

武田軍《たけだぐん》はこの戦《たたか》いで信玄以来《しんげんいらい》の名将《めいしょう》を多数失《たすうしな》い、軍事力《ぐんじりょく》を大《おお》きくそこなってしまった。

設楽原《したらがはら》の敗戦《はいせん》で三河《みかわ》の領主《りょうしゅ》たちが次々《つぎつぎ》と徳川方《とくがわがた》へ寝返《ねがえ》ったため、勝頼《かつより》は山中《さんちゅう》をにげ続《つづ》けなければならなかった。それは、後《のち》に信長《のぶなが》が上杉謙信《うえすぎけんしん》に「勝頼《かつより》ははだか同然《どうぜん》でにげ帰《かえ》った」とじまんするほど、みじめなものだったという。

最新兵器《さいしんへいき》・鉄砲《てっぽう》の活用法《かつようほう》

信長《のぶなが》の秘策《ひさく》「三段撃《さんだんう》ち」とは？

織田信長《おだのぶなが》が長篠《ながしの》の戦《たたか》いで武田軍《たけだぐん》をたおすために用意《ようい》したのが鉄砲《てっぽう》だ。長篠《ながしの》の戦《たたか》いの約《やく》30年前《ねんまえ》に日本《にほん》に伝来《でんらい》した新兵器《しんへいき》である。この鉄砲《てっぽう》は、火《ひ》をつけた縄《なわ》で火薬《かやく》に点火《てんか》し弾《たま》を飛《と》ばす「火縄銃《ひなわじゅう》」で、1発撃《ぱつう》つ度《たび》に火薬《かやく》を入《い》れて、弾《たま》を入《い》れて……といくつもの手順《てじゅん》をふむ。そのため、撃《う》った後《あと》のすきが大《おお》きかった。

信長《のぶなが》はこの弱点《じゃくてん》をカバーするため、長篠《ながしの》の戦《たたか》いで「三段撃《さんだんう》ち」という戦法《せんぽう》を使《つか》ったとされている。鉄砲《てっぽう》隊《たい》を3列《れつ》にならべ、1列目《れつめ》が撃《う》ったら後列《こうれつ》に下《さ》がって、2列目《れつめ》、3列目《れつめ》が撃《う》つ間《あいだ》に弾《たま》をこめ、再《ふたた》び前《まえ》に出《で》て撃《う》つというもの。さらに、信長《のぶなが》は武田軍《たけだぐん》が近《ちか》よれないように馬防柵《ばぼうさく》や土《ど》るい（土《つち》を盛《も》ったかべ）を設《もう》けた。

この三段撃《さんだんう》ちは後《のち》の世《よ》の創作《そうさく》である可能性《かのうせい》が高《たか》いが、信長《のぶなが》が最新兵器《さいしんへいき》を活用《かつよう》して強敵《きょうてき》を破《やぶ》ったことは間違《まちが》いない。

火縄銃《ひなわじゅう》の撃《う》ち方《かた》

『大坂冬《おおさかふゆ》の陣図屏風《じんずびょうぶ》』（模本《もほん》）にえがかれた鉄砲兵《てっぽうへい》。赤丸《あかまる》の兵《へい》は火縄銃《ひなわじゅう》に弾《たま》ごめをしている。ちなみに、火縄銃《ひなわじゅう》を1発撃《ぱつう》つのに必要《ひつよう》な手順《てじゅん》は、①火薬《かやく》を銃身《じゅうしん》に入《い》れる ②弾《たま》を銃身《じゅうしん》に入《い》れる ③カルカ（細《ほそ》い棒《ぼう》）で火薬《かやく》と弾《たま》をおしこむ ④火皿《ひざら》に点火薬《てんかやく》を入《い》れ、点火薬《てんかやく》が飛《と》ばないようにいったんふた（火《ひ》ぶた）をとじる ⑤火縄《ひなわ》に火《ひ》をつけ、火《ひ》ばさみで固定《こてい》する ⑥ねらいをつけ、火《ひ》ぶたを開《あ》ける ⑦引《ひ》き金《がね》を引《ひ》くと弾《たま》が発射《はっしゃ》される（東京国立博物館蔵《とうきょうこくりつはくぶつかんぞう》／ColBase）。

第4番

九州《きゅうしゅう》二大《にだい》覇者《はしゃ》の明暗《めいあん》を分《わ》けた〝おとり戦術《せんじゅつ》〟

耳川《みみかわ》の戦《たたか》い

キリスト教王国《きょうおうこく》の建国《けんこく》を夢見《ゆめみ》る大友宗麟《おおともそうりん》は
大軍《たいぐん》を率《ひき》いて日向《ひゅうが》に攻《せ》めこんだ。
むかえ撃《う》つのは薩摩《さつま》の島津四兄弟《しまづよんきょうだい》。
いずれも戦上手《いくさじょうず》の名将《めいしょう》ばかりだが、
数《かず》で勝《まさ》る大友軍《おおともぐん》を撃退《げきたい》できるのか!?

理想郷《りそうきょう》を求《もと》め、日向《ひゅうが》をねらう宗麟《そうりん》

本《ほん》きょ地《ち》の豊後《ぶんご》（大分県《おおいたけん》）をはじめ、豊前《ぶぜん》・筑前《ちくぜん》・筑後《ちくご》・肥前《ひぜん》・肥後《ひご》の6か国《くに》の守護《しゅご》で、九州最大《きゅうしゅうさいだい》の勢力《せいりょく》をほこる北九州《きたきゅうしゅう》の大大名《だいだいみょう》・大友宗麟《おおともそうりん》は、日向《ひゅうが》（宮崎県《みやざきけん》）への進出《しんしゅつ》をねらっていた。一方《いっぽう》、南九州《みなみきゅうしゅう》では、当主《とうしゅ》の義久《よしひさ》をはじめ義弘《よしひろ》、歳久《としひさ》、家久《いえひさ》の四兄弟《よんきょうだい》を有《ゆう》する島津軍《しまづぐん》が、日向《ひゅうが》の大名《だいみょう》・伊東義祐《いとうよしすけ》をやぶり、薩摩《さつま》・大隅《おおすみ》（ともに鹿児島県《かごしまけん》）に続《つづ》き日向《ひゅうが》も平定《へいてい》し、着々《ちゃくちゃく》と勢力《せいりょく》を拡大《かくだい》していた。

そんな情勢《じょうせい》の中《なか》、日向《ひゅうが》を追《お》われた伊東義祐《いとうよしすけ》が、宗麟《そうりん》をたよってくる。

「どうか、島津《しまづ》にうばわれた日向《ひゅうが》の領地《りょうち》を、取《と》りもどしてください」

大友家《おおともけ》のもとに身《み》を寄《よ》せた伊東義祐《いとうよしすけ》は、宗麟《そうりん》にたのんだ。

（ほう、これは好都合《こうつごう》だ）と宗麟《そうりん》はほくそ笑《え》んだ。

洗礼《せんれい》を受《う》けキリシタン（キリスト教徒《きょうと》）となった宗麟《そうりん》は、日向《ひゅうが》に進出《しんしゅつ》してきた島津軍《しまづぐん》を、伊東氏《いとうし》の救援《きゅうえん》を名目《めいもく》にたたき、日向《ひゅうが》にキリスト教王国《きょうおうこく》をつくろうと考《かんが》えたのだ。

ところが、重臣《じゅうしん》たちからは反対《はんたい》の声《こえ》が上《あ》がる。

「島津《しまづ》と戦《たたか》って勝《か》つのは、容易《ようい》ではありません」

「そうです。しかも島津《しまづ》と戦《たたか》っている間《あいだ》に、安芸《あき》（広島県《ひろしまけん》）の毛利勢《もうりぜい》が攻《せ》めてくる可能性《かのうせい》もあります」

「毛利《もうり》に呼応《こおう》して、今《いま》は大友《おおとも》に従《したが》っている肥前《ひぜん》（佐賀県《さがけん》）の龍造寺隆信《りゅうぞうじたかのぶ》も反旗《はんき》

あっぱれ 大友家《おおともけ》の全盛期《ぜんせいき》

大友宗麟《おおともそうりん》は室町将軍《むろまちしょうぐん》と関係《かんけい》を強《つよ》くして、北九州《きたきゅうしゅう》6か国《くに》の守護《しゅご》などの地位《ちい》を得《え》た。幕府《ばくふ》から北九州支配《きたきゅうしゅうしはい》のおすみ付《つ》きをもらったのだ。さらに、宗麟《そうりん》は宣教師《せんきょうし》を通《つう》じて南《なん》ばんと貿易《ぼうえき》を行《おこな》い、すぐれた南《なん》ばん文化《ぶんか》を取《と》り入《い》れた。幕府《ばくふ》と南《なん》ばん、このふたつを利用《りよう》して宗麟《そうりん》は大友家《おおともけ》を九州最大《きゅうしゅうさいだい》の大名《だいみょう》におし上《あ》げたのである。

宗麟《そうりん》が築《きず》き新《あら》たな居城《きょじょう》とした臼杵城《うすきじょう》。

をひるがえすかもしれません」

重臣《じゅうしん》たちの言《い》うとおり、こちらから島津《しまづ》に戦《いくさ》を仕《し》かけるのは危険《きけん》であった。

だが、宗麟《そうりん》は聞《き》き入《い》れなかった。

「島津《しまづ》を討《う》つ。島津《しまづ》から日向《ひゅうが》をうばい返《かえ》し、キリスト教王国《きょうおうこく》をつくるのだ」

強引《ごういん》に決定《けってい》すると、宗麟《そうりん》は、宣教師《せんきょうし》や修道士《しゅうどうし》をともない、自《みずか》ら大軍《たいぐん》を率《ひき》いて、日向《ひゅうが》へと向《む》かった。

大友軍《おおともぐん》は、目《め》につく神社仏閣《じんじゃぶっかく》を焼《や》き討《う》ちにしながら、南下《なんか》していく。当時《とうじ》はまだキリスト教徒《きょうと》は少数派《しょうすうは》であり、大友家《おおともけ》の家臣《かしん》も兵《へい》も、大部分《だいぶぶん》は神仏《しんぶつ》を信《しん》じている。

「寺社《じしゃ》を燃《も》やすなど、とのは、なんとばち当《あ》たりなことをするのだ」

「これは天《てん》ばつが下《くだ》るにちがいない」

兵《へい》たちは神社仏閣《じんじゃぶっかく》が焼《や》かれるたびに、おそれおののき、元々高《もともとたか》くない士気《しき》が、さらに下《さ》がった。

国境《くにざかい》ぞいに山地《さんち》が広《ひろ》がる日向国《ひゅうがのくに》は中央《ちゅうおう》の平野《へいや》をおさえるのが重要《じゅうよう》だった。大友軍《おおともぐん》は寺社《じしゃ》を破《は》かいしながら南下《なんか》し、平野《へいや》のはしに位置《いち》する高城《たかじょう》を包囲《ほうい》した。

高《たか》城《じょう》攻《ぜ》めを指《し》示《じ》し、宗《そう》麟《りん》は高《たか》みの見《けん》物《ぶつ》

宗麟《そうりん》は日向《ひゅうが》に入《はい》ると、無鹿《むしか》に本陣《ほんじん》を置《お》いた。日向《ひゅうが》にキリシタン王国《おうこく》の樹立《じゅりつ》をもくろむ宗麟《そうりん》がまず行《おこな》ったのは、周辺《しゅうへん》の寺社《じしゃ》をてってい的《てき》にこわして、教会《きょうかい》や司祭《しさい》たちの住居《じゅうきょ》を建設《けんせつ》することだった。

無鹿《むしか》には4万《まん》をこえる大友軍《おおともぐん》が集結《しゅうけつ》した。その総指揮《そうしき》をとるのは、宗麟《そうりん》の義《ぎ》兄《けい》・田原親賢《たわらちかかた》である。宗麟《そうりん》は田原親賢《たわらちかかた》に高城攻《たかじょうぜ》めを命《めい》じた。

大友軍《おおともぐん》 戦力評価《せんりょくひょうか》

4～5万《まん》とされる大軍《たいぐん》だが、多《おお》くの武将《ぶしょう》が遠《えん》せいに反対《はんたい》の上《うえ》、寺社《じしゃ》を破《は》かいするという悪行《あくぎょう》を宗麟《そうりん》が行《おこな》わせたため士《し》気《き》が低《ひく》い。少《すこ》しのきっかけで仲間割《なかまわ》れがおきる危険《きけん》がある。

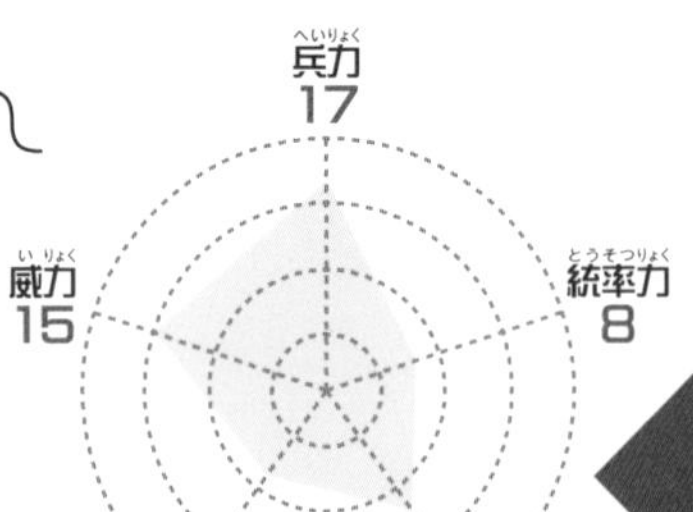

合計《ごうけい》
60

高城《たかじょう》は名将《めいしょう》といわれる山田有信《やまだありのぶ》が守《まも》る、島津方《しまづがた》の重要《じゅうよう》な城《しろ》である。北《きた》の谷瀬《たにせ》戸川《とがわ》（現《げん》・切原川《きりはらがわ》）、南《みなみ》の高城川《たかじょうがわ》（現《げん》・小丸川《おまるがわ》）に守《まも》られた天然《てんねん》の要害《ようがい》だ。

「親賢《ちかかた》よ、『国崩《くにくず》し』を授《さず》ける。必《かなら》ずや高城《たかじょう》をおとせ」

国崩《くにくず》しとは、宗麟《そうりん》がポルトガル人《じん》からおくられた、日本最初《にほんさいしょ》の大砲《たいほう》である。

「はっ、この親賢《ちかかた》、命《いのち》に代《か》えても、高城《たかじょう》をおとしまする」

田原親賢《たはらちかかた》は大友軍《おおともぐん》の主力《しゅりょく》を率《ひき》いて、高城《たかじょう》へと向《む》かった。

耳川《みみかわ》をわたり、高城付近《たかじょうふきん》にたどり着《つ》いた大友軍《おおともぐん》は、五《いつ》つの陣地《じんち》を築《きず》いて城《しろ》を囲《かこ》むと、民家《みんか》に火《ひ》を放《はな》ち、攻撃《こうげき》を開始《かいし》する。

「くらえ、島津軍《しまづぐん》」

国崩《くにくず》しによる砲撃《ほうげき》が行《おこな》われた。ごう音《おん》を発《はっ》して砲弾《ほうだん》は高城《たかじょう》へ飛《と》んだが、城《しろ》には届《とど》かなかった。高台《たかだい》にある高城《たかじょう》は砲弾《ほうだん》が届《とど》きにくい上《うえ》、大友軍《おおともぐん》は大砲《たいほう》のあつかいになれていなかったからだ。

高城《たかじょう》では山田有信《やまだありのぶ》が、わずか5百名《ひゃくめい》の城兵《じょうへい》を率《ひき》い、奮戦《ふんせん》していた。

「必《かなら》ず助《たす》けが来《く》る。それまで持《も》ちこたえるんだ！」

高城《たかじょう》の危機《きき》は、鹿児島《かごしま》にいた島津家《しまづけ》の当主《とうしゅ》・義久《よしひさ》の元《もと》にも届《とど》いた。

「おのれ、宗麟《そうりん》め。今《いま》に見《み》ておれ」

島津義久《しまづよしひさ》は高城《たかじょう》の近《ちか》くにある佐土原城《さどわらじょう》の城主《じょうしゅ》で、末弟《まってい》の島津家久《しまづいえひさ》を高城《たかじょう》の救援《きゅうえん》に向《む》かわせる。島津家久《しまづいえひさ》は千名《せんめい》の兵《へい》を連《つ》れて高城《たかじょう》に入《はい》り、山田有信《やまだありのぶ》とともに城《しろ》を死守《ししゅ》した。

国崩《くにくず》し（レプリカの銅像《どうぞう》）。すさまじい勢《いきお》いで建物《たてもの》を破《は》かいする威力《いりょく》から「（敵《てき》の）国《くに》をも崩《くず》す」→「国崩《くにくず》し」と名《な》づけられた。宗麟《そうりん》は国崩《くにくず》しを臼《うす》杵城《きじょう》に設置《せっち》し、島津軍《しまづぐん》が攻《せ》めてきた時《とき》はこれを使《つか》って敵《てき》を撃退《げきたい》している。

義久《よしひさ》出陣《しゅつじん》！　宗麟《そうりん》不在《ふざい》の大友軍《おおともぐん》はどうする!?

島津家久《しまづいえひさ》、山田有信《やまだありのぶ》の善戦《ぜんせん》により、大友軍《おおともぐん》が高城《たかじょう》を攻《せ》めあぐねている間《あいだ》に、島津義久《しまづよしひさ》は薩摩《さつま》・大隅《おおすみ》・日向《ひゅうが》の3か国《こく》から3万《まん》といわれる大軍《たいぐん》を動員《どういん》し、弟《おとうと》の島津義弘《しまづよしひろ》らと高城《たかじょう》の救援《きゅうえん》に乗《の》り出《だ》す。

鹿児島《かごしま》を出発《しゅっぱつ》した島津義久《しまづよしひさ》は佐土原城《さどわらじょう》に入《はい》り、11月《がつ》11日《にち》には、島津義弘《しまづよしひろ》らの軍勢《ぐんぜい》が、5百名余《ひゃくめいあま》りの大友勢《おおともぜい》を討《う》ち取《と》っている。

同日《どうじつ》、島津義弘《しまづよしひろ》らは、高城《たかじょう》の近《ちか》くを流《なが》れる高城川《たかじょうがわ》に布陣《ふじん》し、川《かわ》をはさんで大友軍《おおともぐん》と向《む》かい合《あ》った。島津義久《しまづよしひさ》も佐土原城《さどわらじょう》から、高城《たかじょう》を見下《みお》ろす根白坂《ねじろざか》に陣《じん》を移《うつ》し、決戦《けっせん》に備《そな》えた。

一方《いっぽう》、大友陣営《おおともじんえい》ではしゅう来《らい》した島津軍《しまづぐん》を前《まえ》に、攻撃《こうげき》を仕《し》かけるか、それとも様子《ようす》を見《み》るかをめぐり、軍議《ぐんぎ》が開《ひら》かれた。

「まずは島津軍《しまづぐん》の様子《ようす》をうかがい、無鹿《むしか》の宗麟様《そうりんさま》の指示《しじ》を聞《き》いて、しん重《ちょう》に行動《こうどう》すべきではないか」

「いや、明朝《みょうちょう》にでも、打《う》って出《で》るべきだ」

しん重論《ちょうろん》を説《と》いた佐伯宗天《さえきそうてん》に、田北鎮周《たきたしげかね》は真《ま》っ向《こう》から反論《はんろん》した。

佐伯宗天《さえきそうてん》も田北鎮周《たきたしげかね》も、「年寄《としより》」と呼《よ》ばれる大友《おおとも》の重臣《じゅうしん》である。

高城攻《たかじょうぜ》めでは、宗天《そうてん》が南口《みなみぐち》の先《せん》ぽうを、鎮周《しげかね》が北口《きたぐち》の先《せん》ぽうを務《つと》めている。大友陣営《おおともじんえい》は決戦派《けっせんは》としん重派《ちょうは》の真《ま》っ二《ぷた》つに分《わ》かれ、

高城《たかじょう》は三方《さんぽう》が断崖絶壁《だんがいぜっぺき》の高台《たかだい》に築《きず》かれている。ゆいいつ平地《へいち》とつながる場所《ばしょ》には、堀《ほり》が何本《なんぼん》もあり、とても攻《せ》めにくい城《しろ》だ。

議論《ぎろん》がくり広《ひろ》げられた。

「佐伯《さえき》どのがおっしゃるとおり、ここは自重《じちょう》するのが、よろしいかと存《ぞん》じます」

*軍配者《ぐんばいしゃ》の角隈石宗《つのくませきそう》はしん重論《ちょうろん》を支持《しじ》し、総大将《そうだいしょう》の田原親賢《たわらちかかた》もこれに同意《どうい》。ひとまず、様子《ようす》をみることに決《き》まった。

ところが、田北鎮周《たきたしげかね》は納得《なっとく》せず、席《せき》をけって出《で》ていった。

「敵《てき》が目《め》の前《まえ》にいるのに、だまって見《み》ていることなどできん！　明日《あす》の朝《あさ》、自分《じぶん》だけでも島津軍《しまづぐん》にとつ入《にゅう》する！」


*軍配者《ぐんばいしゃ》……軍師《ぐんし》のこと。特《とく》に、うらないや儀式《ぎしき》などの呪術《じゅじゅつ》を行《おこな》う軍師《ぐんし》をさす。

三州《さんしゅう》の総大将《そうだいしょう》
島津義久《しまづよしひさ》

島津軍《しまづぐん》 戦力評価《せんりょくひょうか》

高城救援《たかじょうきゅうえん》に約《やく》3万《まん》の兵《へい》でかけつけた。島津軍《しまづぐん》には義久《よしひさ》の弟《おとうと》（義弘《よしひろ》・歳久《としひさ》・家久《いえひさ》）など歴戦《れきせん》の武将《ぶしょう》が多《おお》く、士気《しき》も高《たか》い。さらに、確実《かくじつ》に勝利《しょうり》するための秘策《ひさく》も用意《ようい》しているようだ。

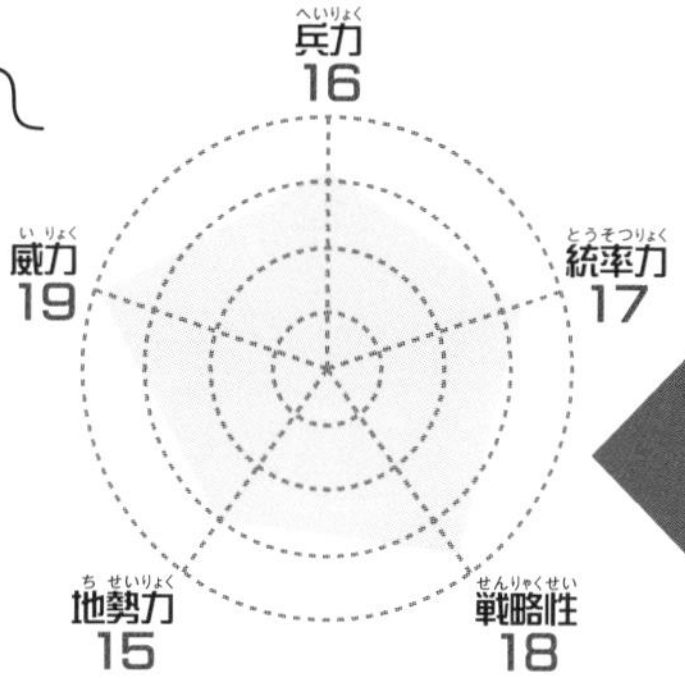

合計《ごうけい》 85

島津《しまづ》の援軍《えんぐん》をけちらすため、大友《おおとも》軍《ぐん》は高城川《たかじょうがわ》をこえた。しかし、田《た》北《きた》の独断《どくだん》からはじまった追撃戦《ついげきせん》は、数《かず》だのみのまったく統率《とうそつ》がとれていない危《あや》うい状《じょう》きょうだった。

現在《げんざい》の高城《たかじょう》あと。おくに見《み》えるやぐら風建物《ふうたてもの》のあたりが本丸《ほんまる》である。ちなみに、このやぐら風建物《ふうたてもの》は昔《むかし》の建《たて》物《もの》の復元《ふくげん》ではなく、時計台《とけいだい》である。

田北《たきた》に引《ひ》きずられ、大友軍《おおともぐん》は島津軍《しまづぐん》を追《お》う

翌《よく》11月《がつ》12日《にち》の早朝《そうちょう》、田北鎮周《たきたしげかね》は軍勢《ぐんぜい》を率《ひき》いて、無断《むだん》で島津陣営《しまづじんえい》に攻撃《こうげき》を仕《し》かけた。

「かかれー、島津《しまづ》をたおせ」

「大友軍《おおともぐん》が攻《せ》めてきたぞ。返《かえ》り討《う》ちにしてやれ」

高城川《たかじょうがわ》の河原《かわら》で野営《やえい》していた島津軍《しまづぐん》の先《せん》ぽうが、田北鎮周《たきたしげかね》の軍勢《ぐんぜい》をむかえ撃《う》つ。ここに、後世《こうせい》に語《かた》りつがれる激戦《げきせん》の幕《まく》が開《ひら》いた。

不意《ふい》をつかれた島津軍《しまづぐん》の先《せん》ぽうは、多数《たすう》の武将《ぶしょう》が討《う》ち取《と》られた。敗《やぶ》れた島津《しまづ》軍先《ぐんせん》ぽうは高城川《たかじょうがわ》の対岸《たいがん》へとにげていく。

「にがすな、追《お》え、追《お》え」

田北鎮周《たきたしげかね》は、敗走《はいそう》した島津軍《しまづぐん》の先《せん》ぽうを追《お》って、高城川《たかじょうがわ》をわたる。

こうなっては、しん重派《ちょうは》も参戦《さんせん》せざるを得《え》ない。

「田北隊《たきたたい》だけを戦《たたか》わせるな。われらも出陣《しゅつじん》じゃ！」

佐伯宗天《さえきそうてん》も軍勢《ぐんぜい》を率《ひき》いて出撃《しゅつげき》し、吉弘鎮信《よしひろしげのぶ》、斎藤鎮実《さいとうしげざね》、臼杵鎮次《うすきしげつぐ》、軍配者《ぐんばいしゃ》の角隈石宗《つのくませきそう》など、大友《おおとも》の名《な》だたる武将《ぶしょう》たちもあとに続《つづ》き、高城川《たかじょうがわ》をこえた。

大友軍《おおともぐん》はまだ、これが「わな」であることに気付《きづ》いていない。

高城《たかじょう》から見《み》た根白坂《ねじろざか》。後《のち》の豊臣秀吉《とよとみひでよし》による九州《きゅうしゅう》攻《ぜ》めでも戦《たたか》いの舞台《ぶたい》となるが、この時《とき》は豊臣軍《とよとみぐん》が根白坂《ねじろざか》に布陣《ふじん》して島津軍《しまづぐん》を破《やぶ》るという結果《けっか》になっている。

釣《つ》り野《の》伏《ぶせ》発《はつ》動《どう》！
伏兵《ふくへい》の出現《しゅつげん》で大友軍《おおともぐん》は敗走《はいそう》する

大友軍《おおともぐん》は島津軍《しまづぐん》を追撃《ついげき》し、根白坂《ねじろざか》の島津本陣近《しまづほんじんちか》くまで、攻《せ》めこんだ。

戦《せん》きょうは大友軍《おおともぐん》が優勢《ゆうせい》であったが、それが一変《いっぺん》する。

「来《き》たぞ、今《いま》だ、行《い》け！」

島津軍《しまづぐん》の伏兵《ふくへい》が、大友軍《おおともぐん》の側面《そくめん》を攻撃《こうげき》したのだ。大友軍《おおともぐん》は大《おお》きくくずれた。

さらに、根白坂《ねじろざか》の本陣《ほんじん》から島津義久《しまづよしひさ》の軍勢《ぐんぜい》も打《う》って出《で》て、攻撃《こうげき》してくる。

大友軍《おおともぐん》はあわてて後退《こうたい》しようとするが、高城《たかじょう》からも島津家久《しまづいえひさ》や山田有信《やまだありのぶ》の軍《ぐん》勢《ぜい》が出撃《しゅつげき》したため、にげ場《ば》を失《うしな》ってしまう。

「しまった、『釣《つ》り野伏《のぶせ》』に引《ひ》っかかった！」

大友《おおとも》の武将《ぶしょう》たちは、くやしがった。

「釣《つ》り野伏《のぶせ》」とは、おとり（釣《つ》り）の部隊《ぶたい》が敗走《はいそう》を装《よそお》って退《たい》きゃくし、追撃《ついげき》してきた敵《てき》を伏兵《ふくへい》（野伏《のぶせ》）におそわせる、島津軍《しまづぐん》が得意《とくい》とした戦法《せんぽう》である。

三方《さんぽう》からの攻撃《こうげき》に、大友軍《おおともぐん》はなすすべがなかった。

島津家久《しまづいえひさ》

島津四兄弟《しまづよんきょうだい》の末《すえ》っ子《こ》。祖父《そふ》・忠良《ただよし》から「軍法戦術《ぐんぽうせんじゅつ》に妙得《みょうえ》たり（兵法《へいほう》や戦《せん》術《じゅつ》に優《すぐ》れている）」とほめられた軍《ぐん》略家《りゃくか》である。耳川《みみかわ》の戦《たたか》いでは、大友《おおとも》軍《ぐん》の包囲《ほうい》を破《やぶ》って高城《たかじょう》に入《はい》り、山田《やまだ》有信《ありのぶ》とともに城《しろ》を守《まも》りきった。

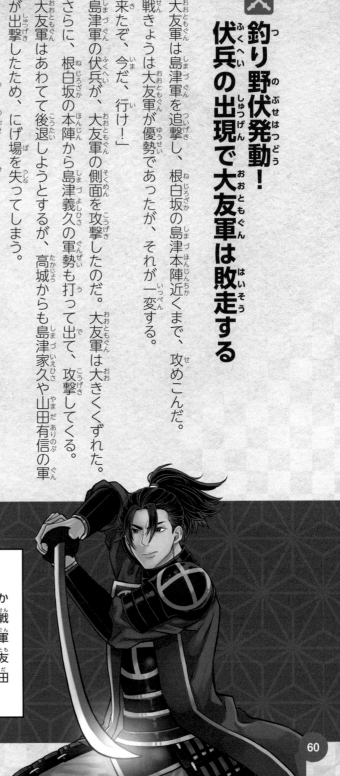

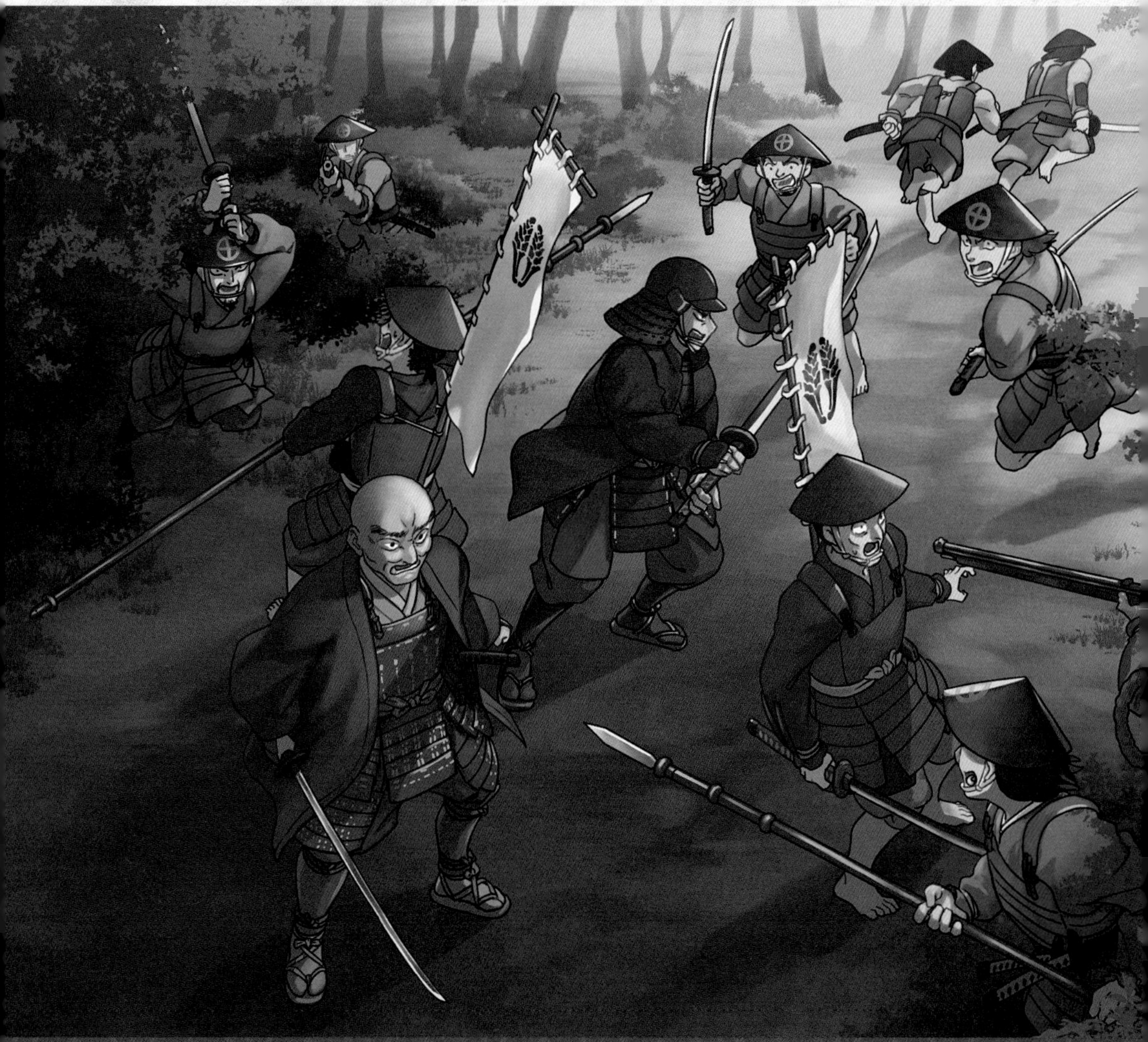

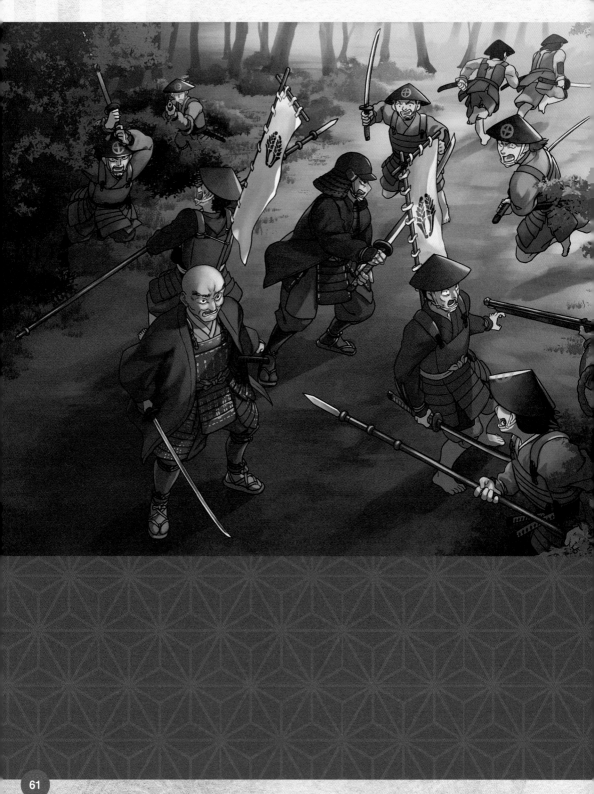

耳川《みみかわ》の大敗《たいはい》で栄光《えいこう》を失《うしな》った宗麟《そうりん》

島津軍《しまづぐん》の釣《つ》り野伏《のぶせ》によって、大友軍《おおともぐん》は総《そう》くずれとなった。多《おお》くの兵《へい》が討《う》ち死《じ》にやおぼれ死《じ》にして、高城川《たかじょうがわ》は血《ち》に染《そ》まった。

「勝《か》ち目《め》はない。みんな退《ひ》けー！」

大友軍《おおともぐん》は敗走《はいそう》し、今度《こんど》は追撃《ついげき》を受《う》ける身《み》となった。

「進《すす》め、進《すす》め。本陣《ほんじん》をおとせ」

島津軍《しまづぐん》は大友軍《おおともぐん》を追《お》い、本陣《ほんじん》におし寄《よ》せる。有力武将《ゆうりょくぶしょう》も次《つぎ》から次《つぎ》へと討《う》ち取《と》られ、もはや態勢《たいせい》を立《た》て直《なお》すのは不可能《ふかのう》である。

「全軍《ぜんぐん》、退《たい》きゃくせよ」

総大将《そうだいしょう》の田原親賢《たわらちかかた》は退《たい》きゃくを命《めい》じると、自《みずか》らしんがりを務《つと》めて、豊後《ぶんご》に向《む》かって敗走《はいそう》した。

大友軍《おおともぐん》は必死《ひっし》でにげるも、11月《がつ》12日中《にちちゅう》に約《やく》30キロ先《さき》の耳川《みみかわ》でつかまり、ここでも大敗《たいはい》したという。

この高城《たかじょう》の包囲《ほうい》から耳川《みみかわ》での追撃戦《ついげきせん》までが、「耳川《みみかわ》の戦《たたか》い」と呼《よ》ばれる。耳《みみ》川《かわ》の戦《たたか》いでの大友軍《おおともぐん》の死者《ししゃ》は、4千人《せんにん》（2万人《まんにん》とも。諸説《しょせつ》あり）といわれ、田《た》北鎮周《きたしげかね》、佐伯宗天《さえきそうてん》、軍配者《ぐんばいしゃ》の角隈石宗《つのくませきそう》も命《いのち》を落《お》とした。

大敗《たいはい》の知《し》らせは無鹿《むしか》の宗麟《そうりん》のもとに届《とど》いた。当主自《とうしゅみずか》ら出陣《しゅつじん》した島津義久《しまづよしひさ》とちがい、宗麟《そうりん》は大友軍《おおともぐん》が戦《たたか》っている間《あいだ》も、無鹿《むしか》で信《しん》こうの日々《ひび》を送《おく》っていたが…

国衆《くにしゅう》たちのり反《はん》ですい退《たい》した大友家《おおともけ》は、逆《ぎゃく》に島津軍《しまづぐん》の攻撃《こうげき》を受《う》けるようになる。宗麟《そうりん》は天下統一《てんかとういつ》を進《すす》めていた豊臣秀吉《とよとみひでよし》に助《たす》けを求《もと》め、秀吉《ひでよし》による島津攻《しまづぜ》めが始《はじ》まった。豊臣軍《とよとみぐん》により大友家《おおともけ》は救《すく》われたが、宗麟《そうりん》は島津義久《しまづよしひさ》の降伏直前《こうふくちょくぜん》に病気《びょうき》で世《よ》を去《さ》っている。

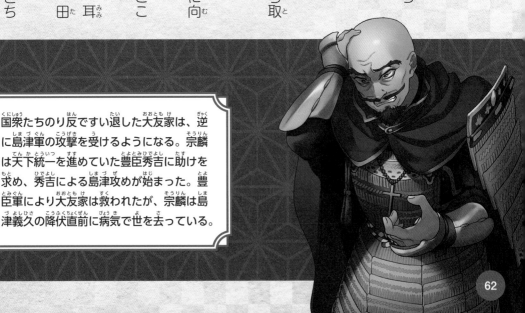

「我《わ》が軍《ぐん》が負《ま》けただと……」
敗戦《はいせん》を知《し》った宗麟《そうりん》は青《あお》ざめ、絶句《ぜっく》する。宗麟《そうりん》はしばしあ然《ぜん》としていたが、その後《ご》の行動《こうどう》は素早《すばや》かった。

「豊後《ぶんご》にもどる。今《いま》すぐにだ」

宗麟《そうりん》は家族《かぞく》と従者《じゅうしゃ》だけをともない、宣教師《せんきょうし》たちを置《お》き去《ざ》りにして、その日《ひ》の夜《よる》のうちに、豊後《ぶんご》へと向《む》かっている。

耳川《みみかわ》の戦《たたか》いの敗戦後《はいせんご》、今《いま》まで大友家《おおともけ》に従《したが》っていた国衆《くにしゅう》（地方《ちほう》の小領主《しょうりょうしゅ》）たちが相次《あいつ》いでそむきはなれるなど、大友家《おおともけ》はすい退《たい》していく。そして、代《か》わって島津家《しまづけ》と、肥前《ひぜん》の龍造寺家《りゅうぞうじけ》が台頭《たいとう》する。耳川《みみかわ》の戦《たたか》いは九州《きゅうしゅう》戦国史《せんごくし》の転機《てんき》となる合戦《かっせん》だったのだ。

勝利《しょうり》した島津家《しまづけ》は九州統一《きゅうしゅうとういつ》を目指《めざ》して北《きた》へ進撃《しんげき》するようになる。耳川《みみかわ》の戦《たたか》いの6年後《ねんご》に起《お》こった沖田畷《おきたなわて》の戦《たたか》いでは龍造寺隆信《りゅうぞうじたかのぶ》を討《う》ち取《と》り、九州《きゅうしゅう》の大半《たいはん》を手中《しゅちゅう》にした。宗麟《そうりん》に代《か》わって九州《きゅうしゅう》の覇者《はしゃ》となったのである。そして義久《よしひさ》は、かつての栄光《えいこう》を失《うしな》った大友家《おおともけ》をほろぼすべく豊後《ぶんご》へ出陣《しゅつじん》。大友領《おおともりょう》でも島津軍《しまづぐん》は快進撃《かいしんげき》を続《つづ》けるが、これが強大《きょうだい》な敵《てき》・豊臣秀吉《とよとみひでよし》を呼《よ》びこむこととなり、九州《きゅうしゅう》に新《あら》たな波乱《はらん》が巻《ま》き起《お》こるのであった。

耳川《みみかわ》の戦《たたか》い後《ご》、大友家《おおともけ》がすい退《たい》し、龍造寺家《りゅうぞうじけ》が勢力《せいりょく》を拡大《かくだい》したことで、九州《きゅうしゅう》は大友《おおとも》・龍造寺《りゅうぞうじ》・島津《しまづ》による三《み》つどもえの争《あらそ》いとなる。島津軍《しまづぐん》が龍造寺隆信《りゅうぞうじたかのぶ》を討《う》ったことで島津義久《しまづよしひさ》が九州統一《きゅうしゅうとういつ》に王手《おうて》をかけるが、大友宗麟《おおともそうりん》が豊臣秀吉《とよとみひでよし》に助《たす》けを求《もと》めたことで島津兄弟《しまづきょうだい》の夢《ゆめ》は破《やぶ》れた。

逆転上手《ぎゃくてんじょうず》の島津兄弟《しまづきょうだい》

優《すぐ》れた戦術眼《せんじゅつがん》で10倍《ばい》の敵《てき》もたおす

耳川《みみかわ》の戦《たたか》いは大友軍《おおともぐん》4万《まん》を3万《まん》の島津軍《しまづぐん》が破《やぶ》った戦《たたか》いだった。普通《ふつう》、合戦《かっせん》の勝敗《しょうはい》は数《かず》で決《き》まる。だが、島《しま》津四兄弟《づよんきょうだい》は耳川《みみかわ》だけでなく、数々《かずかず》の戦《たたか》いで数《かず》の不利《ふり》をひっくり返《かえ》して勝利《しょうり》している。

耳川《みみかわ》の戦《たたか》い後《ご》におこった「沖田畷《おきたなわて》の戦《たたか》い」では、四《よん》男《なん》・家久《いえひさ》が6千《せん》の兵《へい》で2万《まん》5千《せん》の龍造寺軍《りゅうぞうじぐん》を破《やぶ》る。家《いえ》久《ひさ》は退《たい》きゃくしたと見《み》せかけて敵《てき》を足場《あしば》の悪《わる》いぬかるみにさそいこみ、総大将《そうだいしょう》の龍造寺隆信《りゅうぞうじたかのぶ》を討《う》ち取《と》ったのだ。

次男《じなん》・義弘《よしひろ》はもっとすごかった。若《わか》いころに参戦《さんせん》した木崎原《きざきばる》の戦《たたか》いではたった3百《びゃく》の兵《へい》で3千《ぜん》の敵《てき》をたおしている。豊臣秀吉《とよとみひでよし》が天下《てんか》を統一《とういつ》した後《あと》に行《おこな》った朝鮮《ちょうせん》出兵《しゅっぺい》では、10万《まん》の敵軍《てきぐん》に囲《かこ》まれながら7千《せん》の兵《へい》でろう城《じょう》。奇《き》しゅうや伏兵《ふくへい》、ワナをく使《し》して敵《てき》をたおした。

若《わか》いころから最前線《さいぜんせん》で戦《たたか》ってきた島津四兄弟《しまづよんきょうだい》は、数《かず》の差《さ》は戦術《せんじゅつ》でうめられることをよく分《わ》かっていたのだ。

島津軍逆転勝利《しまづぐんぎゃくてんしょうり》の舞台《ぶたい》

沖田畷《おきたなわて》の古戦場《こせんじょう》には、この戦《たたか》いで討《う》たれた龍造寺隆信《りゅうぞうじたかのぶ》の供養《くよう》とうが建《た》っている。

高城《たかじょう》から見《み》た小丸川《おまるかわ》。耳川《みみかわ》の戦《たたか》いで、大友軍《おおともぐん》は島津《しまづ》のおとり部隊《ぶたい》によって対岸《たいがん》におびき出《だ》された。

朝鮮出兵《ちょうせんしゅっぺい》で島津軍《しまづぐん》がろう城《じょう》した泗《さ》川城《せんじょう》。当時《とうじ》の石垣《いしがき》が残《のこ》っている他《ほか》、城門《じょうもん》が復元《ふくげん》されている。

木崎原《きざきばる》の戦《たたか》いの古戦場碑《こせんじょうひ》。この場《ば》所《しょ》では、島津義弘《しまづよしひろ》が自《みずか》ら敵将《てきしょう》を討《う》つ大激戦《だいげきせん》が行《おこな》われたという。

第5番

備中高松城《びっちゅうたかまつじょう》の戦《たたか》い

天才軍師《てんさいぐんし》が編《あ》み出《だ》したおどろきの策《さく》！

城攻《しろぜ》めの名人《めいじん》、豊臣秀吉《とよとみひでよし》。
秀吉《ひでよし》は武力《ぶりょく》による力攻《ちからぜ》めよりも、
策略《さくりゃく》を用《もち》いた頭脳戦《ずのうせん》を得意《とくい》とした。
中《なか》でも、おどろくべき作戦《さくせん》を使《つか》ったのが、
備中高松城《びっちゅうたかまつじょう》の戦《たたか》いである。
はたしてその作戦《さくせん》とは……

日本一《にっぽんいち》の武辺者《ぶへんもの》 清《し》水《みず》宗《むね》治《はる》

秀吉軍《ひでよしぐん》、ぬま地《ち》にはまる!

天正《てんしょう》10年《ねん》（1582年《ねん》）、天下統一《てんかとういつ》をねらう織田信長《おだのぶなが》の命《めい》を受《う》け、羽柴秀吉《はしばひでよし》（後《のち》の豊臣秀吉《とよとみひでよし》）は中国地方《ちゅうごくちほう》へ攻《せ》めこんだ。むかえ撃《う》つのは、西国一《さいごくいち》の戦国大名《せんごくだいみょう》・毛利《もうり》である。

毛利軍《もうりぐん》は、備中高松城《びっちゅうたかまつじょう》など、国《くに》の入口《いりぐち》付近《ふきん》にある七《なな》つの城《しろ》（境目七城《さかいめしちじょう》）を防《ぼう》衛《えい》ラインと定《さだ》め、守《まも》りを固《かた》めた。秀吉軍《ひでよしぐん》の動《うご》きは速《はや》い。総勢《そうぜい》3万《まん》の軍勢《ぐんぜい》で備中《びっちゅう》にしん入《にゅう》すると、境目七城《さかいめしちじょう》のうち四《よっ》つの城《しろ》をまたたく間《ま》に落《お》とし、備中高松城《びっちゅうたかまつじょう》

清水軍《しみずぐん》 戦力評価《せんりょくひょうか》

兵数《へいすう》はわずか3千《ぜん》。さらに最《さい》大《だい》の弱点《じゃくてん》は、勢《いきお》いでおとる威《い》力《りょく》だ。一方《いっぽう》、清《み》水宗治《みずむねはる》に裏切《うらぎ》りの心配《しんぱい》はなく統率力《とうそつりょく》は安心《あんしん》。圧《あっ》とう的《てき》な地《ち》の利《り》で、どこまで秀吉軍《ひでよしぐん》を食《く》い止《と》めるか。

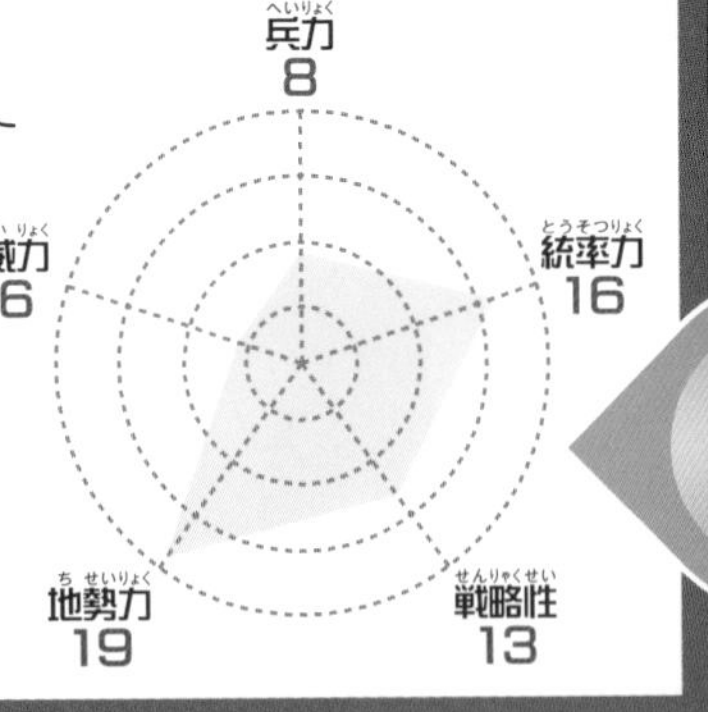

合計《ごうけい》
62

にも攻《せ》めかかった。

備中高松城《びっちゅうたかまつじょう》の城主《じょうしゅ》を清水宗治《しみずむねはる》という。

宗治《むねはる》は、わずか5百《ひゃく》の兵《へい》で城《しろ》を出《で》た。秀吉軍《ひでよしぐん》の*先《せん》ぽう隊《たい》は、山内一豊《やまのうちかずとよ》率《ひき》いる3千《ぜん》の兵《へい》である。兵数《へいすう》の差《さ》に物《もの》を言《い》わせた山内隊《やまのうちたい》の攻撃《こうげき》に、5百《ひゃく》の高松城兵《たかまつじょうへい》はじわじわとおされていく。

「見《み》よ！　敵《てき》がくずれたぞ。今《いま》が好機《こうき》じゃ。つっこめ！」

ここぞとばかりに、山内隊《やまのうちたい》が追《お》い討《う》ちをかけた。

しかし……

「うわっ、なんだこれは？　う、動《うご》けぬ」

山内隊《やまのうちたい》がふみこんだ場所《ばしょ》は、ぬま地《ち》だった。

力《ちから》を入《い》れるほど、足《あし》がぬかるんだどろにうまっていき、馬《うま》も人《ひと》も身動《みうご》きが取《と》れなくなってしまう。備中高松城《びっちゅうたかまつじょう》は、周囲《しゅうい》をぬま地《ち》に囲《かこ》まれた、難攻不落《なんこうふらく》の城《しろ》だったのだ。

「いかん。これではまるで、止《と》まった的《まと》ではないか！」

あわてる山内隊《やまのうちたい》。そのとき、備中高松城《びっちゅうたかまつじょう》の城門《じょうもん》が開《ひら》いた。

「敵《てき》の足《あし》が止《と》まったぞ。今《いま》じゃ、うちかけよ！」

山内隊《やまのうちたい》めがけ、矢《や》が飛《と》び、鉄《てっ》ぽうが火《ひ》をふく。

「退《ひ》けー、退《ひ》けー」

山内隊《やまのうちたい》は命《いのち》からがらにげ帰《かえ》った。


*先《せん》ぽう隊《たい》……戦《いくさ》のとき、全軍《ぜんぐん》の先頭《せんとう》に立《た》って進《すす》む部隊《ぶたい》。

あっぱれ

清水軍《しみずぐん》の舟橋作戦《ふなばしさくせん》

城《しろ》の周囲《しゅうい》はぬま地《ち》である。清水軍《しみずぐん》は小舟《こぶね》を並《なら》べ、その上《うえ》に板《いた》をわたして橋《はし》の代《か》わりとし、攻《せ》めて出《で》るときはこの舟橋《ふなばし》を利用《りよう》した。板《いた》や小舟《こぶね》は簡単《かんたん》に取《と》り外《はず》せるので、城《しろ》に退《ひ》くときに取《と》り外《はず》して、秀吉軍《ひでよしぐん》には使《つか》われないようにした。こうした用意周《よういしゅう》とうな準備《じゅんび》で、秀吉軍《ひでよしぐん》をわなにはめたのだ。

日本一《にっぽんいち》の出世人《しゅっせびと》 豊臣秀吉《とよとみひでよし》

天才軍師《てんさいぐんし》！ 黒田官兵衛《くろだかんべえ》の戦術《せんじゅつ》は…

攻《せ》めあぐねる秀吉《ひでよし》は、おおいに困《こま》っていた。

「清水宗治《しみずむねはる》め、思《おも》った以上《いじょう》に手《て》ごわいわ。どうする？」

問《と》われた男《おとこ》の名《な》は、黒田官兵衛《くろだかんべえ》。秀吉《ひでよし》の軍師《ぐんし》である。秀吉《ひでよし》にはもともと、竹中半兵衛《たけなかはんべえ》というたいへんすぐれた軍師《ぐんし》がいたが、この戦《いくさ》の前《まえ》に病死《びょうし》してしまっていた。だから秀吉《ひでよし》は、今《いま》ではもっぱら官兵衛《かんべえ》をたよりにしている。

秀吉軍《ひでよしぐん》 戦力評価《せんりょくひょうか》

兵数《へいすう》は清水軍《しみずぐん》の約《やく》10倍《ばい》。地形《ちけい》に守《まも》られた城《しろ》を相手《あいて》に、この差《さ》が生《い》かせるか、軍師《ぐんし》・黒田官兵衛《くろだかんべえ》のさい配《はい》がカギをにぎる。長引《ながび》けば、織田信長《おだのぶなが》が援軍《えんぐん》に登場《とうじょう》か？

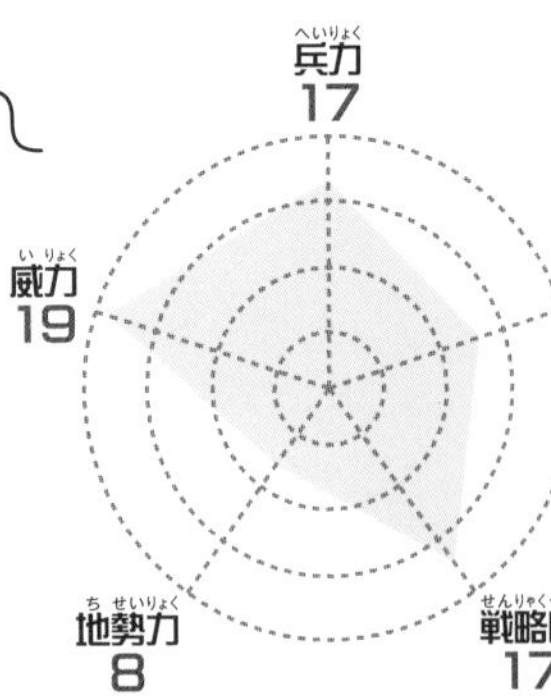

「さよう。力攻《ちからぜ》めでは、この城《しろ》は落《お》ちませぬな」

「ならば、＊調略《ちょうりゃく》か？」

「それもムダかと…」

初《はじ》め秀吉《ひでよし》は、清水宗治《しみずむねはる》に『備中《びっちゅう》と備後《びんご》、二《に》か国《こく》をあたえるから味方《みかた》についてくれ』と手紙《てがみ》を出《だ》していた。だが、宗治《むねはる》からは、きびしい断《ことわ》りの返事《へんじ》があったのだ。清水宗治《しみずむねはる》は、義《ぎ》を重《おも》んじる男《おとこ》であった。

「ええい、官兵衛《かんべえ》！　なにか良《よ》い策《さく》はないのか？」

「とのも気付《きづ》いておいででしょう。この城《しろ》は、ぬま地《ち》に守《まも》られております。ですが、強《つよ》みは、裏《うら》を返《かえ》せば弱《よわ》みでもある」

「なんじゃと？」

「ぬま地《ち》が多《おお》いということは、それだけ、水《みず》はけの悪《わる》い地形《ちけい》であるということです。事実《じじつ》、城《しろ》は周囲《しゅうい》より低《ひく》いくぼみの中《なか》にあります。そのくぼみに…」

官兵衛《かんべえ》はだまってこしの竹《たけ》づつを手《て》にし、それをかたむけた。竹《たけ》づつは今《いま》でいう水《すい》とうである。中《なか》から水《みず》がこぼれ落《お》ちた。

「うむ……。水攻《みずぜ》めか？」

秀吉《ひでよし》はうなった。

＊調略《ちょうりゃく》……敵《てき》に、味方《みかた》になるよう働《はたら》きかけること。

黒田官兵衛《くろだかんべえ》
秀吉《ひでよし》を支《ささ》えた軍師《ぐんし》。軍略《ぐんりゃく》や外交《がいこう》を得意《とくい》とする。あまりに優秀《ゆうしゅう》で、後《のち》に秀吉《ひでよし》からもおそれられた。

水《みず》にうかんだ城《しろ》

「これは……いったいなんだ？」

清水宗治《しみずむねはる》の援軍《えんぐん》に来《き》た毛利家《もうりけ》の重臣《じゅうしん》・吉川元春《きっかわもとはる》は、城《しろ》を見《み》て息《いき》をのんだ。しょう撃《げき》で体《からだ》がブルブルとふるえる。それも当然《とうぜん》であろう。目《め》の前《まえ》には信《しん》じられない光景《こうけい》が広《ひろ》がっていた。

城《しろ》が、水《みず》にうかんでいるのだ。

つい数日前《すうじつまえ》まで田畑《たはた》や草地《くさち》や家《いえ》であったところが、すっかり水《みず》にしずみ、その中《なか》で備中高松城《びっちゅうたかまつじょう》だけが、まるではなれ小島《こじま》のようにぽっかりとうかんでいる。足守川《あしもりがわ》の流《なが》れが、うねりとなって高松城《たかまつじょう》に注《そそ》いでいた。

これほど見事《みごと》に水攻《みずぜ》めが成功《せいこう》した例《れい》は、世界《せかい》の歴史上《れきしじょう》でも、ほかにない。水《みず》攻《ぜ》めには、てい防《ぼう》を築《きず》いて川《かわ》の流《なが》れを引《ひ》き入《い》れるという、とても大《おお》がかりな土《ど》木工事《ぼくこうじ》が必要《ひつよう》である。それを秀吉《ひでよし》は、わずか12日間《にちかん》でやってのけたのだ。

秀吉《ひでよし》は、城《しろ》の南西《なんせい》にてい防《ぼう》を築《きず》き、そこに足守川《あしもりがわ》の水《みず》を引《ひ》き入《い》れた。もともと低《ひく》い土地《とち》にあった城《しろ》は、水《みず》にしずんでいった。

水攻《みずぜ》めが成功《せいこう》した理由《りゆう》は、①自然《しぜん》の地形《ちけい》にめぐまれていたこと、②ちょうど梅雨《つゆ》の時期《じき》で、大雨《おおあめ》が降《ふ》ったこと、が挙《あ》げられる。天才軍師《てんさいぐんし》・黒田官兵《くろだかんべ》衛《え》は、そのことも計算《けいさん》していたのだ。

なすべのない毛利《もうり》軍《ぐん》。そのとき…

秀吉《ひでよし》は、土木工事《どぼくこうじ》を得意《とくい》とする、世《よ》にもまれな戦国武将《せんごくぶしょう》であった。おしげもなく金《かね》をつぎこんで、数《かぞ》えきれないほどの土俵《つちだわら》を買《か》い、大《おお》勢《ぜい》の人足《にんそく》を集《あつ》め、高《たか》さ7メートル、全長《ぜんちょう》3キロにおよぶてい防《ぼう》を完成《かんせい》させたのだ。そのてい防《ぼう》のあとは、今《いま》でも一部《いちぶ》残《のこ》っている。

一方《いっぽう》の毛利《もうり》は、重臣《じゅうしん》である吉川《きっかわ》元春《もとはる》と小早川隆景《こばやかわたかかげ》が、*援軍《えんぐん》として着陣《ちゃくじん》していたが、なんの手《て》も打《う》てないでいた。

「兄上《あにうえ》、この戦《いくさ》、負《ま》けかもしれませんな」

毛利《もうり》きっての知将《ちしょう》・小早川隆景《こばやかわたかかげ》が、悲痛《ひつう》な面持《おもも》ちで、兄《あに》の吉川元春《きっかわもとはる》に語《かた》りかけた。

「何《なに》を弱気《よわき》なことを言《い》うのだ！　軍《ぐん》を出《だ》して、てい防《ぼう》をこわせばよいではないか！」

秀吉《ひでよし》は、63万《まん》5040貫文《かんもん》の銭《ぜに》を使《つか》って土俵《つちだわら》を集《あつ》めた。これは現在《げんざい》の価値《かち》にすると、なんと750億円《おくえん》以上《いじょう》に当《あ》たる。

「いけませぬ。それこそ、秀吉《ひでよし》の思《おも》うつぼ。もし軍《ぐん》を出《だ》せば、今度《こんど》はわれらがぬま地《ち》にはまり、鉄《てっ》ぽうでねらい撃《う》ちされましょう。しかも……」

「しかも？　なんじゃ？」

「わが軍《ぐん》の中《なか》には、織田《おだ》からさそいを受《う》けておる者《もの》も大勢《おおぜい》おりまする。城《しろ》のこの有《あ》り様《さま》を見《み》れば、その者《もの》たちから、いつ裏切《うらぎ》り者《もの》が出《で》るか」

「くそっ！　どうにもならぬのか」

「兄上《あにうえ》、もはや一刻《いっこく》も早《はや》く、秀吉《ひでよし》と＊和《わ》ぼくいたしましょう。われらの手《て》で、毛《もう》利家《りけ》を守《まも》らねばなりません」

「や、やむを得《え》ぬ。隆景《たかかげ》、交《こう》しょうをたのむぞ」

城《しろ》は水《みず》に囲《かこ》まれていて、助《たす》けに行《い》くこともできない。やがて、城内《じょうない》の食料《しょくりょう》も底《そこ》をつくであろう。毛利方《もうりがた》は追《お》いこまれていた。

だが、ちょうどそのころ……。

京都《きょうと》では、天下《てんか》をゆるがす大《だい》事件《じけん》が起《お》こっていた。

＊援軍《えんぐん》……応《おう》えんや救出《きゅうしゅつ》のための軍隊《ぐんたい》。
＊和《わ》ぼく……争《あらそ》いをやめて親《した》しくすること。

小早川隆景《こばやかわたかかげ》

兄《あに》の吉川元春《きっかわもとはる》とともに、毛利家《もうりけ》を支《ささ》えた。秀吉《ひでよし》を高《たか》く評価《ひょうか》し、のちに豊臣《とよとみ》の五大老《ごたいろう》となる。

あっぱれ **毛利軍《もうりぐん》の忍者《にんじゃ》？**

小早川隆景《こばやかわたかかげ》など毛利軍《もうりぐん》は、水《みず》にへだてられた清水宗治《しみずむねはる》と、なんとか連《れん》らくをとろうとした。そこで、転小四郎《うたたこしろう》という泳《およ》ぎの得意《とくい》な者《もの》を使者《ししゃ》とした。小四郎《こしろう》は夜《よる》のやみにまぎれ、見事《みごと》に泳《およ》いで城《しろ》まで往復《おうふく》し、役割《やくわり》を果《は》たした。

泣《な》きくずれた秀吉《ひでよし》

水《みず》ぜめが続《つづ》く六月三日《ろくがつみっか》の真夜中《まよなか》、一人《ひとり》のあやしい男《おとこ》が秀吉軍《ひでよしぐん》に迷《まよ》いこんだ。

「ここは毛利方《もうりがた》か？　これを…」

どうやら秀吉軍《ひでよしぐん》を、毛利軍《もうりぐん》と間《ま》ちがえているらしい。男《おとこ》はふところから書状《しょじょう》を出《だ》すと、たおれこんで気《き》を失《うしな》ってしまった。どれほど急《いそ》いで走《はし》ってきたのか、男《おとこ》はつかれ切《き》っている。ただごとではない。

書状《しょじょう》はすぐさま秀吉本陣《ひでよしほんじん》へ持《も》ちこまれた。秀吉《ひでよし》は書状《しょじょう》を広《ひろ》げ、明《あ》かりに近《ちか》づけた。すると、その顔色《かおいろ》が見《み》る見《み》るうちに変《か》わっていく。

「との、何《なに》ごとが？」

「うわぁぁぁぁあああ！」

とつ然《ぜん》、秀吉《ひでよし》は手紙《てがみ》を投《な》げ出《だ》し、声《こえ》をあげて泣《な》き出《だ》した。だいの大人《おとな》が、戦《いくさ》の総大将《そうだいしょう》が、声《こえ》をあげて赤子《あかご》のように泣《な》いている。そばにいた官兵衛《かんべえ》と羽柴秀《はしばひで》長《なが》（秀吉《ひでよし》の弟《おとうと》）は顔《かお》を見合《みあ》わせた。

「御免《ごめん》」

秀長《ひでなが》が拾《ひろ》い上《あ》げて、書状《しょじょう》をのぞきこむ。

「ややっ！　信長様《のぶながさま》が！」

秀長《ひでなが》から書状《しょじょう》を手《て》わたされた官兵衛《かんべえ》も、その文面《ぶんめん》を目《め》にしてあ然《ぜん》とした。書《しょ》状《じょう》には、秀吉《ひでよし》の主君《しゅくん》・織田信長《おだのぶなが》が、本能寺《ほんのうじ》で家臣《かしん》の明智光秀《あけちみつひで》に討《う》たれたとある。

残念《ざんねん》 命運《めいうん》を分《わ》けた知《し》らせ

信長《のぶなが》を討《う》った明智光秀《あけちみつひで》は、これを一刻《いっこく》も早《はや》く毛利《もうり》に伝《つた》えようとした。そのため、足《あし》がものすごく速《はや》い藤田伝八郎《ふじたでんはちろう》という男《おとこ》を使者《ししゃ》にしたと伝《つた》わっている。ところが、伝八郎《でんはちろう》の書状《しょじょう》は毛利《もうり》でなく秀吉《ひでよし》にわたり、秀吉《ひでよし》は毛利《もうり》より一日以上《いちにちいじょう》早《はや》く情報《じょうほう》を得《え》ることができた。このわずか一日《いちにち》の差《さ》が、秀吉《ひでよし》と日本《にっぽん》の運命《うんめい》を大《おお》きく変《か》えていく……

天下統一《てんかとういつ》を目《め》の前《まえ》にして、信長《のぶなが》は命《いのち》を落《お》としたのだ。

「との!」

官兵衛《かんべえ》は、強《つよ》い声《こえ》で呼《よ》びかけた。秀吉《ひでよし》が顔《かお》を上《あ》げる。その顔《かお》は、なみだと鼻水《はなみず》でぐしゃぐしゃにぬれていた。無理《むり》もない。秀《ひで》吉《よし》は、信長《のぶなが》から特別《とくべつ》に目《め》をかけられ、かわいがられていた。信長《のぶなが》は、秀吉《ひでよし》の恩人《おんじん》であり、父親《ちちおや》のような存在《そんざい》だったのだ。

「との! しっかりなされ! 今《いま》は悲《かな》しみにしずんでいるときではござらぬ。急《いそ》ぎ、毛利《もうり》と和《わ》を結《むす》ばれませ」

京《きょう》の明智光秀《あけちみつひで》は、毛利方《もうりがた》と手《て》を組《く》んで、東西《とうざい》から秀吉《ひでよし》をはさみ撃《う》ちしようとするだろう。そうなれば危険《きけん》だ。たしかに、泣《な》いている場合《ばあい》ではない。信長《のぶなが》の死《し》が毛利方《もうりがた》に知《し》れる前《まえ》に、手《て》を打《う》たなければならなかった。

信長《のぶなが》の死《し》で、時代《じだい》は大《おお》きく動《うご》き出《だ》す。秀吉《ひでよし》のひそかな決意《けつい》

ようやくなみだを止《と》め、秀吉《ひでよし》は「わかっておる」と答《こた》えた。官兵衛《かんべえ》は、まだじっと秀吉《ひでよし》の目《め》を見《み》つめていた。

「なんじゃ、官兵衛《かんべえ》？」

「との、次《つぎ》の天下人《てんかびと》はだれでございましょう？」

「は、天下人《てんかびと》？」

問《と》われて秀吉《ひでよし》は考《かんが》えた。

……そうか。

信長様《のぶながさま》に代《か》わって、天下《てんか》を統一《とういつ》する者《もの》はだれであろう。

信長様《のぶながさま》を討《う》った明智光秀《あけちみつひで》か。いやいや、*謀反人《むほんにん》にだれがついていくものか。光秀《みつひで》には無理《むり》じゃ。

とすれば、柴田勝家《しばたかついえ》か。たしかに、柴田《しばた》どのは織田家《おだけ》家臣団《かしんだん》の中《なか》で筆頭《ひっとう》じゃが、あの方《かた》は、ただのあらくれ武者《むしゃ》であろう。戦《いくさ》には強《つよ》くても、とても天下《てんか》は任《まか》せられぬ。

では、丹羽長秀《にわながひで》？　滝川一益《たきがわかずます》？　ありえぬ、ありえぬ。

天下人候補《てんかひとこうほ》 1

明智光秀《あけちみつひで》

頭《あたま》がよく戦《いくさ》も上手《じょうず》で、信長《のぶなが》に仕《つか》えて有力大名《ゆうりょくだいみょう》にまで出世《しゅっせ》した。なぜ信長《のぶなが》を裏切《うらぎ》ったのか、その理由《りゆう》は日本史最大《にほんしさいだい》のミステリーである。

次《つぎ》の天下《てんか》はだれの手《て》に？

織田信長《おだのぶなが》が本能寺《ほんのうじ》で命《いのち》を落《お》とし、新《あら》たな天下統一《てんかとういつ》レースが始《はじ》まる。本命《ほんめい》はやはり、信長《のぶなが》を討《う》った明智光秀《あけちみつひで》である。これを追《お》いかけるのが、四天王《してんのう》といわれる織田家《おだけ》の有力家臣《ゆうりょくかしん》（光秀《みつひで》のほか、柴田勝家《しばたかついえ》、丹羽長秀《にわながひで》、滝川一益《たきがわかずます》）たちだ。秀吉《ひでよし》は、織田《おだ》家家臣団《けかしんだん》では第《だい》５位《い》。ここから、大逆転《だいぎゃくてん》を果《は》たすことができるのか？

あるいは、徳川家康《とくがわいえやす》か。いや、徳川《とくがわ》どのにまだその力《ちから》はなかろう。

つまり、次《つぎ》の天下《てんか》は……

「との！　次《つぎ》の天下人《てんかびと》は、とのでございます。ご運《うん》が開《ひら》けましたな」

官兵衛《かんべえ》が声《こえ》を張《は》った。

「なにを言《い》う、だまらぬか！」

秀吉《ひでよし》は官兵衛《かんべえ》をしかった。信長《のぶなが》が死《し》んだばかりである。口《くち》に出《だ》していいことではない。だが、秀吉《ひでよし》の目《め》は生気《せいき》を取《と》りもどしていた。

「秀長《ひでなが》！　街道《かいどう》の警備《けいび》を厳重《げんじゅう》にせよ。あり一《いっ》ぴき、通《とお》してはならぬぞ。このこと、決《けっ》して毛利《もうり》に知《し》られるな」

「は！」

その夜《よる》から明《あ》け方《がた》にかけて、京《きょう》からの旅人《たびびと》が何人《なんにん》か死《し》んだ。いずれも明智《あけち》の密書《みっしょ》を持《も》った伝令《でんれい》で、秘密《ひみつ》を守《まも》るために殺《ころ》されたといううわさが残《のこ》っている。

＊謀反人《むほんにん》……国《くに》や主君《しゅくん》にそむいて、兵《へい》を挙《あ》げた人《ひと》。

天下人候補《てんかびとこうほ》
2
柴田勝家《しばたかついえ》

長《なが》く信長《のぶなが》に仕《つか》えた勇《いさ》ましい武将《ぶしょう》で、織《お》田家《だけ》ナンバーワンの重臣《じゅうしん》。信長《のぶなが》の信《しん》らいは厚《あつ》く、この時《とき》は北陸方面《ほくりくほうめん》の軍団長《ぐんだんちょう》として上杉家《うえすぎけ》と戦《たたか》っていた。

天下人候補《てんかびとこうほ》
3
徳川家康《とくがわいえやす》

この時《とき》の家康《いえやす》は三河《みかわ》（今《いま》の愛知県《あいちけん》）の大名《だいみょう》で、信長《のぶなが》とは同盟《どうめい》を結《むす》んでいた。といっても、事実上《じじつじょう》は信長《のぶなが》の配下《はいか》で、まだまだ力《ちから》は弱《よわ》かった。

信長《のぶなが》の死《し》をかくし通《とお》せるか

次《つぎ》の日《ひ》、六月四日《ろくがつよっか》の朝《あさ》。毛利方《もうりがた》から使者《ししゃ》がやってきた。安国寺恵瓊《あんこくじえけい》という僧《そう》で、毛利家《もうりけ》の外交官《がいこうかん》を務《つと》めている。恵瓊《えけい》は和《わ》ぼくを申《もう》し出《で》てきた。

（しめた！　毛利《もうり》は、まだ信長様《のぶながさま》が討《う》たれたことを知《し》らぬぞ！）

和《わ》ぼくの申《もう》し出《で》は、願《ねが》ってもないことである。すぐにも飛《と》びつきたい気持《きも》ちだったが、秀吉《ひでよし》は、あえて条件《じょうけん》を出《だ》してはね付《つ》けた。

「この戦《いくさ》は、もはやわれらの勝《か》ちじゃ。城主《じょうしゅ》である清水宗治《しみずむねはる》には死《し》んでもらわねば、城兵《じょうへい》の命《いのち》を助《たす》けることはできん」

本心《ほんしん》では、和《わ》ぼくするならどんな条件《じょうけん》でもよいのだ。しかし、ここで弱《よわ》みを見《み》せれば、かえって疑《うたが》われるおそれもある。

秀吉《ひでよし》のかたくなな態度《たいど》に安国寺恵瓊《あんこくじえけい》は困《こま》ったが、交《こう》しょうの後《のち》、秀吉《ひでよし》の出《だ》した条件通《じょうけんどお》りで和《わ》ぼくすることとなった。義《ぎ》に厚《あつ》い清水宗治《しみずむねはる》が、「わし一人《ひとり》の命《いのち》で、5千《せん》の城兵《じょうへい》の命《いのち》が救《すく》えるならば」と、自分《じぶん》から切腹《せっぷく》を望《のぞ》んだのだ。

六月四日《ろくがつよっか》の正午《しょうご》、清水宗治《しみずむねはる》は切腹《せっぷく》した。

城《しろ》から小舟《こぶね》でこぎだして、両軍《りょうぐん》の兵《へい》が息《いき》を殺《ころ》して見守《みまも》るなか、別《わか》れの曲舞《くせまい》を舞《ま》い、辞世《じせい》をのこして果《は》てた。秀吉《ひでよし》は、ふるまいの見事《みごと》さに「宗治《むねはる》は武士《ぶし》の鑑《かがみ》である」と感動《かんどう》し、手厚《てあつ》くほうむって供養《くよう》させたという。

次《つぎ》の日《ひ》、六月五日《ろくがついつか》の朝《あさ》、約束通《やくそくどお》りてい防《ぼう》が切《き》られた。高松城《たかまつじょう》を囲《かこ》む水《みず》かさは、

あっぱれ

清水宗治《しみずむねはる》の辞世《じせい》の句《く》

辞世《じせい》の句《く》とは、人《ひと》が死《し》を前《まえ》にして最後《さいご》に残《のこ》す和歌《わか》や俳句《はいく》のこと。清水宗治《しみずむねはる》は「浮世《うきよ》をば　今《いま》こそ渡《わた》れ　武士《もののふ》の　名《な》を高松《たかまつ》の　苔《こけ》に残《のこ》して」と辞世《じせい》の句《く》をよんだ。「今《いま》、わたしはあの世《よ》へ行《い》こう。だが武士《ぶし》らしく生《い》きたわたしの名《な》は、高松《たかまつ》の苔《こけ》に長《なが》く残《のこ》り続《つづ》けるのだ」という意味《いみ》だ。清水宗《しみずむね》治《はる》は、清《きよ》らかに生《い》きた武将《ぶしょう》だった。

清水宗治《しみずむねはる》の辞世《じせい》の句《く》・石《せき》ひ。▶

どんどん低《ひく》くなっていく。秀吉《ひでよし》は動《うご》かず、ゆうゆうと城《しろ》が明《あ》けわたされる様子《ようす》を見届《みとど》けていた。

動《うご》いたのは、夜半《やはん》である。

みながねむり静《しず》まったころ、秀吉《ひでよし》は急《きゅう》に起《お》き上《あ》がり、全軍《ぜんぐん》に出発《しゅっぱつ》を命《めい》じた。

翌朝《よくあさ》、日《ひ》がのぼって、敵陣《てきじん》を見《み》わたした毛利方《もうりがた》はおどろいた。昨日《きのう》まで一面《いちめん》にひしめいていた秀吉方《ひでよしがた》の兵《へい》たちが、すっかり消《き》えているのだ。毛利方《もうりがた》が信《のぶ》長《なが》の死《し》を知《し》ったのは、そのすぐ後《あと》だった。

「しまった。だまされた！　ただちに追《お》いかけて討《う》ち果《は》たせ！」

そう息《いき》まく武将《ぶしょう》も多《おお》かったが、小早川隆景《こばやかわたかかげ》がこれを止《と》めた。

「約束《やくそく》は約束《やくそく》である。それに秀吉《ひでよし》は、すぐれた武将《ぶしょう》だ。いずれ天下《てんか》を取《と》るであろう。今《いま》のうちに、恩《おん》を売《う》っておいたほうがよい」

こうして毛利《もうり》は、秀吉軍《ひでよしぐん》の後《あと》を追《お》わなかった。消《き》えた秀吉軍《ひでよしぐん》がどこへ行《い》ったのか、それはまた別《べつ》の物《もの》語《がたり》だ。

豊臣秀吉《とよとみひでよし》の一夜城《いちやじょう》

たった一夜《いちや》で城《しろ》を築《きず》いた⁉

秀吉《ひでよし》の土木工事《どぼくこうじ》には、有名《ゆうめい》なエピソードが残《のこ》っている。秀吉《ひでよし》が、信長《のぶなが》の家臣《かしん》として美濃攻《みのぜ》めに参加《さんか》していた永禄《えいろく》9年《ねん》（1566年《ねん》）のことだ。

信長《のぶなが》は、美濃《みの》を攻《せ》めるきょ点《てん》として、墨俣《すのまた》という川《かわ》の中州《なかす》（川《かわ》の中《なか》で、土砂《どしゃ》などが積《つ》もって島《しま》になっている場所《ばしょ》）に城《しろ》を築《きず》こうとしていた。織田家《おだけ》の重臣《じゅうしん》たちがちょう戦《せん》したが、ことごとく失敗《しっぱい》。なにせ墨俣《すのまた》は敵《てき》地《ち》の真《ま》ん前《まえ》であり、工事中《こうじちゅう》に敵《てき》に攻撃《こうげき》されて、どうにもできなかったのだ。

そこで秀吉《ひでよし》は、あっとおどろく方法《ほうほう》（下図参照《かずさんしょう》）をとり、たった一夜《いちや》で城《しろ》を完成《かんせい》させた。

この墨俣城《すのまたじょう》を足《あし》がかりにして、織田信長《おだのぶなが》は美濃《みの》の斎《さい》藤家《とうけ》をほろぼし、秀吉《ひでよし》も出世《しゅっせ》階段《かいだん》をのぼっていった。

もっともこのエピソード、今《いま》では、後世《こうせい》の作《つく》り話《ばなし》だとも言《い》われている。

一夜城《いちやじょう》はこうしてできた！

1

敵《てき》に気付《きづ》かれないように、川《かわ》の上《じょう》流《りゅう》で、木材《もくざい》を柱《はしら》やへいの寸法《すんぽう》に仕《し》上《あ》げておく。

2

ある晩《ばん》、仕上《しあ》げた木材《もくざい》をいかだに組《く》んで、一気《いっき》に墨俣《すのまた》まで流《なが》す。

3

その夜《よ》のうちに、墨俣《すのまた》で城《しろ》を組《く》み立《た》てる。組《く》み立《た》てだけだから、時《じ》間《かん》はかからない。

4

朝《あさ》になり、敵《てき》の目《め》の前《まえ》に、とつ然《ぜん》城《しろ》が現《あらわ》れる！

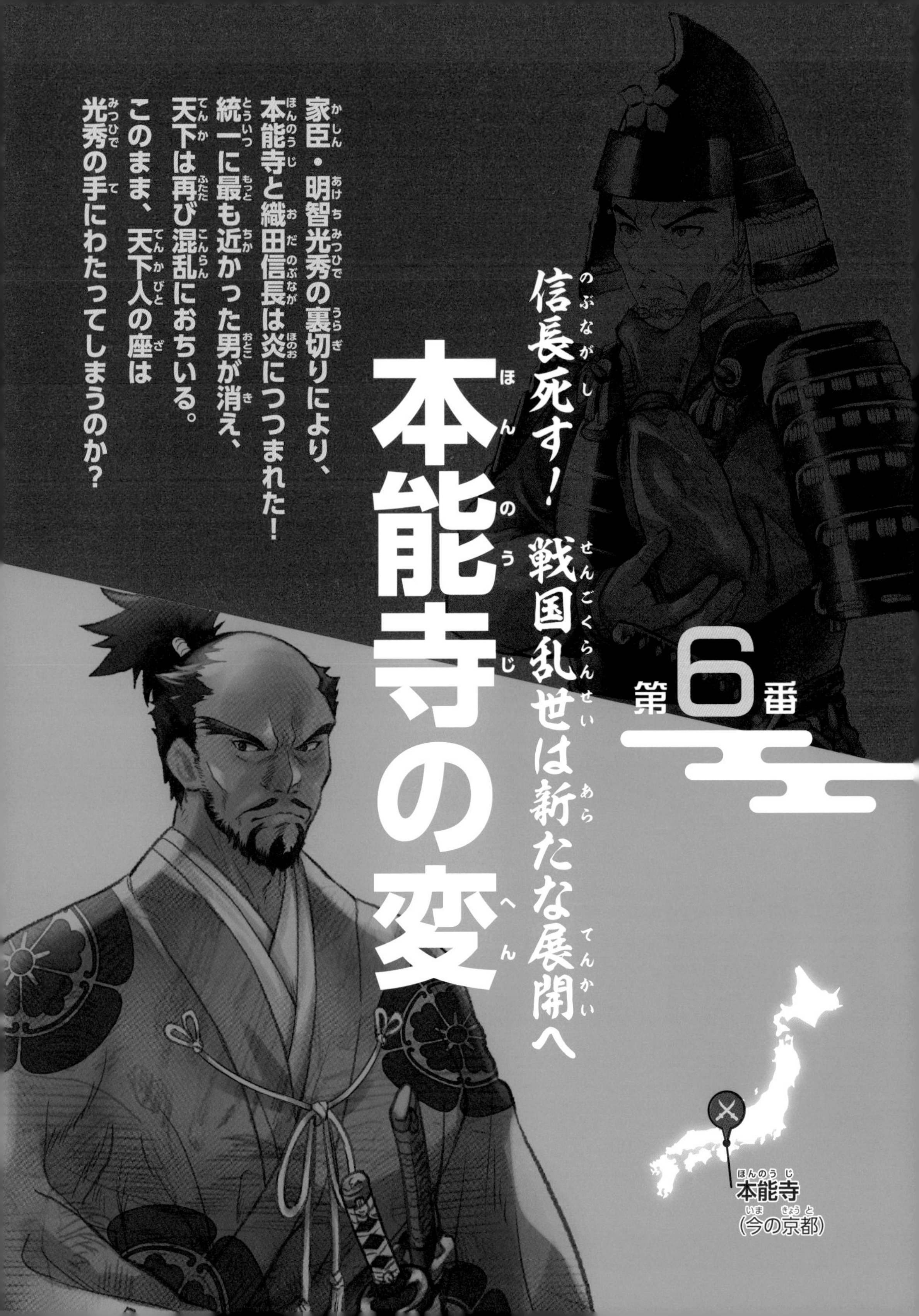

第6番

本能寺《ほんのうじ》の変《へん》

信長死《のぶながし》す！ 戦国乱世《せんごくらんせい》は新《あら》たな展開《てんかい》へ

家臣《かしん》・明智光秀《あけちみつひで》の裏切《うらぎ》りにより、本能寺《ほんのうじ》と織田信長《おだのぶなが》は炎《ほのお》につつまれた！ 統一《とういつ》に最《もっと》も近《ちか》かった男《おとこ》が消《き》え、天下《てんか》は再《ふたた》び混乱《こんらん》におちいる。このまま、天下人《てんかびと》の座《ざ》は光秀《みつひで》の手《て》にわたってしまうのか？

強敵《きょうてき》めつ亡《ぼう》！　天下統一《てんかとういつ》に近付《ちかづ》いた信長《のぶなが》

長篠《ながしの》の戦《たたか》いで有力武将《ゆうりょくぶしょう》を多数失《たすううしな》った武田家《たけだけ》だったが、どうにか敗戦《はいせん》から立《た》ち直《なお》り、再《ふたた》び領地《りょうち》を広《ひろ》げはじめていた。しかし長篠《ながしの》から7年後《ねんご》、家臣《かしん》が織田《おだ》方《がた》へ寝返《ねがえ》る。おこった勝頼《かつより》が出陣《しゅつじん》し、信長《のぶなが》は再《ふたた》び、長年《ながねん》のライバルである武《たけ》田《だ》との決戦《けっせん》にふみ切《き》った。

「ここで武田《たけだ》をほろぼせば、天下統一《てんかとういつ》まであと一歩《いっぽ》になる」

後《あと》つぎの織田信忠《おだのぶただ》を大将《たいしょう》に、滝川一益《たきがわかずます》が補佐《ほさ》となり出陣《しゅつじん》した。

武田軍《たけだぐん》は、不吉《ふきつ》とされる浅間山《あさまやま》のふん火《か》や家臣《かしん》の裏切《うらぎ》り続《つづ》きで結束《けっそく》がくずれ、次々《つぎつぎ》と城《しろ》が落《お》ちていく。決定的《けっていてき》だったのは、江尻城主《えじりじょうしゅ》で武田一族《たけだいちぞく》の穴山《あなやま》梅雪《ばいせつ》が徳川家康《とくがわいえやす》に通《つう》じ、織田方《おだがた》に寝返《ねがえ》ったことだ。

「梅雪《ばいせつ》までが裏切《うらぎ》るとは……。これで、駿河《するが》も徳川《とくがわ》におさえられてしまった」

勝頼《かつより》はついに本城《ほんじょう》の新府城《しんぷじょう》に火《ひ》をかけ、側近《そっきん》のすすめで小山田信茂《おやまだのぶしげ》の岩殿《いわどの》城《じょう》にのがれることにした。しかし道中《どうちゅう》で信茂《のぶしげ》にも裏切《うらぎ》られ、行《ゆ》き場《ば》を失《うしな》ってしまう。

「仕方《しかた》がない。天目山《てんもくざん》に向《む》かおう」

天目山目前《てんもくざんもくぜん》で、織田軍《おだぐん》の滝川隊《たきがわたい》と出《で》くわした。わずか70名《めい》ほどの勝頼隊《かつよりたい》だったが、奮闘《ふんとう》して3千《せん》もの軍勢《ぐんぜい》を退《しりぞ》かせた。しかし、これで力《ちから》つきた。

「もう、これまでであろう。父上《ちちうえ》、武田《たけだ》を守《まも》れず申《もう》しわけございません」

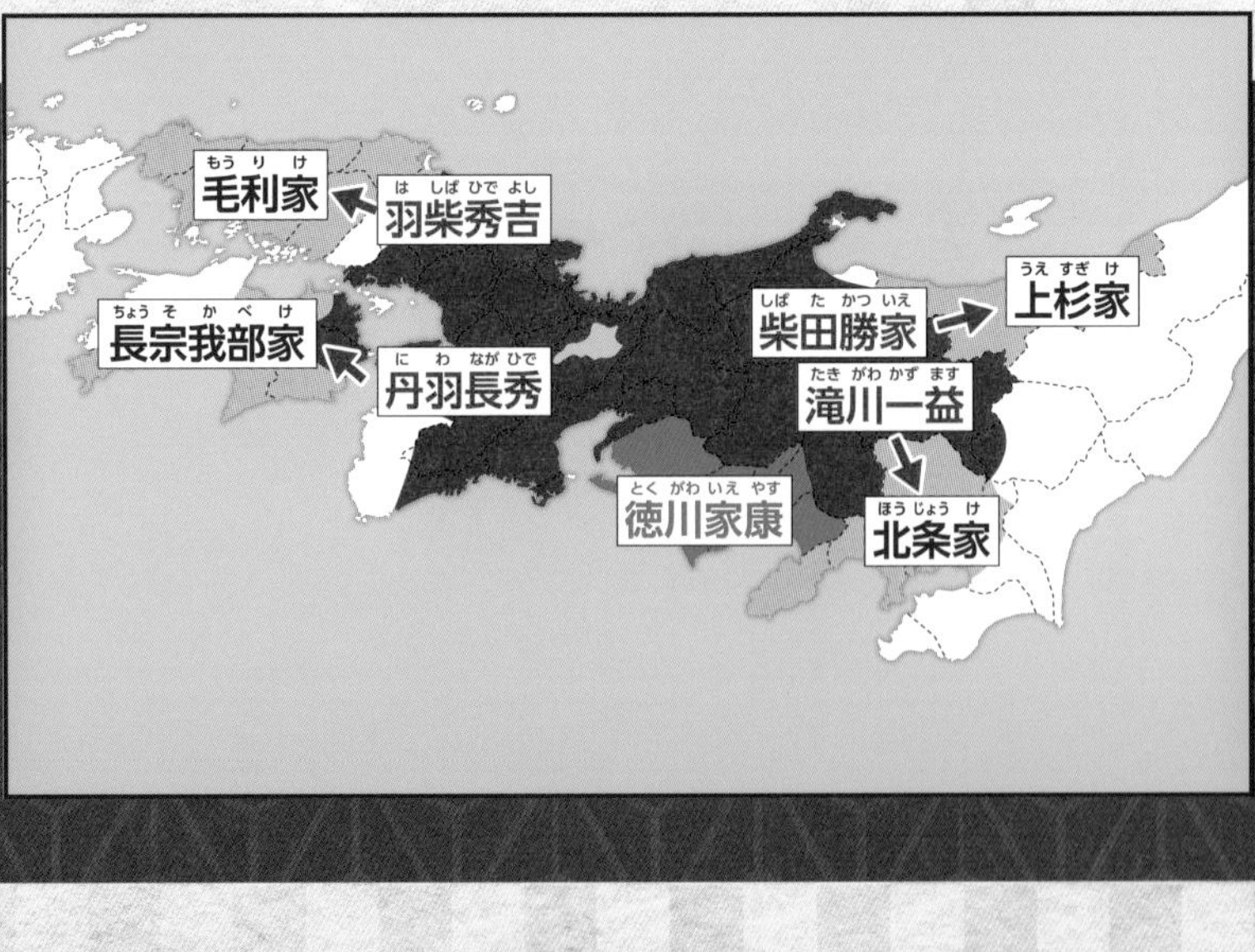

全国統一《ぜんこくとういつ》に向《む》けて信長《のぶなが》は各方面《かくほうめん》に家臣《かしん》を派遣《はけん》し、敵対勢力《てきたいせいりょく》をほろぼそうとしていた。

勝頼《かつより》は、力《ちから》つきて自害《じがい》した。天目山《てんもくざん》は武田《たけだ》家の先祖《せんぞ》が自害《じがい》した山《やま》だ。ここを目指《めざ》した時《とき》、すでに勝頼《かつより》の心《こころ》は決《き》まっていたのかもしれない。ここに、武田《たけだ》家はめつ亡《ぼう》した。

信長《のぶなが》の天下統一《てんかとういつ》は目前《もくぜん》である。

第六天魔王《だいろくてんまおう》

織田信長《おだのぶなが》

織田軍《おだぐん》 戦力評価《せんりょくひょうか》

変《へん》の直前《ちょくぜん》、信長《のぶなが》は、100人程《にんてい》度《ど》の供《とも》を連《つ》れて京《きょう》の本能寺《ほんのうじ》にとまった。本能寺《ほんのうじ》は堀《ほり》などを備《そな》えた城《しろ》のような寺《てら》だったが、万一《まんいち》、大軍《たいぐん》におそわれでもすればひとたまりもない。

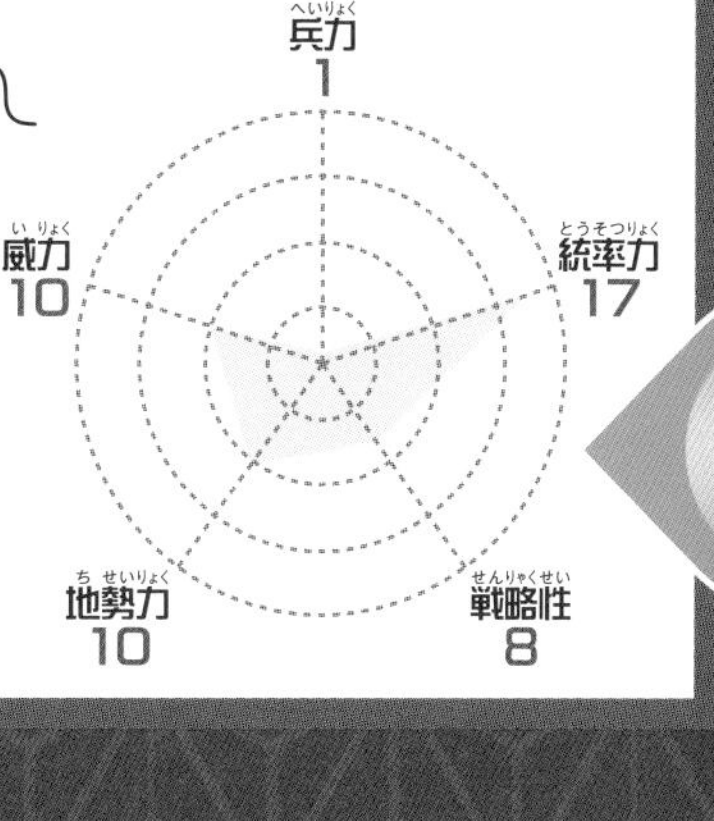

合計《ごうけい》 46

三日天下《みっかてんか》 明智光秀《あけちみつひで》

きらびやかな信長《のぶなが》の栄光《えいこう》の裏側《うらがわ》では…

武田《たけだ》攻《ぜ》めの少《すこ》し前《まえ》、信長《のぶなが》は京《きょう》で天皇《てんのう》を招《まね》いて「馬《うま》ぞろえ」を行《おこな》った。ごうかに着《き》かざった織田《おだ》軍団《ぐんだん》が都《みやこ》を行進《こうしん》するのだ。見物《けんぶつ》には多《おお》くの人《ひと》が押《お》しよせた。

「いやあ、なんとも立派《りっぱ》な軍勢《ぐんぜい》やなあ。かぶとも槍《やり》もピカピカやわ」

「信長《のぶなが》はん、南《なん》ばん人《じん》みたいなカッコしてはるわ。えらいぜいたくやで」

見物人《けんぶつにん》のだれもが織田家《おだけ》の強《つよ》さを知《し》り、信長《のぶなが》の天下《てんか》が近《ちか》いことを確信《かくしん》した。

武田《たけだ》めつ亡《ぼう》後《ご》、信長《のぶなが》は、長年《ながねん》武田家《たけだけ》と戦《たたか》い続《つづ》けた家康《いえやす》を安土城《あづちじょう》に招待《しょうたい》して、も

明智軍《あけちぐん》 戦力評価《せんりょくひょうか》

明智軍《あけちぐん》は1万《まん》3千《ぜん》の兵《へい》で本能寺《ほんのうじ》をおそったという。信長《のぶなが》に対《たい》する謀反《むほん》と知《し》れれば兵《へい》の士《し》気《き》が下《さ》がるため、光秀《みつひで》は重臣《じゅうしん》以外《いがい》の将兵《しょうへい》には直前《ちょくぜん》まで目的《もくてき》をだまっていたという。

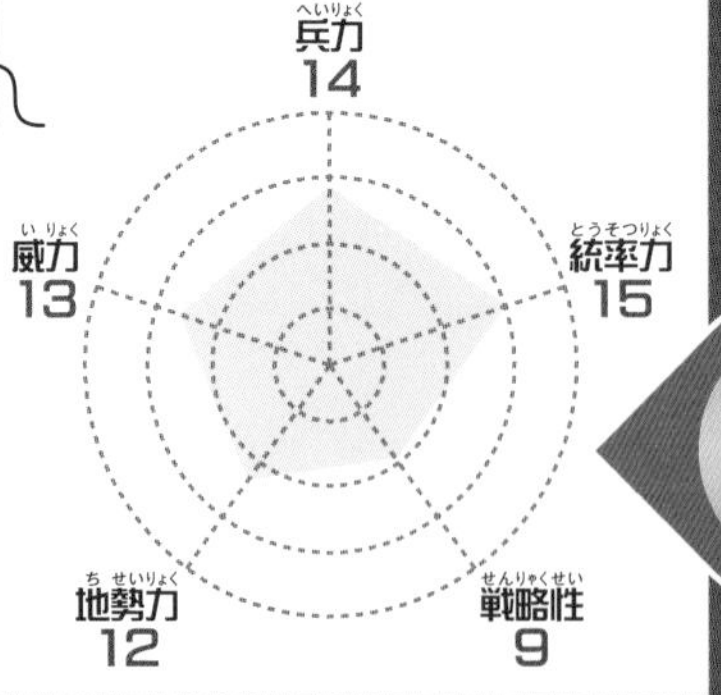

合計《ごうけい》 63

てなすことにした。接待役《せったいやく》は、知識《ちしき》が豊富《ほうふ》で細《こま》やかな心配《こころくば》りができる明智光秀《あけちみつひで》だ。光秀《みつひで》は細心《さいしん》の注意《ちゅうい》をはらって準備《じゅんび》をしたが、当日出《とうじつだ》されたごちそうの魚《さかな》がくさっていたとして、信長《のぶなが》から激《はげ》しく責《せ》められ、けり飛《と》ばされたと伝《つた》わっている。

光秀《みつひで》が信長《のぶなが》を裏切《うらぎ》った本能寺《ほんのうじ》の変《へん》は、実《じつ》はいまだになぞが多《おお》い。特《とく》に、光秀《みつひで》の動機《どうき》は大《おお》きななぞだ。うらみがつもって爆発《ばくはつ》したという説《せつ》や、天下人《てんかびと》になる野望《やぼう》があったという説《せつ》、自分《じぶん》が仲《なか》をとりもってきた四国《しこく》の長宗我部《ちょうそかべ》攻《ぜ》めを止《と》めるためという説《せつ》。そして、光秀《みつひで》のバックに黒幕《くろまく》がいたという説《せつ》もある。

『絵本太閤記《えほんたいこうき》』にえがかれた信長《のぶなが》の命令《めいれい》でなぐられる光秀《みつひで》（国立《こくりつ》国会図書館蔵《こっかいとしょかんぞう》）。

この時《とき》、毛利家《もうりけ》を攻《せ》めていた羽柴秀吉《はしばひでよし》が、信長《のぶなが》に援軍《えんぐん》を要請《ようせい》してきた。

「光秀《みつひで》、接待役《せったいやく》は他《ほか》の者《もの》に交代《こうたい》じゃ。すぐ備中《びっちゅう》（岡山県《おかやまけん》）へ出陣《しゅつじん》し、秀吉《ひでよし》を助《たす》けよ。わしは京《きょう》に寄《よ》ってから向《む》かう」

「……承知《しょうち》しました。徳川《とくがわ》どの、申《もう》しわけございませぬ」

「いえいえ、われらは京《きょう》や堺《さかい》も見物《けんぶつ》してから帰郷《ききょう》いたします」

光秀《みつひで》は、自領《じりょう》にもどり軍勢《ぐんぜい》を整《ととの》える。信長《のぶなが》は、小姓《こしょう》ら数十人《すうじゅうにん》とともに京《きょう》の本能寺《ほんのうじ》へ。運命《うんめい》の日《ひ》がせまっている。

ざんねん 謀反《むほん》に黒幕《くろまく》はいたのか?

いまだ特定《とくてい》されていない本能寺《ほんのうじ》の変《へん》の動機《どうき》。実《じつ》は光秀《みつひで》は他《ほか》の人物《じんぶつ》にあやつられていたのだという黒幕説《くろまくせつ》も根強《ねづよ》くささやかれている。信長《のぶなが》に追放《ついほう》された元主君《もとしゅくん》・足利義昭《あしかがよしあき》に命《めい》じられたという義昭黒幕説《よしあきくろまくせつ》。信長《のぶなが》と対立《たいりつ》する朝廷《ちょうてい》が保守派《ほしゅは》の光秀《みつひで》をだきこんだとする朝廷黒幕説《ちょうていくろまくせつ》。とりあえず１番得《とく》した人物《じんぶつ》を疑《うたが》ってみる秀吉黒幕説《ひでよしくろまくせつ》。かつて妻子《さいし》を殺《ころ》された徳川家康《とくがわいえやす》が光秀《みつひで》をそそのかしたという家康黒幕説《いえやすくろまくせつ》…などなど。数多《かずおお》くの人物《じんぶつ》が黒幕候補《くろまくこうほ》に挙《あ》げられているが、いずれも決《き》め手《て》がないどころか、史料《しりょう》や状《じょう》きょう証《しょう》こから否定《ひてい》されている説《せつ》がほとんどである。

時《とき》は今《いま》！ 光秀《みつひで》は謀反《むほん》を決意《けつい》する

自領《じりょう》の丹波《たんば》亀山城《かめやまじょう》にもどった光秀《みつひで》は、どこか様子《ようす》が変《へん》だった。戦勝《せんしょう》き願《がん》に登《のぼ》った愛宕神社《あたごじんじゃ》では何度《なんど》もおみくじを引《ひ》き、連歌会《れんがかい》（複数人《ふくすうにん》で和歌《わか》の上《かみ》の句《く》と下《しも》の句《く》を交《こう》ごによむ会《かい》）では、

「ときは今《いま》　あめが下知《したし》る　五月《さつき》かな」

と、よんだ。これは、「今《いま》こそ、土岐《とき》一族《いちぞく》の自分《じぶん》が、天下《てんか》を治《おさ》めるべき五月《ごがつ》がきたのだ」という意味《いみ》にも取《と》れるため、光秀《みつひで》の決意表明《けついひょうめい》だといわれている。

一方《いっぽう》の信長《のぶなが》は、小姓数十人《こしょうすうじゅうにん》と京《きょう》での宿所《しゅくしょ》・本能寺《ほんのうじ》へ入《はい》った。後《あと》つぎの信忠《のぶただ》も京《きょう》の妙覚寺《みょうかくじ》に入《はい》っている。次《つぎ》の日《ひ》は、公家《くげ》を招《まね》いて茶会《ちゃかい》を開《ひら》き、夜《よる》には信忠《のぶただ》や側近《そっきん》たちがたずねてきたため、おそくまで語《かた》り合《あ》った。とてもおだやかな一日《いちにち》だった。

この日《ひ》、光秀《みつひで》の軍勢《ぐんぜい》は亀山城《かめやまじょう》を出発《しゅっぱつ》していた。やがて老《おい》ノ坂《さか》という分《わ》かれ道《みち》に着《つ》く。光秀《みつひで》は、ここで足《あし》を止《と》めた。その分《わ》かれ道《みち》を見《み》つめる。

（右《みぎ》へ進《すす》めば備中《びっちゅう》、左《ひだり》へ進《すす》めば京《きょう》……）

やがて心《こころ》を決《き》めたようにうなずき、軍勢《ぐんぜい》に向《む》き直《なお》った。兵《へい》たちは息《いき》を殺《ころ》して主《あるじ》の言葉《ことば》を待《ま》っている。光秀《みつひで》は、大《おお》きく声《こえ》を発《はっ》した。

「われらは、これから京《きょう》へ向《む》かう。みなの者《もの》、心《こころ》せよ。敵《てき》は本能寺《ほんのうじ》にあり!!」

万《まん》をこえる明智軍《あけちぐん》が、本能寺《ほんのうじ》へ走《はし》り出《だ》した。

織田信忠《おだのぶただ》

信長《のぶなが》の長男《ちょうなん》。若《わか》いころから後《あと》つぎとして信長《のぶなが》の天下統一戦《てんかとういつせん》を支《ささ》えていた。本能寺《ほんのうじ》の変《へん》がおこった時《とき》、信忠《のぶただ》は父《ちち》の援軍《えんぐん》に向《む》かおうとするが間《ま》に合《あ》わず、二条《にじょう》ご所《しょ》にこもって明智軍《あけちぐん》と戦《たたか》う。しかし、大軍《たいぐん》には敵《かな》わず討《う》ち死《じ》にしてしまった。

本能寺《ほんのうじ》は幅数《はばすう》m、深《ふか》さ1mほどの堀《ほり》で囲《かこ》まれており、境内《けいだい》には0.8m以上《いじょう》の石《いし》がきが備《そな》えられた城《しろ》のようなつくりだったという。とはいえ、本物《ほんもの》の城《しろ》とは比《くら》べものにはならず、その防《ぼう》ぎょ力《ちから》は低《ひく》い。京《きょう》に入《はい》る直前《ちょくぜん》に馬《うま》の沓《くつ》を脱《ぬ》がせ、鉄砲《てっぽう》の火縄《ひなわ》に火《ひ》をつけた（=戦闘準備《せんとうじゅんび》を終《お》えた）明智軍《あけちぐん》は、本能寺《ほんのうじ》をひそかに包囲《ほうい》したのであった。

炎《ほのお》の中《なか》に消《き》えた信長《のぶなが》

明《あ》け方《がた》。昨夜《さくや》は心地《ここち》よいねむりについたが、どうも寺《てら》の外《そと》がさわがしい。小《こ》姓《しょう》の森蘭丸《もりらんまる》に様子《ようす》を見《み》に行《い》かせると、寺《てら》が軍勢《ぐんぜい》に囲《かこ》まれているという。

「謀反《むほん》か。何《なに》やつじゃ」

「桔梗《ききょう》の旗印《はたじるし》……。明智《あけち》どのの軍勢《ぐんぜい》にございます」

信長《のぶなが》は一瞬《いっしゅん》おどろきの表情《ひょうじょう》を見《み》せたが、すぐに動《うご》き出《だ》した。

「ぜひにおよばず（こうなっては、やむをえない）。弓《ゆみ》を持《も》て！」

部屋《へや》から飛《と》び出《だ》し、なだれこむ明智軍《あけちぐん》に弓《ゆみ》を放《はな》つ。つるが切《き》れると槍《やり》に持《も》ちかえて戦《たたか》う。しかし、信長《のぶなが》の手勢《てぜい》は数十名《すうじゅうめい》のみ。ついにひじに傷《きず》を負《お》ってしまった。

「……これまでか。蘭丸《らんまる》、火《ひ》を放《はな》て」

信長《のぶなが》は侍女《じじょ》たちをにがすことを命《めい》じると、おくの部屋《へや》に入《はい》って自害《じがい》した。主《あるじ》の首《くび》を取《と》らせるものかと、けん命《いのち》に戦《たたか》った蘭丸《らんまる》たち小姓衆《こしょうしゅう》も、全員討《ぜんいんう》ち死《じ》にした。天下統一《てんかとういつ》を目前《もくぜん》にして、織田信長《おだのぶなが》が歴史《れきし》の舞台《ぶたい》から姿《すがた》を消《け》した。

黒人《こくじん》の従者《じゅうしゃ》を連《つ》れた南《なん》ばん人《じん》がえがかれた『唐船《とうせん》・南蛮船図屏風《なんばんせんずびょうぶ》』（九州国立博物館蔵《きゅうしゅうこくりつはくぶつかんぞう》／ColBase）。

あっぱれ

信長《のぶなが》に仕《つか》えた黒人武士《こくじんぶし》

本能寺《ほんのうじ》の変《へん》で信長方《のぶながかた》の中《なか》に弥助《やすけ》という黒人《こくじん》の武士《ぶし》がいた。かれは、元々宣教師《もともとせんきょうし》が連《つ》れていた従者《じゅうしゃ》で、めずらしい見《み》た目《め》を気《き》に入《い》った信長《のぶなが》が引《ひ》き取《と》り武士《ぶし》にしたという。信長《のぶなが》が死《し》ぬと、弥助《やすけ》は信忠《のぶただ》のもとにかけつけ戦《たたか》ったがやぶれ、とらえられた。戦《たたか》いの後《あと》、弥助《やすけ》は光秀《みつひで》の指示《しじ》で解放《かいほう》される。その後《ご》の消息《しょうそく》は不明《ふめい》だという。

信長《のぶなが》は侍女《じじょ》たちをにがすと、わずかな手勢《てぜい》とともに奮戦《ふんせん》。力《ちから》つきると寺《てら》のおくに入《はい》り自害《じがい》した。織田方《おだがた》が寺《てら》に火《ひ》をかけたため信長《のぶなが》の遺体《いたい》は見《み》つからず、光秀《みつひで》は信長《のぶなが》の首《くび》（=信長《のぶなが》をたおしたという決定的《けっていてき》な証《しょう》こ）を手《て》に入《い》れることはできなかった。この失敗《しっぱい》が、秀吉《ひでよし》と対決《たいけつ》する時《とき》に、二人《ふたり》の明暗《めいあん》を分《わ》けることを光秀《みつひで》はまだ知《し》らない…。

援軍《えんぐん》を断《ことわ》られ、あせる光秀《みつひで》

「京《きょう》の本能寺《ほんのうじ》にて、信長死《のぶながし》す」

その知《し》らせは、日本中《にほんじゅう》をかけめぐった。本能寺《ほんのうじ》が焼《や》け落《お》ちたあと、二条《にじょう》ご所《しょ》で戦《たたか》った信忠《のぶただ》も力《ちから》つきて自害《じがい》したという。織田《おだ》家《け》は、一気《いっき》に柱《はしら》を失《うしな》ってしまった。都周辺《みやこしゅうへん》の人《ひと》たちは、織田家《おだけ》はどうなる、都《みやこ》はどうなると大《おお》さわぎだ。

「主《あるじ》がやられたら、家来《けらい》がかたき討《う》ちしに来《く》るはずや」

「また戦《いくさ》になるんか。にげる用意《ようい》しとかなあかん」

確《たし》かに、謀反《むほん》の報《しら》せを受《う》けた織田家《おだけ》の重臣《じゅうしん》たちは、「すみやかに光秀《みつひで》を討《う》ち、信長様《のぶながさま》のかたきを取《と》らなければ」とあせっていた。しかし、柴田勝家《しばたかついえ》は北陸《ほくりく》の上杉家《うえすぎけ》を、滝川一益《たきがわかずます》は関東《かんとう》の北条家《ほうじょうけ》をおさえるため、京《きょう》に向《む》かうことができない。しかも、各地《かくち》の反信長勢力《はんのぶながせいりょく》は、「信長死《のぶながし》す」の知《し》らせに勢《いきお》いづいている。重臣《じゅうしん》の筆頭《ひっとう》である勝家《かついえ》は、あまりのくやしさに歯《は》ぎしりした。

「ぐむむ……、これでは身動《みうご》きが取《と》れぬ。明智《あけち》め、これも計画《けいかく》のうちだったか」

1番京《ばんきょう》の近《ちか》くにいた重臣《じゅうしん》・丹羽長秀《にわながひで》は、信長《のぶなが》の三男《さんなん》・信孝《のぶたか》を大将《たいしょう》に、四国《しこく》に出陣《しゅつじん》する直前《ちょくぜん》だったが……

「堺《さかい》にいるというのに、動《どう》ようした兵《へい》がとう亡《ぼう》し続《つづ》けておる。今《いま》は守《まも》りを固《かた》めるしかない」

と、やはり動《うご》くことができなかった。

一方《いっぽう》、すぐに京都《きょうと》をおさえた光秀《みつひで》は、その後《ご》近江《おうみ》（滋賀県《しがけん》）に進軍《しんぐん》して安土城《あづちじょう》もうばい、さらに朝廷《ちょうてい》から都《みやこ》の治安《ちあん》を守《まも》る役目《やくめ》を任《まか》された。ここまでは順調《じゅんちょう》である。

しかし、思《おも》うように協力者《きょうりょくしゃ》が集《あつ》まらない。

あちこちに手紙《てがみ》を書《か》いたが、いい返事《へんじ》が来《こ》ないのだ。最《もっと》もたよりにしていたのは古《ふる》い知人《ちじん》・細川藤孝《ほそかわふじたか》で、光秀《みつひで》のむすめが藤孝《ふじたか》の子《こ》・忠興《ただおき》と結《けっ》こんしたため親《しん》せきでもあった。しかし藤孝《ふじたか》は援軍《えんぐん》を断《ことわ》り、謀反《むほん》とは無関係《むかんけい》だと証明《しょうめい》するため、城《しろ》にこもって出家《しゅっけ》してしまった。光秀《みつひで》に恩《おん》がある筒井順慶《つついじゅんけい》も、味方《みかた》をしてくれるのか、どうもはっきりしない。

「これでは畿内《きない》を固《かた》められない……」

光秀《みつひで》があせり始《はじ》めたころ、追《お》い打《う》ちをかけるかのように、まさかの知《し》らせが届《とど》いた。備中高松城《びっちゅうたかまつじょう》の攻略《こうりゃく》に手《て》こずっていたはずの秀吉《ひでよし》が、すでに摂津《せっつ》（大阪《おおさか》北部《ほくぶ》）までもどっているというのだ。

「そんなはずはない！　あれからまだ8日《か》しか経《た》っていないではないか」

しかし、秀吉《ひでよし》は本当《ほんとう》に摂津《せっつ》にいて、尼崎周辺《あまがさきしゅうへん》に軍勢《ぐんぜい》を集《あつ》めつつあるという。

光秀《みつひで》にとって最大《さいだい》の誤算《ごさん》だった。

ざんねん

幸《しあわ》せをこわされた珠《たま》

細川忠興《ほそかわただおき》と結《けっ》こんし、幸《しあわ》せに暮《く》らしていた光秀《みつひで》のむすめ・珠《たま》。しかし、本能寺《ほんのうじ》の変《へん》で、忠興《ただおき》の父《ちち》・藤孝《ふじたか》は光秀《みつひで》と決別《けつべつ》する。珠《たま》も忠興《ただおき》と離《り》こんするはずだったが、妻《つま》を深《ふか》く愛《あい》していた忠興《ただおき》が離《り》こんをこばみ、領地《りょうち》の片《かた》すみにある味土野《みどの》にかの女《じょ》を閉《と》じこめた。孤独《こどく》なゆう閉生活《へいせいかつ》の中《なか》で、珠《たま》の心《こころ》をなぐさめたのがキリスト教《きょう》の教《おし》えだったという。

珠《たま》のゆう閉地《へいち》とされる味土野《みどの》。

走《はし》れ秀吉《ひでよし》！　信長《のぶなが》のかたき討《う》ちへ

時《とき》を少《すこ》しさかのぼろう。

「信長様《のぶながさま》、必《かなら》ずかたきをとってごらんにいれまする！」

羽柴秀吉《はしばひでよし》（後《のち》の豊臣秀吉《とよとみひでよし》）の軍《ぐん》は、瀬戸内海側《せとないかいがわ》の街道《かいどう》・山《さん》陽路《ようじ》を、全速力《ぜんそくりょく》でかけていた。秀吉《ひでよし》は備中高松城《びっちゅうたかまつじょう》を水攻《みずぜ》めして信長《のぶなが》の援軍《えんぐん》を待《ま》っていたが、本能寺《ほんのうじ》の変《へん》の翌日《よくじつ》に、信長《のぶなが》の死《し》を知《し》ったのだ。大《おお》きなショックを受《う》けた秀吉《ひでよし》だったが、素《す》早《ばや》い決断《けつだん》が未来《みらい》を分《わ》けた。

「和議《わぎ》を急《いそ》がねばならん」

秀吉《ひでよし》は毛利方《もうりがた》に信長《のぶなが》の死《し》をかくしたまま和議《わぎ》を結《むす》んで、夜《よる》のうちに陣《じん》を引《ひ》きはらい、そこからかけにかけた。「中国大《ちゅうごくおお》返《がえ》し」と呼《よ》ばれる電光石火《でんこうせっか》の行軍《こうぐん》で、変《へん》の９日後《かご》には尼崎《あまがさき》で信孝《のぶたか》・長秀軍《ながひでぐん》とも合流《ごうりゅう》した。

「秀吉《ひでよし》、よくぞこんなに早《はよ》うもどった！」

「信孝様《のぶたかさま》、それがしが城持《しろも》ちの大名《だいみょう》にまでなれたのは、すべて信長様《のぶながさま》のおかげなのです。絶対《ぜったい》に、明智《あけち》を許《ゆる》しませぬ」

「よう言《い》うてくれた。必《かなら》ずあやつの首《くび》を取《と》ろうぞ」

ふたりはなみだを流《なが》して手《て》を取《と》り合《あ》った。

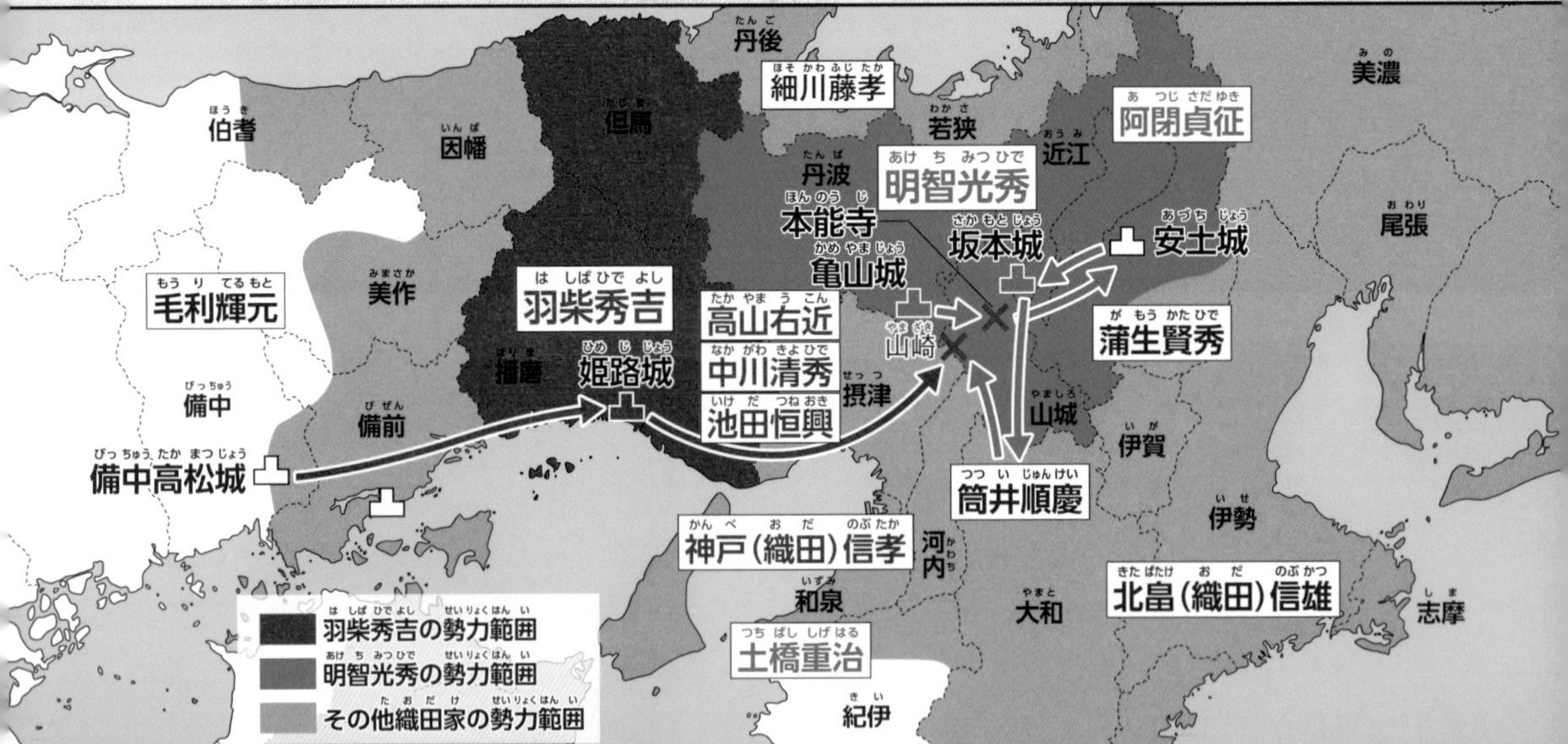

羽柴軍《はしばぐん》は退《たい》きゃく開始《かいし》から一昼夜《いっちゅうや》で姫路城《ひめじじょう》にとう着《ちゃく》。ここで数日《すうじつ》、兵《へい》の休息《きゅうそく》と畿内《きない》の情報収集《じょうほうしゅうしゅう》を行《おこな》うと、さらに２日《か》走《はし》り６月《がつ》11日《にち》には摂津《せっつ》の尼崎《あまがさき》にたどり着《つ》き、信孝軍《のぶたかぐん》と合流《ごうりゅう》した。総距離《そうきょり》２００キロを超《こ》える強行軍《きょうこうぐん》だった。

日本一《にっぽんいち》の出世人《しゅっせびと》 羽柴秀吉《はしばひでよし》

秀吉《ひでよし》は、すでに池田恒興《いけだつねおき》・高山右近《たかやまうこん》・中川清秀《なかがわきよひで》といった摂津《せっつ》の織田方《おだがた》の有力《ゆうりょく》武将《ぶしょう》たちを味方《みかた》につけており、軍勢《ぐんぜい》は4万近《まんちか》くにもなった。

翌日《よくじつ》、羽柴軍《はしばぐん》は軍議《ぐんぎ》を開《ひら》いた。

「総大将《そうだいしょう》は信孝様《のぶたかさま》に。やはり織田家《おだけ》の方《かた》に立《た》っていただかねば」

「わかった。しかし、すみやかにここまでの軍勢《ぐんぜい》を整《ととの》えられたのは、秀吉《ひでよし》のおかげじゃ。そなたが盟主《めいしゅ》となってくれ。全軍《ぜんぐん》を任《まか》せたい」

秀吉《ひでよし》は遠《えん》りょして長秀《ながひで》をおしたが、この戦《いくさ》のかじ取《と》りは、だれがみても秀吉《ひでよし》がふさわしかった。

羽柴軍《はしばぐん》 戦力評価《せんりょくひょうか》

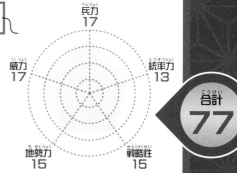

羽柴軍《はしばぐん》の兵力《へいりょく》は４万《まん》と明智軍《あけちぐん》の倍以上《ばいいじょう》。ただし、羽柴軍本《はしばぐんほん》隊《たい》は士気《しき》は高《たか》いものの、大返《おおがえ》しでつかれており、摂津《せっつ》の大《だい》名《みょう》たちや信孝軍《のぶたかぐん》にたよらざるをえない状《じょう》きょうだ。

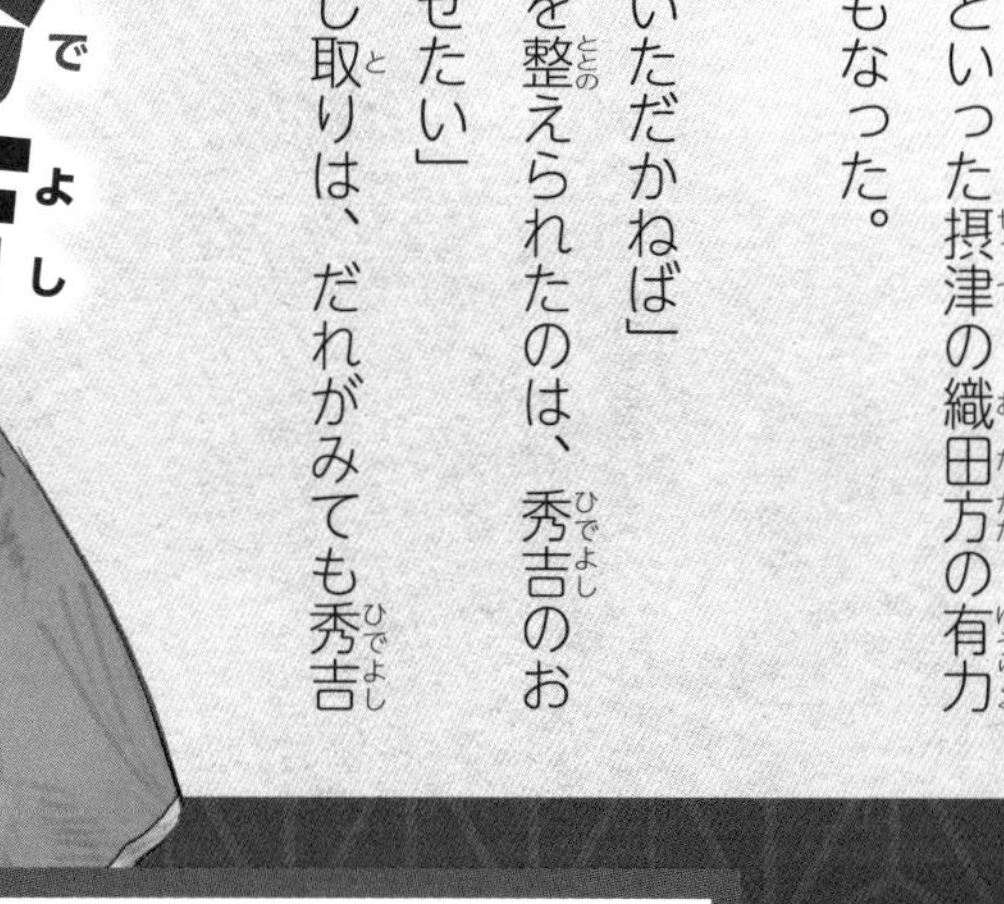

わずか10日余《あま》りでついえた光秀《みつひで》の天下《てんか》

信長《のぶなが》の死《し》から11日後《にちご》の6月《がつ》13日《にち》。次《つぎ》の天下《てんか》のゆくえを決《けっ》する戦《たたか》いが行《おこな》われた。

明智光秀《あけちみつひで》と羽柴秀吉《はしばひでよし》。

織田軍団《おだぐんだん》の中《なか》でも戦上手《いくさじょうず》といわれた二人《ふたり》の対決《たいけつ》である。

光秀《みつひで》の想像《そうぞう》をこえるスピードで、秀吉《ひでよし》が「中国大返《ちゅうごくおおがえ》し」を成功《せいこう》させたことで、光秀《みつひで》は十分《じゅうぶん》に戦《いくさ》の準備《じゅんび》ができなかった。たよりにしていた味方《みかた》も、思《おも》ったように集《あつ》まらない。そのため光秀《みつひで》は、秀吉軍《ひでよしぐん》に数《かず》でおとる1万《まん》6千《せん》の兵《へい》で、むかえ撃《う》つこととなった。

光秀《みつひで》が選《えら》んだ決戦《けっせん》の地《ち》は、京《きょう》へのげん関口《かんぐち》である「山崎《やまざき》」だ（山崎《やまざき》の戦《たたか》い）。

数《かず》で負《ま》けている光秀軍《みつひでぐん》は、広《ひろ》い場所《ばしょ》で戦《たたか》えばまず勝《か》ち目《め》がない。その点《てん》、山崎《やまざき》は沼地《ぬまち》が広《ひろ》がっていて、大軍《たいぐん》が通過《つうか》できるのは、天王山《てんのうざん》と淀川《よどがわ》にはさまれた、せまい場所《ばしょ》に限《かぎ》られている。秀吉軍《ひでよしぐん》はそこを進《すす》んでくるので、たて長《なが》の陣形《じんけい》になるだろう。その場所《ばしょ》で、秀吉軍《ひでよしぐん》の出口《でぐち》をふさぐように待《ま》ち構《かま》えて、順次撃破《じゅんじげきは》していくという作戦《さくせん》だ。これなら、数《かず》の不利《ふり》は問題《もんだい》にならない。

「よし、かかれ！」

信長《のぶなが》のとむらい合戦《がっせん》をするにあたって秀吉《ひでよし》は味方集《みかたあつ》めを重視《じゅうし》した。信長《のぶなが》の首《くび》が見《み》つからなかったことを利用《りよう》して「信長《のぶなが》は生《い》きている」というウワサを流《なが》し、高山右近《たかやまうこん》ら摂津《せっつ》の大名《だいみょう》を味方《みかた》にしたのだ。山崎《やまざき》の戦《たたか》いでは右近《うこん》たち摂津《せっつ》の軍勢《ぐんぜい》が最前線《さいぜんせん》で奮戦《ふんせん》したことが勝利《しょうり》につながっている。

光秀軍主力《みつひでぐんしゅりょく》の斉藤利三隊《さいとうとしみつたい》などが秀吉軍《ひでよしぐん》の前衛《ぜんえい》におそいかかった。負《ま》ければ謀《む》反人《ほんにん》として死《し》ぬしかない明智軍《あけちぐん》は士気《しき》が高《たか》く、秀吉軍《ひでよしぐん》は苦戦《くせん》をしいられる。

この戦《せん》きょうを変《か》えたのは、秀吉軍《ひでよしぐん》の池田恒興隊《いけだつねおきたい》・加藤光泰隊《かとうみつやすたい》だった。2隊《たい》はひそかに側面《そくめん》にまわり、光秀軍《みつひでぐん》を奇《き》しゅうしたのだ。

これにより光秀軍《みつひでぐん》はくずれた。数《かず》でおとる軍《ぐん》は、いったんくずれ始《はじ》めればどうしようもない。形成《けいせい》は逆転《ぎゃくてん》、羽柴軍《はしばぐん》の大勝利《だいしょうり》となった。

「信長《のぶなが》の首《くび》さえあれば、結果《けっか》はちがったのだろうか」

光秀《みつひで》はそう言《い》ってくやんだ。本能寺《ほんのうじ》で、信長《のぶなが》の遺体《いたい》はいくら探《さが》しても見《み》つからなかった。死《し》の証《しょう》こがないせいで、「信長《のぶなが》が生《い》きている」というウワサが流《なが》れ、味方《みかた》が集《あつ》まらなかったのだ。

だが、今《いま》さら何《なに》を言《い》っても、もう後《あと》もどりはできない。

「坂本城《さかもとじょう》へもどって出直《でなお》そう」

その夜《よる》、光秀《みつひで》は軍勢《ぐんぜい》を立《た》て直《なお》すため、わずかな家臣《かしん》とともに近江《おうみ》をめざした。

しかし、小栗栖《おぐるす》という村《むら》のやぶの中《なか》で、落武者《おちむしゃ》がりの農民《のうみん》たちにおそわれ、命《いのち》を落《お》とした。

天地《てんち》をゆるがした本能寺《ほんのうじ》の変《へん》から、わずか10日《か》余《あま》りのことだった。光秀《みつひで》の余《あま》りにも短《みじか》い栄華《えいが》を、人々《ひとびと》は「*三日天下《みっかてんか》」と呼《よ》んだ。

*三日《みっか》……ここでの「三日《みっか》」は正確《せいかく》な日数《にっすう》ではなく、きわめて短《みじか》いことのたとえである。

光秀《みつひで》が討《う》たれたとされる場所《ばしょ》は、現在《げんざい》「明智《あけち》やぶ」と呼《よ》ばれている。討《う》たれた光秀《みつひで》の首《くび》は、秀吉《ひでよし》に届《とど》けられた後《あと》、本能寺《ほんのうじ》にさらされたという。

信長《のぶなが》の油断《ゆだん》をついた光秀《みつひで》

重臣《じゅうしん》たちは地方遠《ちほうえん》せいで不在《ふざい》

明智光秀《あけちみつひで》の謀反《むほん》が成功《せいこう》した理由《りゆう》の一《ひと》つに、本能寺《ほんのうじ》にいた織田兵《おだへい》の少《すく》なさがある。天下人《てんかびと》である信長《のぶなが》が、なぜ百人程《ひゃくにんほど》の家臣《かしん》しか連《つ》れていなかったのだろうか。

当時《とうじ》、織田軍《おだぐん》は天下統一《てんかとういつ》のため、重臣《じゅうしん》を司令官《しれいかん》として各地方《かくちほう》に部隊《ぶたい》を送《おく》っていた。羽柴秀吉《はしばひでよし》は毛利輝元《もうりてるもと》攻《ぜ》めのため中国地方《ちゅうごくちほう》へ、柴田勝家《しばたかついえ》は上杉景勝《うえすぎかげかつ》攻《ぜ》めで北陸《ほくりく》へ、滝川一益《たきがわかずます》は旧武田《きゅうたけだ》領統治《りょうとうち》のため東国《とうごく》へ、丹羽長秀《にわながひで》は四国《しこく》の長宗我部元親《ちょうそかべもとちか》攻《ぜ》めの準備《じゅんび》のため堺《さかい》にいて、京《きょう》の近《ちか》くで兵《へい》を動《うご》かせる重臣《じゅうしん》は光秀《みつひで》だけだったのだ。

しかも、当時《とうじ》の信長《のぶなが》は長年《ながねん》の強敵《きょうてき》・武田家《たけだけ》をほろぼしたばかり。他《ほか》の大名《だいみょう》も、関東《かんとう》の北条家《ほうじょうけ》と九州《きゅうしゅう》の大友《おおとも》家《け》・島津家《しまづけ》は事実上臣従《じじつじょうしんじゅう》しており、天下《てんか》のほとんどが信長《のぶなが》の手中同然《しゅちゅうどうぜん》だった。この世《よ》に自分《じぶん》を攻撃《こうげき》する者《もの》がいるとは考《かんが》えてなかった油断《ゆだん》から、信長《のぶなが》はわずかな家《か》臣《しん》しか連《つ》れていなかったのだ。

本能寺《ほんのうじ》の変直前《へんちょくぜん》の大大名《だいだいみょう》の関係図《かんけいず》

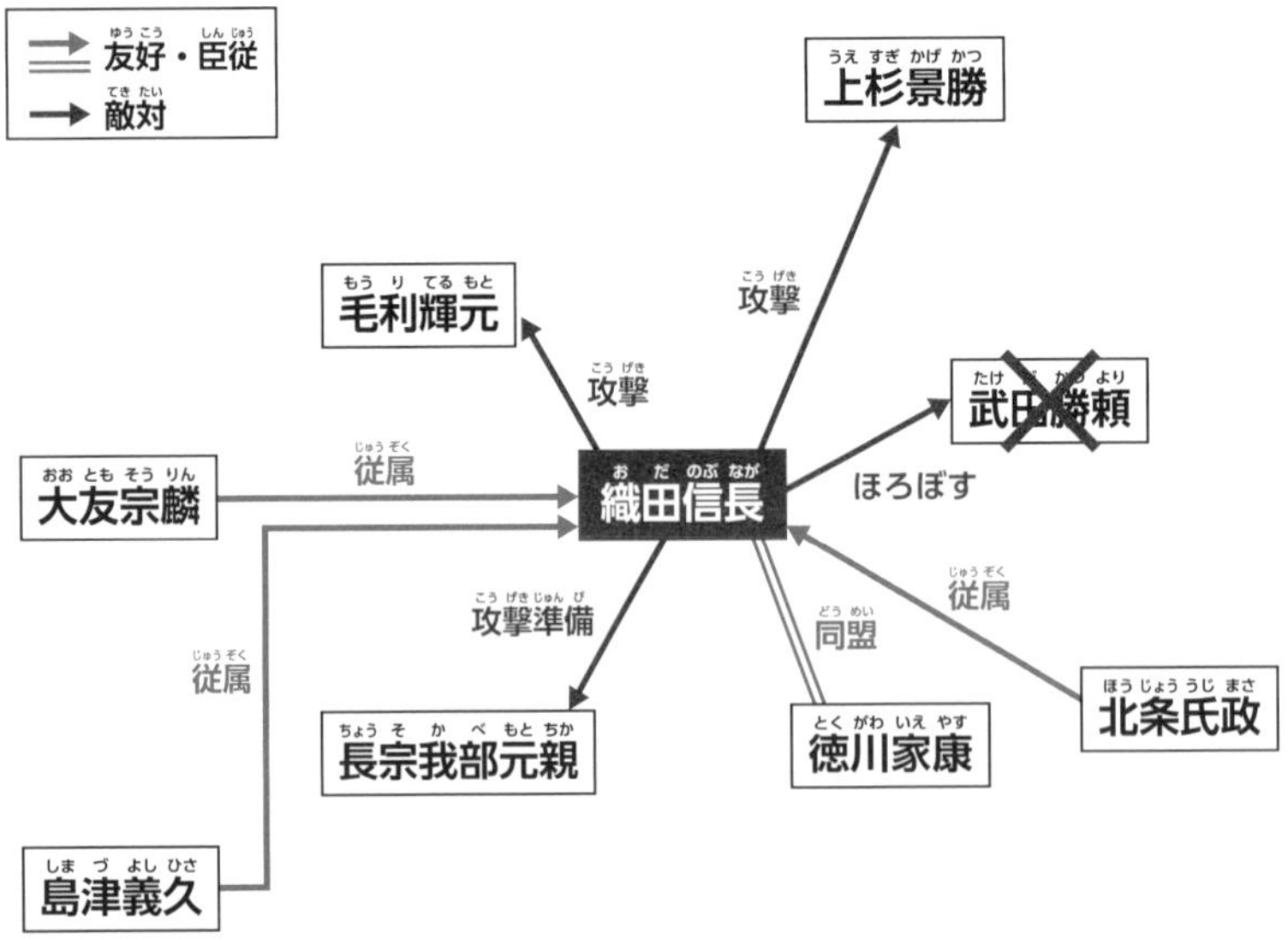

信長《のぶなが》は徳川家康《とくがわいえやす》・北条氏政《ほうじょううじまさ》に協力《きょうりょく》させて武田《たけだ》攻《ぜ》めを行《おこな》った。この時《とき》、毛利軍《もうりぐん》は羽柴秀吉《はしばひでよし》に本《ほん》きょ地目前《ちもくぜん》まで攻《せ》めこまれ、上杉軍《うえすぎぐん》も柴田勝家《しばたかついえ》相手《あいて》に追《お》いつめられている。九州《きゅうしゅう》では大友《おおとも》・島津軍《しまづぐん》が争《あらそ》っていたが、信長《のぶなが》の命令《めいれい》で和《わ》ぼくしようとしていた。

第7番

小《こ》牧《まき》・長《なが》久《く》手《て》の戦《たたか》い

天下《てんか》をめぐる実力者《じつりょくしゃ》たちのかけ引《ひ》き

織田信長《おだのぶなが》の子《こ》・信雄《のぶかつ》は織田家《おだけ》をおしのけ
天下《てんか》をつかもうとする羽柴秀吉《はしばひでよし》をたおすため、
父《ちち》の同盟相手《どうめいあいて》だった徳川家康《とくがわいえやす》と手《て》を組《く》む。
城攻《しろぜ》め名人《めいじん》の秀吉《ひでよし》と野戦名人《やせんめいじん》の家康《いえやす》、
どちらがこの戦《たたか》いに勝利《しょうり》して
天下統一《てんかとういつ》へと進《すす》むのだろうか？

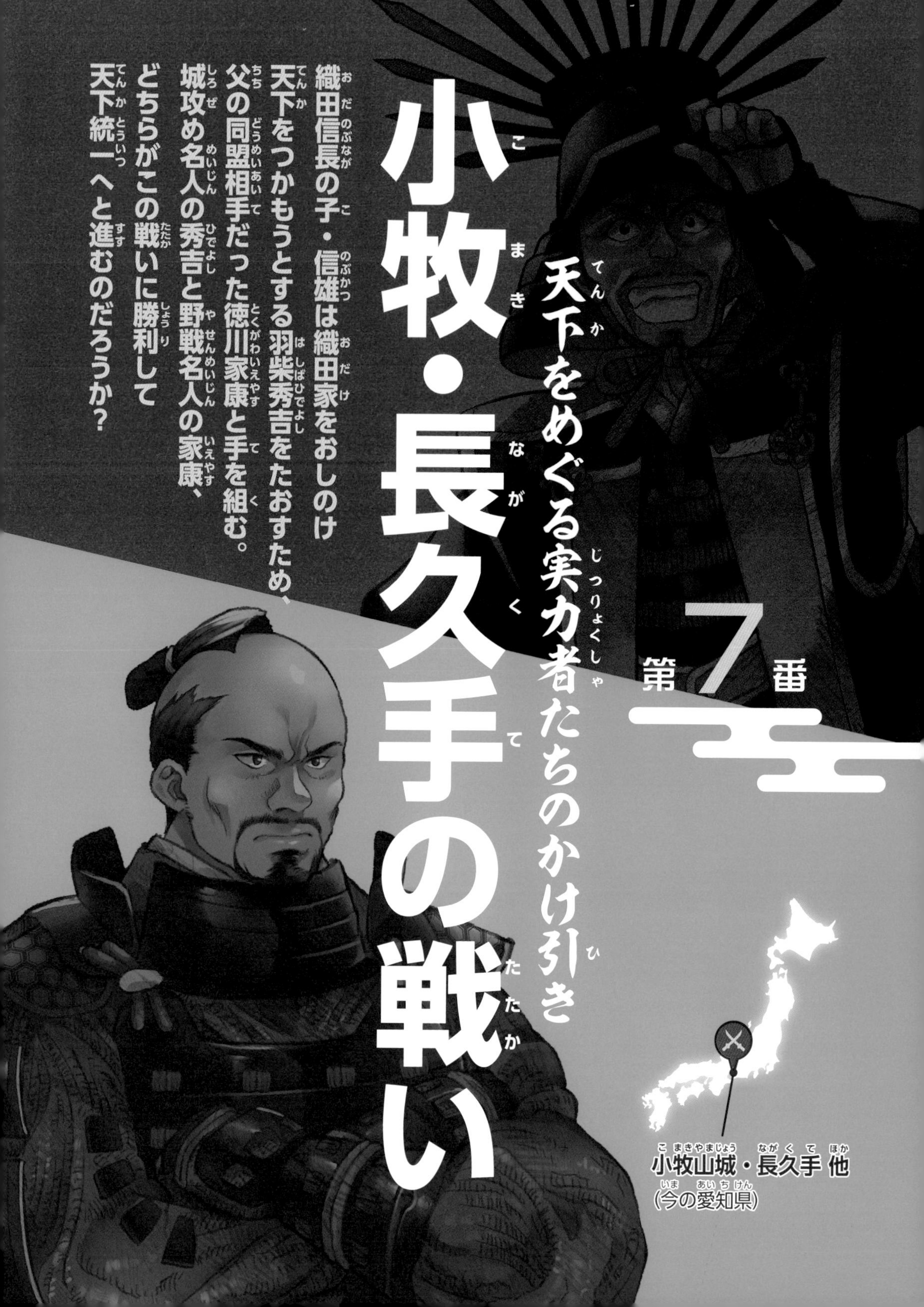

日本一《にっぽんいち》の出世人《しゅっせびと》
豊臣秀吉《とよとみひでよし》

勢《いきお》いを得《え》る秀吉《ひでよし》と、あせる信雄《のぶかつ》

山崎《やまざき》の戦《たたか》いで織田信長《おだのぶなが》のかたきを取《と》った羽柴秀吉《はしばひでよし》（後《のち》の豊臣秀吉《とよとみひでよし》）は、主君《しゅくん》が目《め》ざした天下統一《てんかとういつ》の後《あと》つぎ候補《こうほ》になった。織田家《おだけ》の今後《こんご》を決《き》める清洲会議《きよすかいぎ》で存在感《そんざいかん》を示《しめ》し、対立《たいりつ》した筆頭家老《ひっとうかろう》の柴田勝家《しばたかついえ》を賤ケ岳《しずがたけ》の戦《たたか》いで破《やぶ》った秀吉《ひでよし》は、いよいよ天下人《てんかびと》への道《みち》を本格的《ほんかくてき》に歩《あゆ》みはじめる。

「おのれ、許《ゆる》さぬぞ秀吉《ひでよし》。このわしも織田家《おだけ》もないがしろにして、わがもの顔《かお》でふるまいおって」

羽柴軍《はしばぐん》 戦力評価《せんりょくひょうか》

羽柴軍《はしばぐん》は総勢《そうぜい》10万《まん》だったという。京《きょう》や大坂《おおさか》など、日本《にほん》の中心地《ちゅうしんち》である畿内《きない》の大部分《だいぶぶん》を勢力範囲《せいりょくはんい》にしていた羽柴軍《はしばぐん》は物資《ぶっし》も豊富《ほうふ》で、複数《ふくすう》の場所《ばしょ》で、長期間《ちょうきかん》の戦闘《せんとう》が可能《かのう》であった。

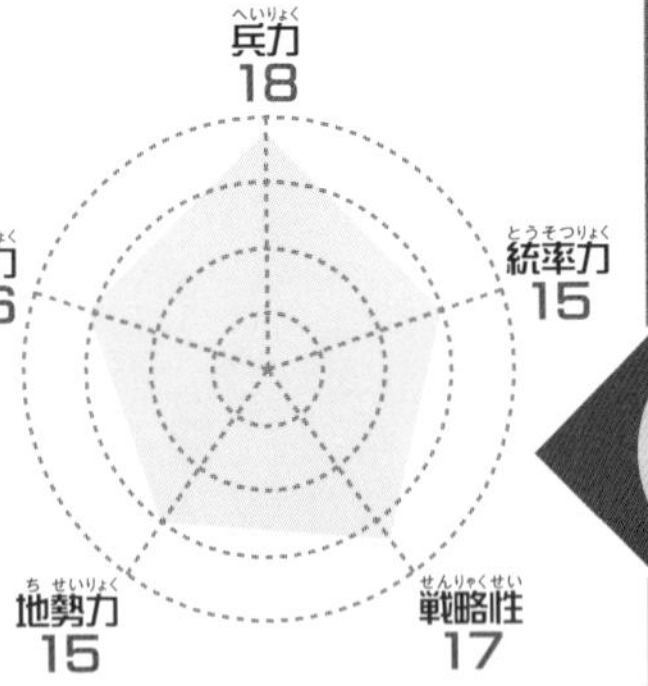

合計《ごうけい》
81

信長《のぶなが》の次男《じなん》・織田信雄《おだのぶかつ》はいかりにふるえていた。清洲会議《きよすかいぎ》が秀吉《ひでよし》の思《おも》いどおりに進《すす》んでしまい、自分《じぶん》が信長《のぶなが》の後《あと》つぎになれなかったことがおもしろくないのだ。本能寺《ほんのうじ》の変《へん》では信長《のぶなが》とともに、信長《のぶなが》の長男《ちょうなん》で信雄《のぶかつ》の兄《あに》である織田信忠《おだのぶただ》も討《う》たれていた。

「ならば、次男《じなん》のわしが父上《ちちうえ》の後《あと》をつぐのが当然《とうぜん》だろうに」

だが、信雄《のぶかつ》の意《い》に反《はん》して清洲会議《きよすかいぎ》では信長《のぶなが》の孫《まご》の三法師《さんぼうし》が後《あと》つぎに決《き》まってしまった。この三法師《さんぼうし》を会議《かいぎ》の出席者《しゅっせきしゃ》たちにすすめたのが秀吉《ひでよし》だったのだ。しかし、三法師《さんぼうし》はまだたった3歳《さい》の子《こ》どもである。秀吉《ひでよし》が三法師《さんぼうし》を自分《じぶん》の思《おも》いどおりにあやつって、織田家《おだけ》を好《す》き勝手《かって》に動《うご》かすつもりなのは火《ひ》を見《み》るより明《あき》らかだった。

(このままでは、織田家《おだけ》が秀吉《ひでよし》のものになってしまう)

織田家《おだけ》の忠臣《ちゅうしん》で筆頭家老《ひっとうかろう》だった柴田勝家《しばたかついえ》は、秀吉《ひでよし》と対立《たいりつ》したために賤ヶ岳《しずがたけ》の戦《たたか》いで討《う》たれてしまった。どんどん勢《いきお》いを増《ま》していく秀吉《ひでよし》を見《み》ていると、「次《つぎ》は自分《じぶん》が討《う》たれる番《ばん》かもしれない」という危機感《ききかん》が信雄《のぶかつ》の心《こころ》の中《なか》で大《おお》きくふくれあがる。しかし、信雄《のぶかつ》も武士《ぶし》だ。意地《いじ》にかけてそう簡単《かんたん》にくっする気《き》はない。

一方《いっぽう》、秀吉《ひでよし》はそんな信雄《のぶかつ》をうまく手《て》なづけようと、信雄《のぶかつ》の家老《かろう》である津川雄光《つがわかつみつ》・岡田重孝《おかだしげたか》・浅井長時《あざいながとき》の三人《さんにん》をこっそりと自分《じぶん》の味方《みかた》に引《ひ》きこんだ。

織田信雄《おだのぶかつ》

信長《のぶなが》の次男《じなん》。織田家《おだけ》による天下《てんか》を守《まも》るため家康《いえやす》とともに秀吉《ひでよし》と戦《たたか》うが、秀吉《ひでよし》に集中攻撃《しゅうちゅうこうげき》されたことで勝手《かって》に和《わ》ぼくしてしまう。その後《ご》は秀吉《ひでよし》に仕《つか》え、一時《いちじ》領地《りょうち》をぼっ収《しゅう》されたこともあったが、現代《げんだい》まで信長《のぶなが》の血《ち》を残《のこ》している。

家康《いえやす》と信雄《のぶかつ》が同盟《どうめい》！家康《いえやす》の真意《しんい》は果《は》たしてどこに？

『家康《いえやす》どの、どうかわしに協力《きょうりょく》してほしい。父上《ちちうえ》と同盟《どうめい》を組《く》んでいた家康《いえやす》どのだからこそ、信《しん》じてお願《ねが》いするのだ』

信雄《のぶかつ》の必死《ひっし》の願《ねが》いがしたためられた手紙《てがみ》を受《う》け取《と》った徳川家康《とくがわいえやす》は、またとないチャンスがめぐってきたとほくそ笑《え》んだ。信雄《のぶかつ》からの手紙《てがみ》には、『秀吉《ひでよし》が織田家《おだけ》をわがものにしようとたくらんでいる。そんなことは許《ゆる》せない。家康《いえやす》どのと協力《きょうりょく》してこのふとどきものを成敗《せいばい》したい』とある。

家康《いえやす》も秀吉《ひでよし》がどんどん力《ちから》をつけていくことは見《み》すごせないと感《かん》じていた。そしてひそかに、秀吉《ひでよし》が勢《いきお》いを失《うしな》えば自分《じぶん》が天下《てんか》に名乗《なの》りを上《あ》げられるとも考《かんが》えていた。

しかし、「自分《じぶん》が天下《てんか》を取《と》るために秀吉《ひでよし》をやっつける」と言《い》えば、まわりの武将《ぶしょう》たちは「なんて欲《よく》の深《ふか》いやつだ」とあきれて、協力《きょうりょく》してくれないだろう。そこで信雄《のぶかつ》の不満《ふまん》を利用《りよう》して、「織田家《おだけ》を守《まも》るために秀吉《ひでよし》をやっつける」と言《い》えば、「織田家《おだけ》のためにそこまでがんばるのか」と武将《ぶしょう》たちは感心《かんしん》して協力《きょうりょく》してくれるはずだ。

だから、家康《いえやす》にとってはチャンスなのだ。

長宗我部元親《ちょうそかべもとちか》

土佐《とさ》の小領主《しょうりょうしゅ》から四国覇《しこくは》者《しゃ》に成《な》り上《あ》がった大名《だいみょう》。小牧《こまき》・長久手《ながくて》の戦《たたか》い以降《いこう》も秀吉《ひでよし》に敵対《てきたい》しつづけたため討《とう》ばつされ（四国攻《しこくぜ》め）、土佐《とさ》1国《こく》の大名《だいみょう》に転落《てんらく》してしまう。

戦国《せんごく》の最終勝者《さいしゅうしょうしゃ》 徳川家康《とくがわいえやす》

「信雄《のぶかつ》さま、喜《よろこ》んで協力《きょうりょく》しましょう」

家康《いえやす》は信雄《のぶかつ》のためというふりをして返事《へんじ》を送《おく》った。これを受《う》け取《と》った信雄《のぶかつ》は喜《よろこ》び、秀吉《ひでよし》との敵対《てきたい》をはっきり示《しめ》すために、秀吉《ひでよし》と通《つう》じた津川雄光《つがわかつみつ》ら3家老《かろう》を処《しょ》けいした。これが小牧《こまき》・長久手《ながくて》の戦《たたか》いの開戦《かいせん》の合図《あいず》となる。信雄《のぶかつ》と家康《いえやす》は、四国《しこく》の長宗我部元親《ちょうそかべもとちか》や、鉄砲《てっぽう》が得意《とくい》な紀伊《きい》（和歌山県《わかやまけん》）の雑賀衆《さいかしゅう》と手《て》を組《く》んで秀吉包囲網《ひでよしほういもう》をつくりあげ、必勝《ひっしょう》の態勢《たいせい》を整《ととの》えた。

織田《おだ》・徳川軍《とくがわぐん》 戦力評価《せんりょくひょうか》

家康《いえやす》・信雄《のぶかつ》あわせて約《やく》3万《まん》を集《あつ》めた。徳川軍《とくがわぐん》は歴戦《れきせん》の強者《つわもの》ばかりで結束《けっそく》も強《つよ》いが、信雄《のぶかつ》の領国《りょうごく》では反乱《はんらん》が起《お》こるなど、結束《けっそく》に不安《ふあん》があった。

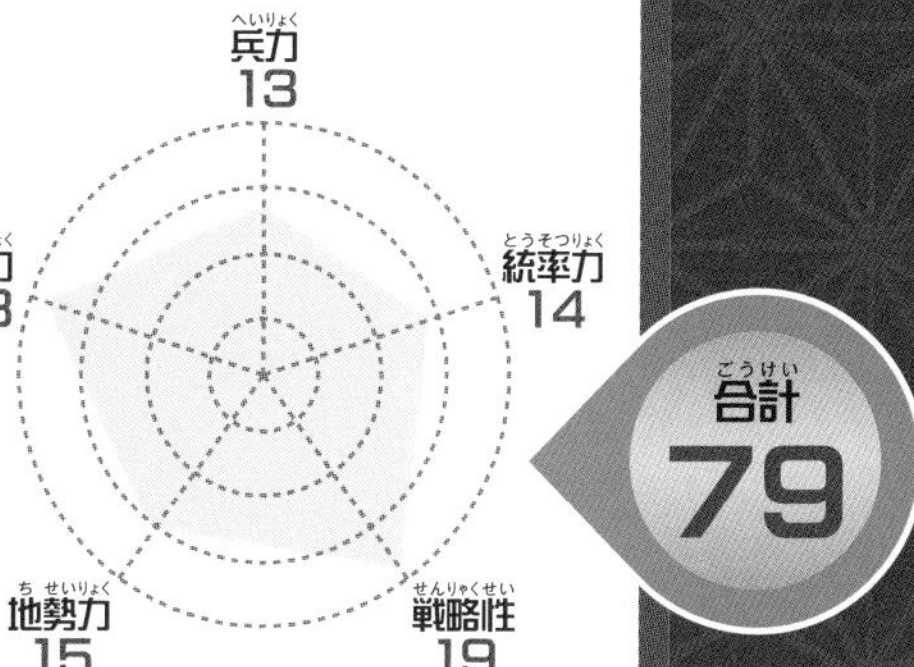

最初《さいしょ》の激《げき》とつ！ 羽黒《はぐろ》の戦《たたか》い

戦場《せんじょう》に向《む》かう家康《いえやす》には、ひとつだけ心残《こころのこ》りがあった。「信雄様《のぶかつさま》に味方《みかた》してほしい」とたのんだ池田恒興《いけだつねおき》が、秀吉《ひでよし》の味方《みかた》についてしまったのだ。

恒興《つねおき》は信長《のぶなが》の*乳母《めのと》の息子《むすこ》で、子《こ》どものころから信長《のぶなが》に仕《つか》えた重臣《じゅうしん》である。武芸《ぶげい》にもすぐれており、味方《みかた》になれば心強《こころづよ》かったのだが、秀吉《ひでよし》に「この合戦《かっせん》で勝利《しょうり》したら、尾張《おわり》（愛知県西部《あいちけんせいぶ》）一国《いっこく》を差《さ》し上《あ》げましょう」と言《い》われて、秀吉《ひでよし》を選《えら》んだという。

（恒興《つねおき》どのに苦《くる》しめられるようなことにならなければいいのだが…）

そんな家康《いえやす》の心配《しんぱい》は、現実《げんじつ》になってしまった。信雄《のぶかつ》の家臣《かしん》に守《まも》らせていた犬山城《いぬやまじょう》が、恒興《つねおき》に落《お》とされたのだ。

本格的《ほんかくてき》な合戦《かっせん》がはじまる前《まえ》からきょ点《てん》を先制《せんせい》でうばわれてしまい、家康《いえやす》は危機感《ききかん》を強《つよ》める。しかも、秀吉軍《ひでよしぐん》の兵力《へいりょく》10万《まん》に対《たい》して、信雄《のぶかつ》と家康《いえやす》の連合軍《れんごうぐん》は兵力《へいりょく》3万《まん》しかなかったのだ。

（秀吉《ひでよし》の軍《ぐん》はわが軍《ぐん》の3倍《ばい》以上《いじょう》の兵力《へいりょく》をほ

赤《あか》が羽柴軍《はしばぐん》、青《あお》が織田《おだ》・徳川軍《とくがわぐん》。池田恒興《いけだつねおき》の犬山城攻略《いぬやまじょうこうりゃく》を知《し》った家康《いえやす》は尾張《おわり》へ出陣《しゅつじん》。羽黒《はぐろ》の戦《たたか》いで周辺《しゅうへん》の安全《あんぜん》を確保《かくほ》すると小牧山城《こまきやまじょう》に入《はい》って秀吉《ひでよし》を待《ま》ち受《う》ける。そして、秀吉《ひでよし》が楽田城《がくでんじょう》に着陣《ちゃくじん》すると、両軍《りょうぐん》は砦《とりで》や支城《しじょう》などを多数《たすう》築《きず》いて防《ぼう》ぎょを固《かた》めていく。

こっている。だから、あせって犬山城《いぬやまじょう》をうばい返《かえ》そうとすれば状《じょう》きょうはさらに悪《わる》くなるだろう）

家康《いえやす》はそう冷静《れいせい》に分《ぶん》せきすると、まずは自分《じぶん》のきょ点《てん》をしっかり固《かた》めることが最優先《さいゆうせん》だと判断《はんだん》して、かつて信長《のぶなが》が住《す》んだ小牧山城《こまきやまじょう》に本陣《ほんじん》を置《お》いた。この城《しろ》を修理《しゅうり》して防《ぼう》ぎょ力《りょく》をアップし、秀吉《ひでよし》の軍《ぐん》がどう出《で》るか、しばらく様子《ようす》を見《み》ることにしたのだ。

その後《ご》、秀吉軍先《ひでよしぐんせん》けん隊《たい》の森長可《もりながよし》が、犬山城《いぬやまじょう》と小牧山城《こまきやまじょう》の中間《ちゅうかん》あたりになる羽黒《はぐろ》の地《ち》まで進軍《しんぐん》してきた。長可《ながよし》は「鬼武蔵《おにむさし》」というあだ名《な》をもつ槍《やり》の名手《めいしゅ》。恒興《つねおき》のむすめを妻《つま》にむかえており、恒興《つねおき》とは義理《ぎり》の父子《ふし》という関係《かんけい》である。

「義父上《ちちうえ》が犬山城《いぬやまじょう》を落《お》とす手《て》がらを上《あ》げたのなら、わしも後《あと》に続《つづ》かねば」

長可《ながよし》は手柄《てがら》を立《た》てようとやる気《き》まんまんだ。そんな長可《ながよし》のすがたに、家康《いえやす》はにやりと笑《わら》う。手《て》がらに目《め》がくらんでいるものほど、策略《さくりゃく》にひっかかりやすい。家康《いえやす》は重臣《じゅうしん》の酒井忠次《さかいただつぐ》や榊原康政《さかきばらやすまさ》に奇《き》しゅうを仕《し》かけさせて、長可《ながよし》をさんざんに打《う》ち破《やぶ》った。

小牧《こまき》・長久手《ながくて》の戦《たたか》いの初戦《しょせん》となる羽黒《はぐろ》の戦《たたか》いは、信雄《のぶかつ》と家康《いえやす》の連合軍《れんごうぐん》が勝利《しょうり》をおさめたのである。

＊乳母《めのと》……身分《みぶん》の高《たか》い家《いえ》で、母親《ははおや》の代《か》わりに子《こ》どもに乳《ちち》を与《あた》え育児《いくじ》を行《おこな》う女性《じょせい》。

犬山城《いぬやまじょう》は尾張《おわり》と美濃《みの》（岐阜県南部《ぎふけんなんぶ》）の国境《こっきょう》を守《まも》る城《しろ》であった。なお、城《しろ》のシンボルである天守《てんしゅ》はこのころまだ存在《そんざい》していない。

にらみあいを打《う》ち破《やぶ》るには?

初戦《しょせん》でいきなり敗北《はいぼく》したとの報告《ほうこく》を受《う》けた秀吉《ひでよし》は、大軍《たいぐん》とともに急《いそ》いで犬山《いぬやま》城《じょう》に出陣《しゅつじん》。さらに楽田城《がくでんじょう》に移動《いどう》し本陣《ほんじん》とした。雑賀衆《さいかしゅう》の動《うご》きが気《き》になって本《ほん》きょ地《ち》の大坂《おおさか》にとどまっていたが、味方《みかた》が苦戦《くせん》しているのなら助《たす》けに入《はい》るのが大《たい》将《しょう》のつとめだ。

それに対《たい》する家康《いえやす》は、小牧山城《こまきやまじょう》にこもったきり動《うご》かない。両軍《りょうぐん》は自分《じぶん》の陣地《じんち》の周囲《しゅうい》に防《ぼう》ぎょ用《よう》の砦《とりで》を築《きず》いて守《まも》りを固《かた》めた。秀吉《ひでよし》と家康《いえやす》はおたがいに強《つよ》さを認《みと》めあっているため、どちらもそれ以上《いじょう》の手出《てだ》しができなくなってしまった。

このにらみあいにしびれを切《き》らせた恒興《つねおき》が、秀吉《ひでよし》にひとつの案《あん》を語《かた》る。

「家康《いえやす》が小牧山城《こまきやまじょう》にこもっている今《いま》のうちに、家康《いえやす》の本《ほん》きょ地《ち》の三河《みかわ》（愛知県《あいちけん》東部《とうぶ》）を攻《せ》めれば、あせった家康《いえやす》をおびき出《だ》して討《う》ち取《と》れるのではないか」

それを聞《き》いた秀吉《ひでよし》は、（戦上手《いくさじょうず》の家康《いえやす》がそんなに簡単《かんたん》にはひっかからないだろう）と思《おも》ったが、おいの秀次《ひでつぐ》も恒興《つねおき》の策《さく》に協力《きょうりょく》したいと言《い》い出《だ》したので、この「三河中入《みかわなかい》り作戦《さくせん》」を許可《きょか》して出陣《しゅつじん》させた。

家康《いえやす》が本陣《ほんじん》とした小牧山城《こまきやまじょう》。元々《もともと》、織田信長《おだのぶなが》が美《み》濃攻略《のこうりゃく》のために築《きず》いた城《しろ》で、最近信長《さいきんのぶなが》時代《じだい》の石《いし》がきが見《み》つかった。家康《いえやす》はこの城《しろ》に巨大《きょだい》な堀《ほり》や土《ど》るいを設《もう》けるなどの強化《きょうか》をほどこした。

にらみあいの中《なか》、家康《いえやす》の家臣《かしん》・榊原康政《さかきばらやすまさ》は羽柴軍《はしばぐん》を動《うご》かすためちょう発文《はつぶん》を書《か》いた。その内容《ないよう》は、「秀吉《ひでよし》は低《ひく》い身分《みぶん》の生《う》まれで、信長《のぶなが》の恩《おん》で出世《しゅっせ》したのに、織田家《おだけ》にたてつく悪《わる》いヤツだ！」というもの。当然《とうぜん》、秀吉《ひでよし》はおこり、康政《やすまさ》の首《くび》を取《と》った者《もの》には恩賞《おんしょう》をあたえるという命令《めいれい》を出《だ》したらしい。

家康《いえやす》のほうが一枚上手《いちまいうわて》

三河中入《みかわなかい》り作戦《さくせん》を行《おこな》う別働隊《べつどうたい》は秀次《ひでつぐ》が大将《たいしょう》となり、恒興《つねおき》と長可《ながよし》、そして「名人久太郎《めいじんきゅうたろう》」と呼《よ》ばれた知将《ちしょう》・堀秀政《ほりひでまさ》が加《くわ》わり、こっそりと三河《みかわ》へ向《む》かった。

「長可《ながよし》よ、ここで必《かなら》ずや手《て》がらを上《あ》げるのだぞ」

「ははっ。このような機会《きかい》をつくってくださって感謝《かんしゃ》します、義父上《ちちうえ》」

恒興《つねおき》のはげましに、長可《ながよし》は力強《ちからづよ》く応《こた》える。恒興《つねおき》が中入《なかい》り作戦《さくせん》を提案《ていあん》したのは、長可《ながよし》に手《て》がらを上《あ》げるチャンスをもう一度《いちど》あたえたかったからでもあるのだ。

しかし、この作戦《さくせん》はとうのむかしに家康《いえやす》につつぬけだった。なぜなら、家康《いえやす》は忍者《にんじゃ》を家臣《かしん》にしており、秀吉《ひでよし》がわの情報《じょうほう》をずっと集《あつ》めていたからだ。

「残念《ざんねん》だったな恒興《つねおき》どの。わしに味方《みかた》しなかったことを後悔《こうかい》させてやろう」

家康《いえやす》は、別働隊《べつどうたい》が通《とお》る長久手方面《ながくてほうめん》の進軍路《しんぐんろ》に榊原康政《さかきばらやすまさ》を先回《さきまわ》りさせて、自分《じぶん》も後《あと》から小牧山城《こまきやまじょう》を出陣《しゅつじん》すると、秀次《ひでつぐ》をはさみ討《う》ちにして敗走《はいそう》させた。さらに必死《ひっし》に反撃《はんげき》する堀秀政《ほりひでまさ》も退《たい》きゃくさせると、いよいよ恒興《つねおき》と長可《ながよし》におそいかかる。先《さき》に進軍《しんぐん》して岩崎城《いわさきじょう》などを落《お》としていた恒興《つねおき》と長可《ながよし》は、気《き》づけば戦場《せんじょう》に取《と》り残《のこ》されたかたちになってしまっていた。

「こうとなれば、わしと長可《ながよし》で家康《いえやす》をほうむるまでよ。行《い》くぞ、長可《ながよし》」

「承知《しょうち》しました、義父上《ちちうえ》」

恒興《つねおき》と長可《ながよし》は全力《ぜんりょく》で戦《たたか》った。しかし、もはや状《じょう》きょうはくつがえらなかった。

ざんねん

長可《ながよし》の遺言状《ゆいごんじょう》

小牧《こまき》・長久手《ながくて》の戦《たたか》いのさなか、長可《ながよし》は死《し》を覚《かく》ごしていたのか遺言状《ゆいごんじょう》を書《か》いている。その内容《ないよう》は「遺品《いひん》の茶器《ちゃき》で良《よ》いものは秀吉《ひでよし》におくること」「居城金山《きょじょうかねやま》城《じょう》は重要《じゅうよう》きょ点《てん》なので、まだ未熟《みじゅく》な弟《おとうと》（森忠政《もりただまさ》）にはつがせるな」など、秀吉《ひでよし》や森家《もりけ》の今後《こんご》について細《こま》かい部分《ぶぶん》まで気配《きくば》りをしている。

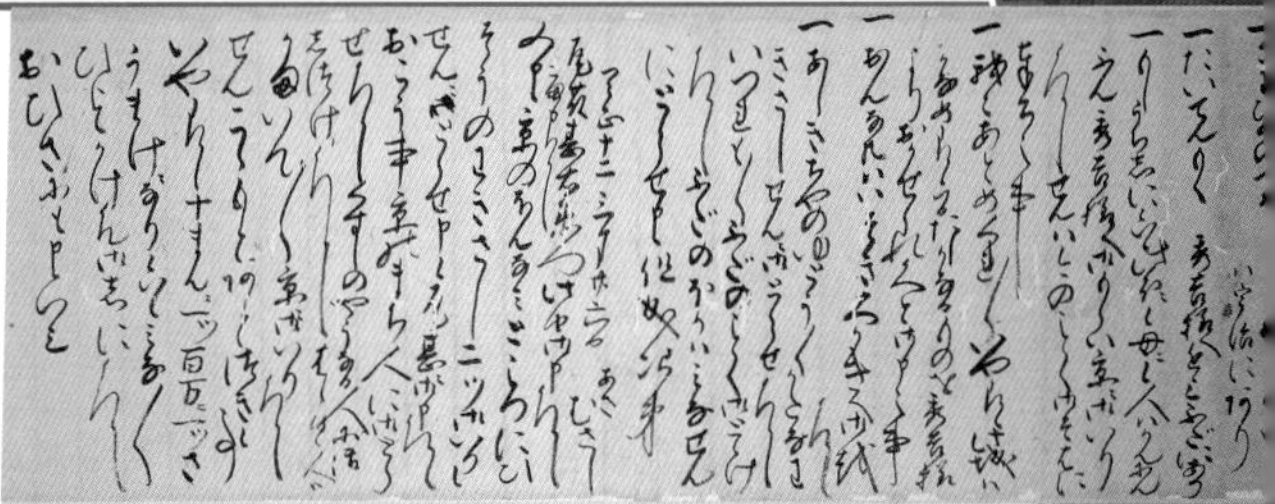

長可《ながよし》の遺言状《ゆいごんじょう》（名古屋市博物館蔵《なごやしはくぶつかんぞう》）。

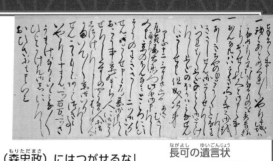

恒興《つねおき》は切《き》り伏《ふ》せられ、長可《ながよし》は徳《とく》川軍《がわぐん》の銃弾《じゅうだん》を浴《あ》びて討《う》ち死《じ》にする。長可《ながよし》は「死《し》を覚《かく》ごしている」という意味《いみ》の白装束《しろしょうぞく》を着《き》て戦《たたか》っていたが、本当《ほんとう》に命《いのち》を落《お》としてしまった。

一方《いっぽう》、命《いのち》からがらにげ帰《かえ》った秀次《ひでつぐ》は、秀吉《ひでよし》に「大《おお》ばかもの」としかられていた。

「申《もう》し訳《わけ》ありませんおじ上《うえ》。どうかお許《ゆる》しください」

平謝《ひらあやま》りする秀次《ひでつぐ》を見下《みお》ろして、秀吉《ひでよし》は次《つぎ》の一手《いって》を考《かんが》える。

（やはり家康《いえやす》と正面《しょうめん》から戦《たたか》って勝《か》つのは難《むずか》しいか……）

『長久手合戦図屏風《ながくてかっせんずびょうぶ》』にえがかれた鉄砲《てっぽう》にうたれる森隊《もりたい》と森長可《もりながよし》。左《ひだり》はしでたおれている白《しろ》いよろいの人物《じんぶつ》（赤丸《あかまる》）が長可《ながよし》である（犬山城白帝文庫蔵《いぬやまじょうはくていぶんこぞう》）。

長久手《ながくて》の戦《たたか》いが起《お》こった現場《げんば》は、現在《げんざい》古戦場公園《こせんじょうこうえん》となっている。公園内《こうえんない》や周辺《しゅうへん》には陣《じん》あとの碑《ひ》や戦死者《せんししゃ》の供養碑《くようひ》などが点在《てんざい》している。

戦《たたか》う意味《いみ》をうばわれた家康《いえやす》

「家康《いえやす》が思《おも》いどおりにならないのならば、信雄《のぶかつ》をゆさぶればいい」

秀吉《ひでよし》は攻撃《こうげき》のターゲットを信雄《のぶかつ》に変《か》えることに決《き》めた。

（信雄《のぶかつ》は織田《おだ》の血筋《ちすじ》というプライドばかりが高《たか》く、わがままなくせにおく病《びょう》だ）

これが秀吉《ひでよし》の正直《しょうじき》な信雄《のぶかつ》の評価《ひょうか》である。信雄《のぶかつ》なら、少《すこ》しこわがらせただけで、すぐに秀吉《ひでよし》の思《おも》いどおりになるだろう。それに家康《いえやす》は、信雄《のぶかつ》を助《たす》けるという言《い》い分《ぶん》でこの合戦《かっせん》に参加《さんか》している。つまり、信雄《のぶかつ》が合戦《かっせん》をやめたら家康《いえやす》が戦《たたか》う理由《りゆう》はなくなってしまうのだ。

（まあ、家康《いえやす》が本当《ほんとう》に信雄《のぶかつ》を助《たす》けるつもりで参戦《さんせん》しているわけではないことくらい、わかっているけどな……）

秀吉《ひでよし》は家康《いえやす》が心《こころ》に秘《ひ》めた天下《てんか》への野望《やぼう》に気《き》づいている。そしてそれは自分《じぶん》と同《おな》じものだ。だからこそ、ゆずるわけにはいかない。天下人《てんかびと》は一人《ひとり》でいい。

秀吉《ひでよし》は信雄《のぶかつ》の領地《りょうち》・伊勢《いせ》（三重県《みえけん》）に堀秀政《ほりひでまさ》や名将《めいしょう》と名高《なだか》い蒲生氏郷《がもううじさと》を送《おく》り

（写真上《しゃしんうえ》）羽柴軍《はしばぐん》と織田《おだ》・徳川軍《とくがわぐん》がうばいあった尾張《おわり》の蟹江城《かにえじょう》。清洲城《きよすじょう》と信雄《のぶかつ》の本《ほん》きょ地《ち》・長島城《ながしまじょう》をつなぐ中間《ちゅうかん》きょ点《てん》だったため、羽柴軍《はしばぐん》にうばわれたが、信雄《のぶかつ》と家康《いえやす》がかけつけうばい返《かえ》した。

（写真左《しゃしんひだり》）小牧《こまき》・長久手《ながくて》の戦《たたか》いで信雄《のぶかつ》を臣従《しんじゅう》させた秀吉《ひでよし》は、天下統一《てんかとういつ》を進《すす》めるため四国《しこく》の長宗我部元親《ちょうそかべもとちか》を攻《せ》め、降伏《こうふく》させた。写真《しゃしん》は激戦《げきせん》の舞台《ぶたい》となった一宮城《いちのみやじょう》。

こみ、城《しろ》をどんどん落《お》とさせた。

「ひいい、なんということだ。秀吉《ひでよし》の軍《ぐん》がわしの領地《りょうち》で暴《あば》れておる」

伝令《でんれい》の報告《ほうこく》を聞《き》いた信雄《のぶかつ》はおどろき、ふるえた。信雄《のぶかつ》の重臣《じゅうしん》・木造具政《こづくりともまさ》が守《まも》る戸木城《へきじょう》も攻《せ》め取《と》られたという。どうすればいいのかとあせり、おびえる信雄《のぶかつ》のもとに、秀吉《ひでよし》からの手紙《てがみ》が届《とど》いた。そこには、『信雄《のぶかつ》さま、和《わ》ぼくいたしましょう』とある。信雄《のぶかつ》はこのすすめをすぐに受《う》け入《い》れた。家康《いえやす》に相談《そうだん》もなく、かってに合戦《かっせん》をやめてしまったのだ。

これを事後報告《じごほうこく》で聞《き》いた家康《いえやす》は、大変《たいへん》なショックを受《う》けた。しかし、和《わ》ぼくは決《き》まってしまったのだから、家康《いえやす》はてっ退《たい》するしかない。

(これで天下《てんか》は秀吉《ひでよし》のものになってしまう。なんと、くやしい……)

陣《じん》を引《ひ》きはらいながら、家康《いえやす》はふるえるこぶしをにぎりしめた。

その後《ご》、家康《いえやす》は正式《せいしき》に秀吉《ひでよし》の家臣《かしん》となり、秀吉《ひでよし》は四《し》国《こく》・九州《きゅうしゅう》・関東《かんとう》を平定《へいてい》して、ただ一人《ひとり》の天下人《てんかびと》にのぼりつめたのだった。

秀吉《ひでよし》の天下統一《てんかとういつ》総仕上《そうしあ》げの舞台《ぶたい》となった小田原城《おだわらじょう》。
城下町全体《じょうかまちぜんたい》を堀《ほり》でかこんだ難攻不落《なんこうふらく》の城《しろ》だったが、
秀吉《ひでよし》は20万《まん》をこえる大軍《たいぐん》で包囲《ほうい》し降伏《こうふく》させた。

家康《いえやす》を従《したが》わせた秀吉《ひでよし》の政治力《せいじりょく》

戦《いくさ》で勝《か》てなきゃ政治《せいじ》で勝《か》つ！

10万《まん》もの大軍《たいぐん》を率《ひき》いながら、家康《いえやす》に勝《か》てなかった秀吉《ひでよし》。有利《ゆうり》な条件《じょうけん》で和《わ》ぼくを取《と》りつけたが、家康《いえやす》の軍団《ぐんだん》は無傷《むきず》のまま。どうにか臣従《しんじゅう》させなければ、天下統一《てんかとういつ》は不可能《ふかのう》だ。そこで秀吉《ひでよし》は自分《じぶん》の強《つよ》みである交《こう》しょう力《りょく》・政治力《せいじりょく》を生《い》かした家康臣従作戦《いえやすしんじゅうさくせん》を開始《かいし》する。

まず秀吉《ひでよし》がやったのは、朝廷《ちょうてい》を味方《みかた》につけることだった。天皇《てんのう》の代《か》わりに政治《せいじ》を行《おこな》う「関白《かんぱく》」となり、家康《いえやす》をふくむ全国《ぜんこく》の大名《だいみょう》に命令《めいれい》する大義名分《たいぎめいぶん》を得《え》たのだ。さっそく、秀吉《ひでよし》は家康《いえやす》に「息子《むすこ》を人質《ひとじち》によこせ」と命令《めいれい》したが、家康《いえやす》は無視《むし》。

おどすだけではダメだ、と感《かん》じた秀吉《ひでよし》は自分《じぶん》の妹《いもうと》を家康《いえやす》と結《けっ》こんさせた。「今後《こんご》は義兄弟《ぎきょうだい》として仲良《なかよ》くしよう」というアピールである。さらに、母親《ははおや》まで人質《ひとじち》として家康《いえやす》にあずけると、さすがの家康《いえやす》も根負《こんま》け。秀吉《ひでよし》に臣従《しんじゅう》することを決《き》めたのだった。

家康臣従《いえやすしんじゅう》に利用《りよう》された母《はは》と妹《いもうと》

秀吉《ひでよし》の母《はは》・大政所《おおまんどころ》。息子《むすこ》・秀吉《ひでよし》の出世《しゅっせ》により庶民《しょみん》から従一位《じゅいちい》という高《たか》い位《くらい》に登《のぼ》った。秀吉《ひでよし》は大政所《おおまんどころ》をとても大切《たいせつ》にしており、亡《な》くなった時《とき》には気絶《きぜつ》するほど悲《かな》しんだという（東京大学史料編纂所蔵《とうきょうだいがくしりょうへんさんしょぞう》／模写《もしゃ》）。

秀吉《ひでよし》の妹《いもうと》・朝日姫《あさひひめ》。別《べつ》の人《ひと》にとついでいたが、家康《いえやす》との結《けっ》こんにあたって離《り》こんさせられた。結《けっ》こんの数年《すうねん》後《ご》に京《きょう》へうつり、そのまま病気《びょうき》で世《よ》を去《さ》った（東京大学史料編纂所蔵《とうきょうだいがくしりょうへんさんしょぞう》／模写《もしゃ》）。

第8番 人取橋《ひととりばし》の戦《たたか》い

大軍《たいぐん》の攻撃《こうげき》を忠臣《ちゅうしん》たちと切《き》りぬけろ！

父《ちち》をうばわれいかりに燃《も》える政宗《まさむね》は
かたきである畠山家《はたけやまけ》をほろぼそうとする。
ところが、政宗《まさむね》を敵視《てきし》する佐竹義重《さたけよししげ》らが
大軍《たいぐん》で畠山軍《はたけやまぐん》の救援《きゅうえん》にかけつけた。
一転《いってん》、ピンチにおちいった政宗《まさむね》は
無事《ぶじ》に切《き》りぬけることができるのか!?

二本松城《にほんまつじょう》・人取橋《ひととりばし》 他《ほか》
（今《いま》の福島県《ふくしまけん》）

事件発生《じけんはっせい》！
父《ちち》をさらわれた政宗《まさむね》はどうする!?

西国《さいごく》で豊臣秀吉《とよとみひでよし》が天下《てんか》統一《とういつ》に向《む》けて大《おお》きく動《うご》き始《はじ》めていたころ、東北地方《とうほくちほう》では、まだ伊達《だて》、畠山《はたけやま》、蘆名《あしな》などの有力大名《ゆうりょくだいみょう》による争《あらそ》いが続《つづ》いていた。

そんな中《なか》、伊達家《だてけ》の新当主《しんとうしゅ》となったのは、18歳《さい》の若武者《わかむしゃ》・伊達《だて》政宗《まさむね》だ。家《いえ》をついだ翌年《よくとし》、政宗《まさむね》は自分《じぶん》に臣従《しんじゅう》するという約束《やくそく》をやぶった大内定綱《おおうちさだつな》を討《う》つため、定綱《さだつな》の治《おさ》める小手森城《おでもりじょう》へ出兵《しゅっぺい》する。政宗《まさむね》はこの時《とき》、兵《へい》だけでなく女子《おんなこ》どももふくめ8百名余《ぴゃくめいあま》りをみな殺《ごろ》しにした。これは「小手森城《おでもりじょう》のなで斬《き》り」とおそれられ、伊達政宗《だてまさむね》の名前《なまえ》は東北地方中《とうほくちほうじゅう》に広《ひろ》がることとなる。付近《ふきん》の小領主《しょうりょうしゅ》の中《なか》には、政宗《まさむね》の強《つよ》さをおそれて臣従《しんじゅう》する者《もの》も現《あらわ》れるようになった。

「畠山《はたけやま》どのが参《まい》られました」

そう声《こえ》をかけられたのは息子《むすこ》に当主《とうしゅ》の座《ざ》をゆずり、いん居生活《きょせいかつ》に入《はい》っていた伊達輝宗《だててるむね》だ。なで斬《き》り事件《じけん》におどろいた二本松城城主《にほんまつじょうじょうしゅ》、畠山義継《はたけやまよしつぐ》が伊達家《だてけ》との和《わ》ぼくに現《あらわ》れたのは先日《せんじつ》のこと。その交《こう》しょうを取《と》り持《も》ったのが輝宗《てるむね》だった。

「このたびは、輝宗《てるむね》どののおかげで無事《ぶじ》に和《わ》ぼくが成立《せいりつ》いたしました」

戦前《せんぜん》につくられた政宗《まさむね》の初代《しょだい》銅像《どうぞう》。うっすらとだが、右目《みぎめ》が入《い》れられている。

あっぱれ

政宗《まさむね》の右目《みぎめ》

政宗《まさむね》は幼《おさな》いころに疱瘡《ほうそう》（天然痘《てんねんとう》）にかかり、右目《みぎめ》を失明《しつめい》している。そのため、引《ひき》っこみ思案《じあん》な性格《せいかく》になってしまったが、片倉小十郎《かたくらこじゅうろう》など忠臣《ちゅうしん》の支《ささ》えでりっぱな若武者《わかむしゃ》に育《そだ》ったという。しかし、親《おや》からもらった目《め》を失《うしな》ったことは生《しょう》がい気《き》にしていたようで、かれのしょう像画《ぞうが》や木像《もくぞう》には右目《みぎめ》があるようにえがかれている物《もの》もある。

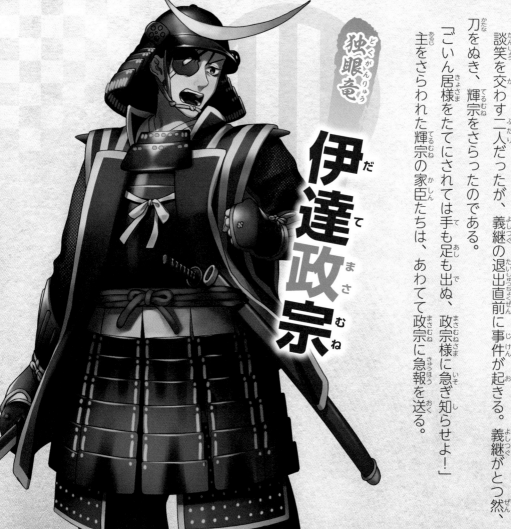

独眼竜《どくがんりゅう》

伊《だ》達《て》政《まさ》宗《むね》

「いやいや、なんの。義継《よしつぐ》どのには世話《せわ》になりましたのでな」

談笑《だんしょう》を交《か》わす二人《ふたり》だったが、義継《よしつぐ》の退出直前《たいしゅつちょくぜん》に事件《じけん》が起《お》きる。義継《よしつぐ》がとつ然《ぜん》、刀《かたな》をぬき、輝宗《てるむね》をさらったのである。

「ごいん居様《きょさま》をたてにされては手《て》も足《あし》も出《で》ぬ、政宗様《まさむねさま》に急《いそ》ぎ知《し》らせよ！」

主《あるじ》をさらわれた輝宗《てるむね》の家臣《かしん》たちは、あわてて政宗《まさむね》に急報《きゅうほう》を送《おく》る。

伊達軍《だてぐん》 戦力評価《せんりょくひょうか》

人取橋《ひととりばし》の決戦時《けっせんじ》の兵力《へいりょく》は約《やく》7千《せん》。数《かず》は敵《てき》の4分《ふん》の1以下《いか》だが、伊達家《だてけ》にはいざとなれば自分《じぶん》が身代《みが》わりになってでも政宗《まさむね》を守《まも》るという、忠義者《ちゅうぎもの》の家臣《かしん》がたくさんいる。

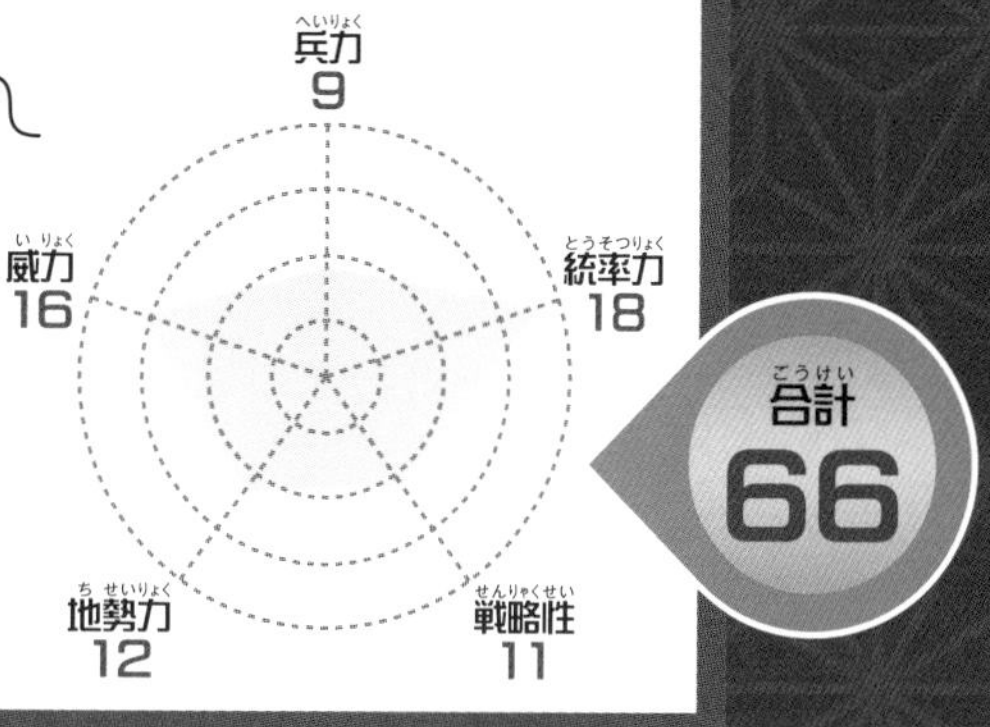

父《ちち》のとむらい合戦《がっせん》

政宗《まさむね》がかけつけた時《とき》、輝宗《てるむね》はすでに二本松城《にほんまつじょう》の間近《まぢか》だった。息子《むすこ》の姿《すがた》を見《み》た輝宗《てるむね》は足《あし》を引《ひ》っ張《ぱ》るわけにはいかないと、覚《かく》ごを決《き》める。

「政宗《まさむね》、父《ちち》に構《かま》わず撃《う》て！」

政宗《まさむね》はためらうが、それ以外《いがい》の方法《ほうほう》はない。父《ちち》を見《み》つめうなずくと、全軍《ぜんぐん》に命令《めいれい》を下《くだ》した。

「……撃《う》て。父上《ちちうえ》ごと畠山《はたけやま》を撃《う》ちぬけ！」

政宗軍《まさむねぐん》から放《はな》たれた鉄砲《てっぽう》の弾《たま》は輝宗《てるむね》ごと義継《よしつぐ》をつらぬいた。

事件《じけん》のあと政宗《まさむね》は兵《へい》を集《あつ》めて城《しろ》へともどり、父《ちち》の葬儀《そうぎ》を行《おこな》った。

「なぜ畠山《はたけやま》は裏切《うらぎ》るようなまねをしたのだ！」

と、家臣《かしん》たちはおどろいたり、なげいたり。しかし一番《いちばん》くやしい思《おも》いをしていたのは、父《ちち》を自分《じぶん》の手《て》で殺《ころ》すことになってしまった政宗《まさむね》だろう。

「義継《よしつぐ》め。一度《いちど》和《わ》ぼくしておいて裏切《うらぎ》るとは…」

政宗《まさむね》が義継《よしつぐ》に出《だ》した和《わ》ぼくの条件《じょうけん》は、義継《よしつぐ》のもつ領地《りょうち》の大半《たいはん》と人質《ひとじち》を差《さ》し出《だ》すという、少《すこ》し厳《きび》しいものだった。義継《よしつぐ》はこの条件《じょうけん》を受《う》け入《い》れ政宗《まさむね》と和《わ》ぼくしたが、内心《ないしん》では納得《なっとく》していなかったのだ。また「政宗《まさむね》が義継《よしつぐ》を殺《ころ》そうとしている」といううわさを信《しん》じた義継《よしつぐ》が、先手《せんて》を打《う》とうとして起《お》こした行動《こうどう》だった、

輝宗《てるむね》がさらわれた時《とき》、政宗《まさむね》は鷹狩《たかが》りに行《い》っていた。輝宗《てるむね》の最期《さいご》は諸《しょ》説《せつ》あり、追《お》いつめられた畠山義継《はたけやまよしつぐ》が殺《ころ》した、政宗自《まさむねみずか》ら手《て》を下《くだ》したなどの説《せつ》もある。

ともいわれている。

輝宗《てるむね》の葬儀《そうぎ》を済《す》ませた政宗《まさむね》は、悲《かな》しみをこらえ家臣《かしん》に向《む》かってさけぶ。

「義継《よしつぐ》はたおしたが、それだけで許《ゆる》せるはずがない。父《ちち》のかたきを討《う》つために、畠山《はたけやま》の居城《きょじょう》、二本松城《にほんまつじょう》を落《お》とす！　とむらい合戦《がっせん》だ！」

伊達軍《だてぐん》は勢《いきお》いづいた。その一方《いっぽう》、二本松城《にほんまつじょう》も大《おお》さわぎになっていた。

「伊達《だて》が兵《へい》を率《ひき》いておそってきます。国王丸様《くにおうまるさま》、ご命令《めいれい》を！」

殺《ころ》された義継《よしつぐ》の後《あと》つぎは、たった12歳《さい》の国王丸《くにおうまる》だ。命令《めいれい》と言《い》われても動《うご》けるはずもない。そこで家臣《かしん》は幼《おさな》い城主《じょうしゅ》を守《まも》るため、知《ち》えをしぼることになる。

「幸《さいわ》い、この城《しろ》は守《まも》りがかたい。ひとまずはろう城《じょう》が上策《じょうさく》です」

やがて、二本松城《にほんまつじょう》を伊達軍《だてぐん》７千《せん》の兵《へい》が包囲《ほうい》する。しかし、閉《と》じられた門《もん》を前《まえ》に、伊達軍《だてぐん》は手《て》も足《あし》もでない。さらに運《うん》の悪《わる》いことに、雪《ゆき》まで降《ふ》り始《はじ》めた。この雪《ゆき》は数日《すうじつ》降《ふ》り続《つづ》いた、と記録《きろく》に残《のこ》っている。

「との、この雪《ゆき》のひどさでは戦《たたか》えません」

「仕方《しかた》あるまい、雪《ゆき》が止《や》むまでは休戦《きゅうせん》じゃ」

いかりに燃《も》える政宗《まさむね》だが自然《しぜん》には逆《さか》らえない。いったん、本陣《ほんじん》まで兵《へい》を引《ひ》くことになった。その様子《ようす》を見《み》た畠山《はたけやま》の軍《ぐん》はある決断《けつだん》をする。

「国王丸様《くにおうまるさま》、このすきに援軍《えんぐん》をたのみましょう」

かれらは夜《よる》の間《あいだ》、伊達軍《だてぐん》に見《み》つからないよう使者《ししゃ》を放《はな》った。それは東北《とうほく》の有力大名《ゆうりょくだいみょう》、佐竹義重《さたけよししげ》らへ向《む》けて援軍《えんぐん》をたのむ使者《ししゃ》だった。

人取橋《ひととりばし》の戦《たたか》い後《ご》、国王丸《くにおうまる》は蘆名家《あしなけ》にのがれ、二本松城《にほんまつじょう》は伊達家《だてけ》に明《あ》けわたされた。江戸《えど》時代《じだい》になると、石《いし》がきの城《しろ》に大改修《だいかいしゅう》されたため、今《いま》では畠山家時代《はたけやまけじだい》の姿《すがた》を見《み》ることはできない。

二本松城《にほんまつじょう》に集結《しゅうけつ》する反政宗連合軍《はんまさむねれんごうぐん》

「なに、伊達《だて》の若造《わかぞう》が畠山《はたけやま》の城《しろ》を攻《せ》めているだと？」

二本松城《にほんまつじょう》から来《き》た使者《ししゃ》の話《はなし》を聞《き》いた佐竹義重《さたけよししげ》は、目《め》を丸《まる》くしておどろいた。

「今《いま》は雪《ゆき》で兵《へい》を引《ひ》いておりますが、雪《ゆき》が止《や》めば再《ふた》び進軍《しんぐん》してきます。このままでは小手森城《おでもりじょう》以上《いじょう》のひ害《がい》となることは、目《め》に見《み》えております」

主《あるじ》を救《すく》うため、使者《ししゃ》は義重《よししげ》に必死《ひっし》にうったえる。

「援軍《えんぐん》を出《だ》すべきかどうか、みなの意見《いけん》はどうだ」

「との、政宗《まさむね》はあまりに非道《ひどう》。ここは援軍《えんぐん》を出《だ》しましょう」

義重《よししげ》は家臣《かしん》の意見《いけん》を聞《き》いて満足《まんぞく》そうにうなずいた。

かれが畠山《はたけやま》に手《て》を貸《か》すことを決《き》めたのは、畠山《はたけやま》を助《たす》けるためだけではない。この時代《じだい》の東北地方《とうほくちほう》は、多《おお》くの有力大名《ゆうりょくだいみょう》たちが競《きそ》いあっていた。だからこそ政宗《まさむね》は「なで斬《き》り」で自分《じぶん》の力《ちから》を他《ほか》の大名《だいみょう》に見《み》せつけたのだ。今《いま》、勢《いきお》いがある伊達《だて》をつぶすことができれば、佐竹《さたけ》が東北《とうほく》の実力者《じつりょくしゃ》となれる。

（それに二本松城《にほんまつじょう》の領地《りょうち》には東北《とうほく》と関東《かんとう》をつなげる街道《かいどう》がある。ここを取《と》られては伊達《だて》の勢力《せいりょく》がさらに強大《きょうだい》になってしまう……）

義重《よししげ》は伊達《だて》の力《ちから》をつぶすために出兵《しゅっぺい》を決意《けつい》したのだ。

そう決《き》めたのは佐竹《さたけ》だけではない。会津《あいづ》の蘆名亀王丸《あしなかめおうまる》や、岩城常《いわきつね》

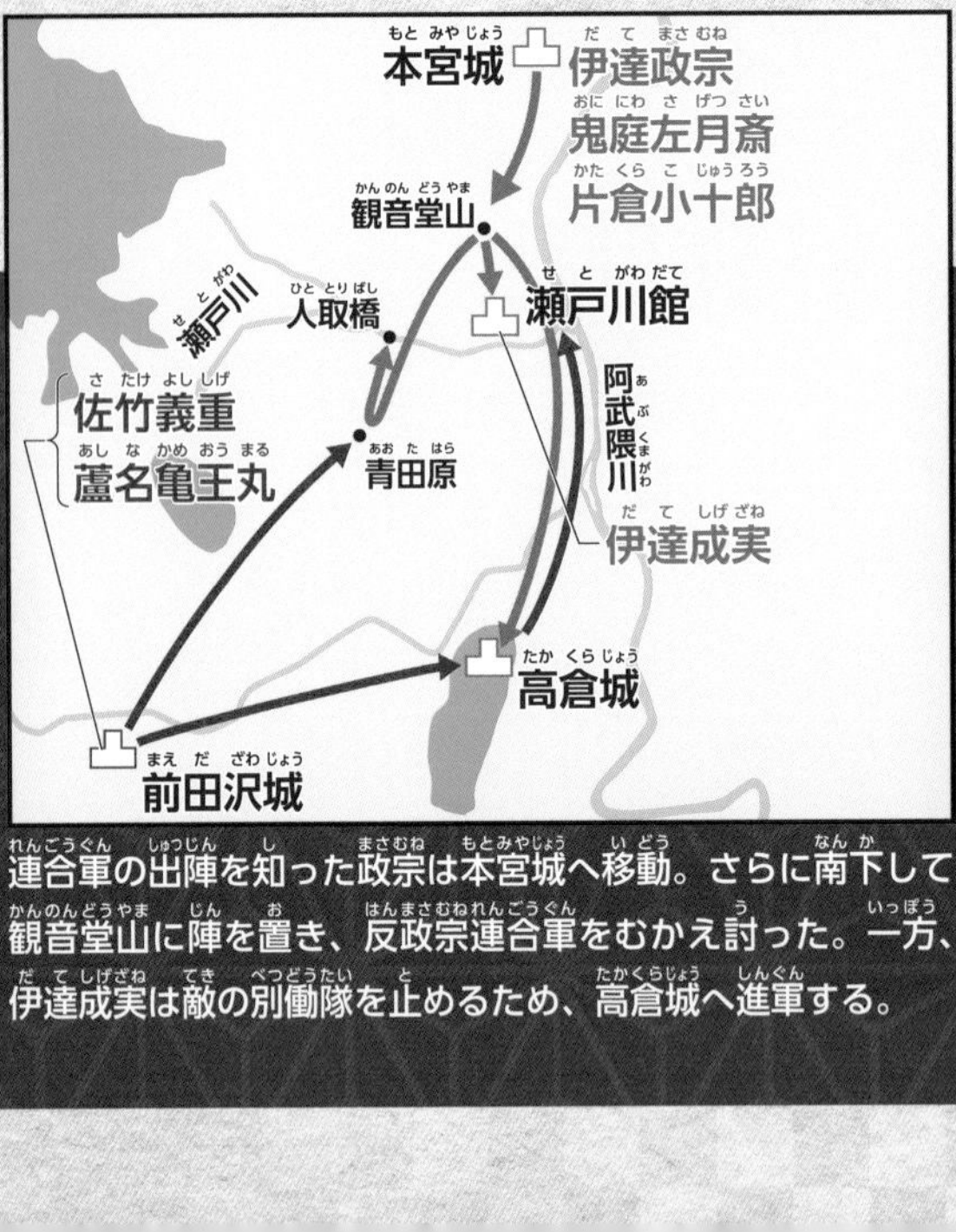

連合軍《れんごうぐん》の出陣《しゅつじん》を知《し》った政宗《まさむね》は本宮城《もとみやじょう》へ移動《いどう》。さらに南下《なんか》して観音堂山《かんのんどうやま》に陣《じん》を置《お》き、反政宗連合軍《はんまさむねれんごうぐん》をむかえ討《う》った。一方《いっぽう》、伊達成実《だてしげざね》は敵《てき》の別働隊《べつどうたい》を止《と》めるため、高倉城《たかくらじょう》へ進軍《しんぐん》する。

坂《ばん》東《どう》太《た》郎《ろう》

佐《さ》竹《たけ》義《よし》重《しげ》

隆《たか》、石川昭光《いしかわあきみつ》など南奥州《みなみおうしゅう》の有力大名《ゆうりょくだいみょう》たちも一致団結《いっちだんけつ》。政宗《まさむね》をたおすべく立《た》ち上《あ》がったのである。その数《かず》、なんと3万《まん》。かれらは用意《ようい》を整《ととの》えると、続々《ぞくぞく》と出兵《しゅっぺい》を開始《かいし》した。

「国王丸様《くにおうまるさま》、佐竹《さたけ》どのだけでなく、蘆名軍《あしなぐん》など南奥州《みなみおうしゅう》の領主《りょうしゅ》たちも救援《きゅうえん》に来《く》るそうです！」

畠山家臣《はたけやまかしん》は援軍《えんぐん》の出陣《しゅつじん》を知《し》り喜《よろこ》びあう。この援軍《えんぐん》によって、東北《とうほく》の歴史《れきし》に残《のこ》る戦《たたか》いの幕《まく》が開《あ》くことになった。

佐竹軍《さたけぐん》 戦力評価《せんりょくひょうか》

南奥州各地《みなみおうしゅうかくち》から3万《まん》の大軍《たいぐん》が集《あつ》まった。佐竹義重《さたけよししげ》を中心《ちゅうしん》に「打《だ》とう政宗《まさむね》」で団結《だんけつ》しているため士気《しき》も高《たか》いが、主力《しゅりょく》の佐竹軍《さたけぐん》は、留守《るす》にしている本《ほん》きょ地《ち》が気《き》がかりなようだ。

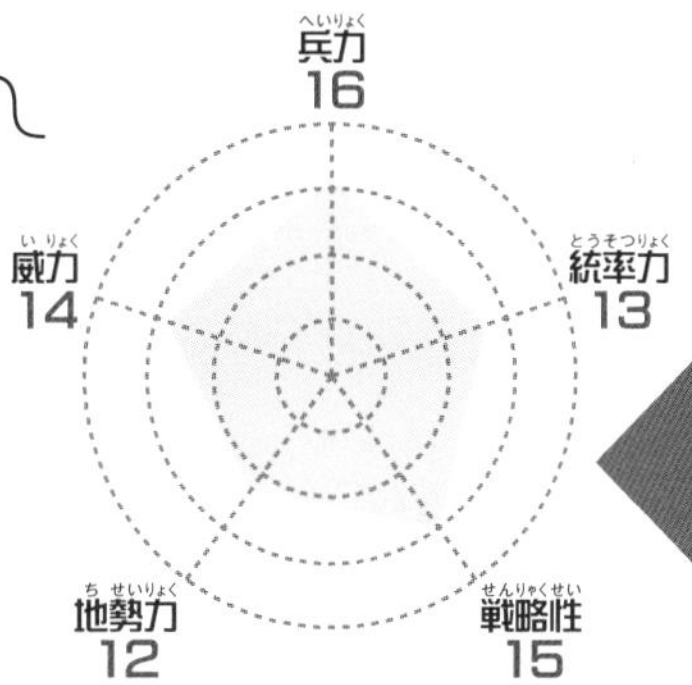

合計《ごうけい》 70

圧《あっ》とう的《てき》大軍《たいぐん》を前《まえ》に絶体絶命《ぜったいぜつめい》の政宗《まさむね》

「援軍《えんぐん》が来《き》ただと？」

二本松城《にほんまつじょう》へ向《む》かっていた政宗《まさむね》は、急報《きゅうほう》におどろいて声《こえ》をあげた。

「佐竹《さたけ》に蘆名《あしな》……人《ひと》のとむらい合戦《がっせん》に口《くち》を出《だ》してくるとは！」

この時《とき》、援軍《えんぐん》に現《あらわ》れたのは佐竹軍《さたけぐん》1万《まん》、蘆名軍《あしなぐん》1万《まん》、さらにその他《た》の連合軍《れんごうぐん》が1万《まん》というわさ。伊達軍《だてぐん》の4倍《ばい》の兵力《へいりょく》だ。

「さすがに数《かず》が多《おお》いな。……いや、しょせん連合軍《れんごうぐん》は寄《よ》せ集《あつ》め。我《われ》らが全力《ぜんりょく》で当《あ》たれば、おそれるに足《た》らず」

政宗《まさむね》は内心《ないしん》のおどろきをかくして総力戦《そうりょくせん》を宣言《せんげん》する。二本松城《にほんまつじょう》に少《すこ》しの兵《へい》を残《のこ》すと、観音堂山《かんのんどうやま》を本陣《ほんじん》とし、瀬戸川館《せとがわだて》にも兵《へい》を送《おく》った。さらにいとこの伊達《だて》成実《しげざね》を前線《ぜんせん》の高倉城《たかくらじょう》へ配置《はいち》するなど、各地《かくち》に兵《へい》を置《お》いた。

「数《かず》に気圧《けお》されるな、進《すす》め、進《すす》めー！」

全軍一丸《ぜんぐんいちがん》となり戦《たたか》う伊達軍《だてぐん》だが、やはり数《かず》の多《おお》さにはかなわず、連合軍《れんごうぐん》の勢《いきお》いにおされがちになっていく。

政宗《まさむね》のよろいにまで矢弾《やだま》があびせられるのを見《み》て、一人《ひとり》の家臣《かしん》が声《こえ》をあげた。

「との！　ここはお任《まか》せください！」

「小十郎《こじゅうろう》！」

それは片倉《かたくら》小十郎《こじゅうろう》。元々《もともと》輝宗《てるむね》の小姓《こしょう》（そばに仕《つか》える若者《わかもの》）だったが、政宗《まさむね》の

片倉小十郎《かたくらこじゅうろう》

知略《ちりゃく》に優《すぐ》れた政宗《まさむね》の右《みぎ》うで的存《てきそん》在《ざい》。失明後《しつめいご》に飛《と》び出《で》てしまった政宗《まさむね》の右目《みぎめ》を切腹覚《せっぷくかく》ごで切《き》り、見《み》た目《め》を気《き》にして暗《くら》かった政宗《まさむね》の性格《せいかく》を変《か》えたなど、主君《しゅくん》を支《ささ》えるいつ話《わ》が多数残《たすうのこ》っている。

守役《もりやく》に選《えら》ばれて以降《いこう》、忠実《ちゅうじつ》に政宗《まさむね》を支《ささ》える重臣《じゅうしん》の一人《ひとり》となった。

「われこそ、伊達政宗《だてまさむね》である!」

小十郎《こじゅうろう》は敵《てき》に向《む》かってさけぶ。小十郎《こじゅうろう》は政宗《まさむね》の身代《みが》わりとなり、主《あるじ》をにがそうとしたのだ。ねらいのとおり、声《こえ》を聞《き》いた敵《てき》軍《ぐん》は小十郎《こじゅうろう》に引《ひ》きつけられた。

「との、今《いま》のうちにおにげください!」

「すまん、小十郎《こじゅうろう》!」

政宗《まさむね》が危機《きき》におちいっていたころ、別軍《べつぐん》を率《ひき》いる成実《しげざね》も敵《てき》に囲《かこ》まれていた。

「成実様《しげざねさま》! ここは持《も》ちませぬ、てっ退《たい》しましょう!」

「ここでにげては伊達《だて》の名折《なお》れ、てっ退《たい》などするものか!」

成実《しげざね》は部下《ぶか》たちの言葉《ことば》を無視《むし》し、大軍《たいぐん》の敵《てき》に立《た》ち向《む》かう。それを聞《き》いた兵《へい》たちも、命《いのち》をすてる覚《かく》ごでいっせい攻撃《こうげき》に打《う》って出《で》た。

だが、数《かず》で負《ま》けている政宗軍《まさむねぐん》はどんどん追《お》いつめられていった。さらに味方《みかた》の寝返《ねがえ》りなどもあり、総《そう》くずれまであとわずか、といった有様《ありさま》。特《とく》に本陣南方《ほんじんなんぽう》にある橋《はし》は前線《ぜんせん》となり、死体《したい》の山《やま》が積《つ》み上《あ》がる。この橋《はし》が後《のち》に人取橋《ひととりばし》——人《ひと》の命《いのち》を取《と》る橋《はし》——と呼《よ》ばれるようになったのは、この戦《たたか》いのためだ。

(わしは、ここまでなのだろうか……)

さすがの政宗《まさむね》も、この状《じょう》きょうに、ただぼう然《ぜん》とするばかりだった。

伊達成実《だてしげざね》

政宗《まさむね》のいとこ。伊達軍《だてぐん》きっての猛将《もうしょう》で、「後退《こうたい》しない」習性《しゅうせい》を持《も》つムカデのかざりをかぶとにつけていたという。伊達軍《だてぐん》が二本松城《にほんまつじょう》をうばった後《あと》、政宗《まさむね》から城主《じょうしゅ》を任《まか》されるなど、伊達《だて》一門《いちもん》の重臣《じゅうしん》として信《しん》らいされていた。

老兵《ろうへい》の奮戦《ふんせん》によって政宗《まさむね》は命《いのち》を救《すく》われる

「との、しんがりをわしに任《まか》せてくだされ」

人取橋《ひととりばし》で苦戦《くせん》する政宗《まさむね》の前《まえ》に現《あらわ》れたのは、祖父《そふ》の時代《じだい》から伊達家《だてけ》に仕《つか》える鬼《おに》庭左月斎《にわさげつさい》だった。すでに引退《いんたい》していたが、伊達軍《だてぐん》の危機《きき》と聞《き》いて、戦場《せんじょう》にかけつけてきたのだという。

「その年《とし》では難《むずか》しかろう。年《とし》のせいでよろいも着《つ》けられないではないか」

「なんの。まだ刀《かたな》の使《つか》い方《かた》は覚《おぼ》えております」

その言葉《ことば》に感動《かんどう》した政宗《まさむね》は金《きん》の軍配《ぐんばい》をわたし、軍《ぐん》を率《ひき》いることを認《みと》める。

「鬼庭左月斎《おににわさげつさい》、ここにあり！」

左月斎《さげつさい》は年《とし》を感《かん》じさせない動《うご》きで敵《てき》をばったばったと切《き》りたおしていく。その名前《なまえ》の通《とお》り、鬼《おに》のようなかれの勢《いきお》いに敵《てき》が引《ひ》いた。

そのすきに政宗《まさむね》は本陣《ほんじん》へもどることができたものの、よろいがないのがあだとなり、左月斎《さげつさい》は討《う》ち取《と》られてしまう。それを聞《き》いた政宗《まさむね》はただくやむばかりだった。

戦場《せんじょう》になったのは瀬戸川《せとがわ》（阿武隈川《あぶくまがわ》の支流《しりゅう》）にかかる橋付近《はしふきん》。激戦《げきせん》の舞台《ぶたい》となったことからこの橋《はし》は「人取橋《ひとといばし》」と呼《よ》ばれるようになるが、現在《げんざい》は残《のこ》っていない。戦場《せんじょう》あとには合戦碑《かっせんひ》と鬼庭左月斎《おににわさげつさい》の墓《はか》が立《た》っている。

とつ然《ぜん》消《き》えた敵軍《てきぐん》… 危機《きき》をのがれた政宗《まさむね》

政宗《まさむね》は戦場《せんじょう》からにげのびたものの、いつ連合軍《れんごうぐん》に追《お》いつかれるか分《わ》からない状《じょう》きょうだった。しかし、ちょうど日《ひ》が暮《く》れたことで戦《いくさ》は一時休戦《いちじきゅうせん》となり、政宗《まさむね》はなんとか自城《じじょう》である本宮城《もとみやじょう》までたどり着《つ》く。

しかし安心《あんしん》するひまもない。届《とど》く戦《せん》きょうは最悪《さいあく》なものばかりだった。

「との、死者《ししゃ》4百名《ひゃくめい》は下《くだ》りませぬ」

「とうとう、わしもここまでか。ならば明日《あす》は派手《はで》に戦《たたか》って死《し》ぬまでだ」

そう覚《かく》ごを決《き》めた政宗《まさむね》だが、翌日《よくじつ》、政宗《まさむね》が見《み》たのは信《しん》じられない光景《こうけい》だった。

「なんだと、敵《てき》が消《き》えているだと!?」

政宗《まさむね》の前《まえ》に広《ひろ》がっていたのは、戦《いくさ》のあとばかり。敵《てき》の姿《すがた》はきれいに消《き》え失《う》せていたのだ。

実《じつ》はこの前夜《ぜんや》、連合軍《れんごうぐん》の中心人物《ちゅうしんじんぶつ》、佐竹義重《さたけよししげ》に火急《かきゅう》の知《し》らせが入《はい》っていたのである。

「との、北条家《ほうじょうけ》が留守《るす》をねらって常陸《ひたち》（茨城県《いばらぎけん》）に兵《へい》を出《だ》したようです！」

その急報《きゅうほう》を聞《き》いて義重《よししげ》は飛《と》び上《あ》がるほどおどろいた。

「何《なに》!? 今《いま》、国《くに》の守《まも》りは手《て》うす、攻《せ》めこまれては一大事《いちだいじ》じゃ」

豊臣秀吉《とよとみひでよし》

西国《さいごく》を統一《とういつ》し、最後《さいご》の敵《てき》である北条家《ほうじょうけ》を討《う》つため小田原城《おだわらじょう》を包囲《ほうい》する。政宗《まさむね》に対《たい》しては、勝手《かって》に蘆名家《あしなけ》をほろぼした上《うえ》に臣従《しんじゅう》しに来《き》たのがおそかったためおこっていた。しかし、政宗《まさむね》が死《し》を覚《かく》ごした白装束《しろしょうぞく》で現《あらわ》れ謝罪《しゃざい》したため、領地《りょうち》を一部《いちぶ》ぼっ収《しゅう》しただけで許《ゆる》した。

さらにこの夜《よる》、義重《よししげ》の軍師《ぐんし》が殺《ころ》される事件《じけん》まで起《お》きた、といわれている。

ふたつの悪《わる》い知《し》らせに義重《よししげ》は迷《まよ》ったが、兵《へい》を退《ひ》くことを決意《けつい》する。それを見《み》た連合軍《れんごうぐん》も軍《ぐん》を退《ひ》く。これが一晩《ひとばん》で3万《まん》の軍《ぐん》が消《き》えた真相《しんそう》だった。

「援軍《えんぐん》が退《ひ》いた今《いま》が好機《こうき》ぞ！」

政宗《まさむね》は、再《ふたた》び二本松城《にほんまつじょう》への攻撃《こうげき》を開始《かいし》した。

伊達軍《だてぐん》は二本松城《にほんまつじょう》の守《まも》りのかたさに苦戦《くせん》したものの、ついに二本松城《にほんまつじょう》を開城《かいじょう》させ、畠山国王丸《はたけやまくにおうまる》を会津《あいづ》へ追《お》い出《だ》した。

政宗《まさむね》はようやく父《ちち》のかたきを討《う》ったのである。


その後《ご》、政宗《まさむね》は休《やす》む間《ま》もなく戦《たたか》い、摺上原《すりあげはら》の戦《たたか》いで会津《あいづ》の蘆名家《あしなけ》をほろぼし、南奥州《みなみおうしゅう》の大半《たいはん》を手《て》に入《い》れることに成功《せいこう》。家《いえ》をついで5年《ねん》、たった23歳《さい》で政宗《まさむね》は南奥州《みなみおうしゅう》の覇者《はしゃ》となったのだ。

しかし遠《とお》い西国《さいごく》のことと思《おも》われていた時代《じだい》の変化《へんか》は、東国《とうごく》をも飲《の》みこもうとしていた。その中心人物《ちゅうしんじんぶつ》は、天下人《てんかびと》の座《ざ》に手《て》をかけた豊臣秀吉《とよとみひでよし》である。

秀吉《ひでよし》は自分《じぶん》に従《したが》わない北条氏政《ほうじょううじまさ》・氏直《うじなお》を討《う》つため、関東《かんとう》へ手《て》をのばそうとしていた。後《のち》にこの秀吉《ひでよし》の前《まえ》にくっすることになるとは、この時《とき》の政宗《まさむね》はまだ夢《ゆめ》にも思《おも》っていないのであった。

最上義光《もがみよしあき》の銅像《どうぞう》。政宗《まさむね》や輝宗《てるむね》とは何度《なんど》も領地《りょうち》を争《あらそ》ったが、目的《もくてき》が一《いっ》ちすれば協力《きょうりょく》もすることもあった。

ざんねん 政宗暗殺未《まさむねあんさつみ》すい事件《じけん》

豊臣秀吉《とよとみひでよし》が北条軍《ほうじょうぐん》を追《お》いつめると、政宗《まさむね》も秀吉《ひでよし》への臣従《しんじゅう》を決《き》め小田原《おだわら》へ向《む》かおうとする。ところが、出発前日《しゅっぱつぜんじつ》に政宗《まさむね》は毒《どく》を飲《の》んでしまう。政宗《まさむね》の弟《おとうと》をでき愛《あい》する母《はは》・義姫《よしひめ》が毒《どく》を盛《も》ったのだという。伊達家《だてけ》を乗《の》っ取《と》ろうとする義姫《よしひめ》の兄《あに》・最上義光《もがみよしあき》が黒幕《くろまく》とも言《い》われているが、最近《さいきん》の研究《けんきゅう》ではこの事件《じけん》の存在自体《そんざいじたい》があやしいらしく、真相《しんそう》は不明《ふめい》である。

奥羽《おうう》の常識《じょうしき》を破《やぶ》った政宗《まさむね》

奥羽《おうう》の大名《だいみょう》は親《しん》せきだらけ

政宗《まさむね》が活《かつ》やくした奥羽《おうう》（陸奥《むつ》と出羽《でわ》。東北地方《とうほくちほう》のこと）は小《しょう》・中規模《ちゅうきぼ》の大名《だいみょう》がひしめき合《あ》い、関東地方《かんとうちほう》の北条家《ほうじょうけ》、中国地方《ちゅうごくちほう》の毛利家《もうりけ》のような地方覇者《ちほうはしゃ》がいなかった。奥羽《おうう》が広《ひろ》すぎたという理由《りゆう》もあるが、奥羽特有《おううとくゆう》の事情《じじょう》が大大名《だいだいみょう》の出現《しゅつげん》をさまたげていたのである。

それは血《けつ》えん関係《かんけい》。政宗《まさむね》とライバルの最上義光《もがみよしあき》が、おじとおいなのは有名《ゆうめい》だが、人取橋《ひととりばし》の戦《たたか》いで敵《てき》の総大《そうだい》将《しょう》だった佐竹義重《さたけよししげ》も義理《ぎり》のおじ（おばの夫《おっと》）だった。このように、ほとんどの大名《だいみょう》が結《けっ》こんや養子《ようし》により血《けつ》えんになっていたため、敵対《てきたい》しても一族《いちぞく》みな殺《ごろ》しなどという残《ざん》こくなマネはできなかったのだ。

だが、そこに伊達政宗《だてまさむね》という異《い》たん児《じ》が現《あらわ》れた。政《まさ》宗《むね》は小手森城《おでもりじょう》でなで切《ぎ》りを行《おこな》い、逆《さか》らう者《もの》には容《よう》しゃしないという姿勢《しせい》を示《しめ》す。こうした常識破《じょうしきやぶ》りの行動《こうどう》で、政宗《まさむね》は南奥州《みなみおうしゅう》の覇者《はしゃ》となった。

主《おも》な奥羽大名《おううだいみょう》の血《けつ》えん関係《かんけい》

奥羽《おうう》でふくざつな血《けつ》えん関係《かんけい》が生《う》まれたのは、政宗《まさむね》の３代前《だいまえ》の稙宗《たねむね》が原因《げんいん》だという。稙宗《たねむね》は伊達家《だてけ》の影響力《えいきょうりょく》を大《おお》きくするため、男子《だんし》のいない大名家《だいみょうけ》に自分《じぶん》の子《こ》を養子《ようし》として送《おく》りこみ、男子《だんし》がいる家《いえ》には娘《むすめ》をとつがせたのだ。

第9番

関ケ原《せきがはら》の戦《たたか》い

天下分《てんかわ》け目《め》の戦《たたか》いを決《けっ》したのは、意外《いがい》な裏切《うらぎ》り!?

天下《てんか》を統一《とういつ》した男《おとこ》・豊臣秀吉《とよとみひでよし》が死《し》んだ。
秀吉《ひでよし》の死《し》は、次《つぎ》の天下《てんか》をねらう徳川家康《とくがわいえやす》と
それを止《と》めようとする石田三成《いしだみつなり》の対立《たいりつ》を生《う》み、
日本《にほん》を真《ま》っ二《ぷた》つに割《わ》る合戦《かっせん》へと発展《はってん》した。
この天下分《てんかわ》け目《め》の戦《たたか》いを制《せい》し、
最後《さいご》に笑《わら》うのは一体《いったい》だれなのか…!?

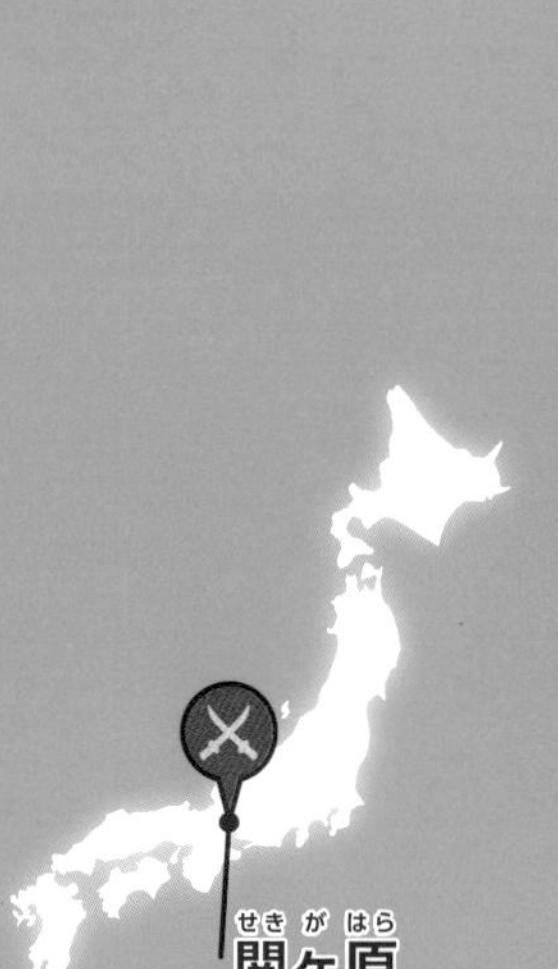

上杉景勝《うえすぎかげかつ》謀反《むほん》か？ 家康《いえやす》は上杉《うえすぎ》攻《ぜ》めに向《む》かう

豊臣秀吉《とよとみひでよし》の死後《しご》、*五大老《ごたいろう》の一人《ひとり》である徳川家康《とくがわいえやす》が勢力《せいりょく》を拡大《かくだい》していく。それをおもしろく思《おも》わないのが、秀吉《ひでよし》古参《こさん》の家臣《かしん》で*五奉行《ごぶぎょう》の一人《ひとり》、石田三成《いしだみつなり》だった。三成《みつなり》は、加藤清正《かとうきよまさ》ら武断派《ぶだんは》の武将《ぶしょう》（主《おも》に軍事《ぐんじ》を担当《たんとう》した武将《ぶしょう》）たちと対立《たいりつ》しており、かれらに屋《や》しきをおそわれてしまう。家康《いえやす》の仲裁《ちゅうさい》で命《いのち》だけは助《たす》かったものの、政治的《せいじてき》には失《しっ》きゃくする。

しかし、三成《みつなり》は家康《いえやす》打《だ》とうをあきらめてはいなかった。

「上杉《うえすぎ》が謀反《むほん》をくわだてているだと!?」

三成《みつなり》を追《お》いはらい、ますます強大《きょうだい》な権力《けんりょく》をにぎり始《はじ》めた家康《いえやす》。そんな家康《いえやす》の元《もと》に、会津《あいづ》（福島県《ふくしまけん》）を治《おさ》める上杉景勝《うえすぎかげかつ》に謀反《むほん》の動《うご》きあり……という、うわさが流《なが》れてきた。景勝《かげかつ》は家康《いえやす》と同《おな》じく五大老《ごたいろう》の一人《ひとり》だが、領地《りょうち》で城《しろ》の強化《きょうか》や武器《ぶき》買《か》い入《い》れなど戦《いくさ》の準備《じゅんび》をしているというのだ。家康《いえやす》は景勝《かげかつ》に、上洛《じょうらく》して謀反《むほん》疑《ぎ》わくに弁解《べんかい》するよううながしたが、景勝《かげかつ》はこれを断《ことわ》る返書《へんしょ》を送《おく》ってきた。

おこった家康《いえやす》は、上杉《うえすぎ》攻《ぜ》めへ乗《の》り出《だ》すことを決意《けつい》。家臣《かしん》や他《ほか》の大名《だいみょう》に出陣《しゅつじん》を

加藤清正《かとうきよまさ》

子《こ》どものころから秀吉《ひでよし》に仕《つか》えた戦上手《いくさじょうず》な武将《ぶしょう》。石田三成《いしだみつなり》と不仲《ふなか》で、秀吉《ひでよし》死後《しご》は徳川家康《とくがわいえやす》に近《ちか》づく。関ヶ原《せきがはら》の戦《たたか》いでは本戦《ほんせん》には参戦《さんせん》しなかったものの、東軍《とうぐん》として九州地方《きゅうしゅうちほう》で西軍《せいぐん》の武将《ぶしょう》を打《う》ちやぶった。

命令《めいれい》すると、大軍《たいぐん》を率《ひき》いて会津《あいづ》へと向《む》かった。

そんな家康《いえやす》の動《うご》きを知《し》って喜《よろこ》んだのは三成《みつなり》だ。

「家康《いえやす》が京《きょう》をはなれたぞ、挙兵《きょへい》の好機《こうき》だ！」

三成《みつなり》は家康《いえやす》の動《うご》きを見《み》るなり、盟友《めいゆう》である大谷吉継《おおたによしつぐ》の元《もと》にかけつけた。この時《とき》、吉継《よしつぐ》は上杉《うえすぎ》攻《ぜ》めに従軍《じゅうぐん》するために兵《へい》を整《ととの》えているところだった。

「吉継《よしつぐ》、従軍《じゅうぐん》を取《と》りやめて、わしに手《て》を貸《か》してくれ」

佐《さ》和《わ》山《やま》の狐《きつね》
石《いし》田《だ》三《みつ》成《なり》

＊五大老《ごたいろう》……豊臣秀吉《とよとみひでよし》が息子《むすこ》の秀頼《ひでより》の後見人《こうけんにん》を任《まか》せた有力大名《ゆうりょくだいみょう》。秀吉《ひでよし》死去《しきょ》の直後《ちょくご》は、徳川家康《とくがわいえやす》・前田《まえだ》利家《としいえ》・毛利輝元《もうりてるもと》・宇喜多秀家《うきたひでいえ》・上杉景勝《うえすぎかげかつ》の5名《めい》が大老《たいろう》だった。

＊五奉行《ごぶぎょう》……豊臣政権《とよとみせいけん》の実務《じつむ》を行《おこな》った。石田三成《いしだみつなり》・浅野長政《あさのながまさ》・増田長盛《ましたながもり》・長束正家《なつかまさいえ》・前田玄以《まえだげんい》の5名《めい》を指《さ》す。

西軍《せいぐん》 戦力評価《せんりょくひょうか》

西軍《せいぐん》の兵力《へいりょく》は8万余《まんあま》りと東軍《とうぐん》を上回《うわまわ》る。しかし、総大将《そうだいしょう》の毛利輝元《もうりてるもと》は戦場《せんじょう》に出《で》てくる気《け》配《はい》がなく、小早川《こばやかわ》・吉川《きっかわ》など一部《いちぶ》の大名《だいみょう》には裏切《うらぎ》りのうわさが聞《き》こえるが…？

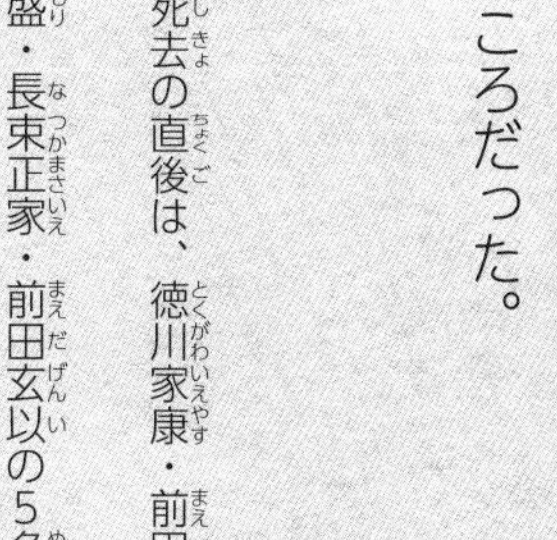

合計《ごうけい》 70

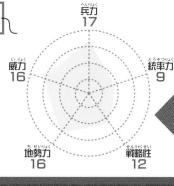

西軍《せいぐん》が挙兵《きょへい》！ 奮戦《ふんせん》むなしく…鳥居元忠《とりいもとただ》、伏見城《ふしみじょう》で死《し》す

「三成《みつなり》よ、家康《いえやす》に従《したが》う大名《だいみょう》は多《おお》く、強《つよ》い。たやすく勝《か》てる相手《あいて》ではないぞ」

「いや、会津《あいづ》と大坂《おおさか》からはさみ討《う》ちをすれば、家康《いえやす》の首《くび》を取《と》れる。今《いま》しか機会《きかい》はないのだ」

吉継《よしつぐ》は冷静《れいせい》に説得《せっとく》したが、三成《みつなり》は必死《ひっし》になってうったえるばかり。

（仕方《しかた》あるまい。この友《とも》に命《いのち》を預《あず》けるか）

吉継《よしつぐ》はこれ以上《いじょう》の説得《せっとく》が難《むずか》しいとさとり、三成《みつなり》の計画《けいかく》に乗《の》ることに賛同《さんどう》した。

打《だ》とう家康《いえやす》を目指《めざ》す三成《みつなり》は、さっそく反家康派《はんいえやすは》を呼《よ》び密談《みつだん》を開《ひら》いた。

「総大将《そうだいしょう》はどうするのだ。立派《りっぱ》な人物《じんぶつ》でなければ……」

「案《あん》ずるな。毛利輝元《もうりてるもと》どのにお受《う》けいただいた。まもなく大坂城《おおさかじょう》に入《はい》られる」

心配《しんぱい》する吉継《よしつぐ》だが三成《みつなり》はぬかりがない。西国最大《さいごくさいだい》の大名《だいみょう》で五大老《ごたいろう》でもある毛利輝元《もうりてるもと》に、すでに話《はなし》をつけていたのだ。さらに、同《おな》じく五大老《ごたいろう》の宇喜多秀家《うきたひでいえ》も味方《みかた》につけていた。

三成《みつなり》たちは家康《いえやす》を批判《ひはん》する『*内府《だいふ》ちがいの条々《じょうじょう》』を出《だ》し、家康《いえやす》に宣戦布《せんせんふ》

あっぱれ

『三河武士《みかわぶし》の鑑《かがみ》』鳥居元忠《とりいもとただ》の最期《さいご》

伏見城《ふしみじょう》を囲《かこ》んだ4万《まん》の西軍《せいぐん》に対《たい》し、城《しろ》を守《まも》る鳥居元忠《とりいもとただ》の兵《へい》は約《やく》1800。とうてい勝《か》ち目《め》はなかったが、元忠《もとただ》は西軍《せいぐん》の激《はげ》しい攻撃《こうげき》に半月《はんつき》ほどたえて西軍《せいぐん》の作戦《さくせん》をおくらせた。家康《いえ》《やす》は元忠《もとただ》の忠義《ちゅうぎ》に感激《かんげき》し、決戦後《けっせんご》、元忠《もとただ》の血《ち》でぬれたタタミを江戸城《えどじょう》の伏見《ふしみ》やぐらに置《お》き、兵《へい》たちの血《ち》が残《のこ》るゆか板《いた》を徳川《とくがわ》ゆかりの寺《てら》の天井《てんじょう》にして供養《くよう》したという。

血《ち》まみれの鳥居元忠《とりいもとただ》（東京大学史料編纂所蔵《とうきょうだいがくしりょうへんさんじょぞう》『魁題百撰相《かいだいひゃくせんそう》』より）。

告《こく》。各国《かっこく》の諸大名《しょだいみょう》に参戦《さんせん》を呼《よ》びかけた。

そして西軍《せいぐん》は、家康《いえやす》の兵《へい》が支配《しはい》していた京都《きょうと》の伏見城《ふしみじょう》を初戦《しょせん》の場所《ばしょ》として選《えら》ぶ。「豊臣家《とよとみけ》の城《しろ》に徳川《とくがわ》が兵《へい》を置《お》くなど言語道断《ごんごどうだん》である」として、宇喜多秀家《うきたひでいえ》が4万《まん》の兵《へい》を率《ひき》いて伏見城《ふしみじょう》を攻《せ》めたのだ。さらに数日後《すうじつご》には、毛利軍《もうりぐん》の兵《へい》、1万余《まんあま》りも着陣《ちゃくじん》。伏見城《ふしみじょう》はすっかり包囲《ほうい》されてしまった。

「との、城《しろ》が囲《かこ》まれております!」

「門《もん》を守《まも》れ! この城《しろ》は難攻不落《なんこうふらく》、援軍《えんぐん》が来《く》るまで持《も》ちこたえるのだ!」

伏見城《ふしみじょう》を守《まも》るのは、家康配下《いえやすはいか》の鳥居元忠《とりいもとただ》。かれは少数《しょうすう》の兵《へい》で必死《ひっし》にたえた。兵《へい》たちをはげまし、元忠《もとただ》は半月《はんつき》ほどろう城《じょう》するも、最後《さいご》は内通者《ないつうしゃ》によって城《しろ》が落《お》ちた。元忠《もとただ》の首《くび》はさらされ、三成《みつなり》たちは初戦《しょせん》を勝利《しょうり》でかざったのだった。

三成《みつなり》が宣戦布告《せんせんふこく》したことで、全国《ぜんこく》の大名《だいみょう》たちが西軍《せいぐん》(三成軍《みつなりぐん》)と東軍《とうぐん》(家康軍《いえやすぐん》)に割《わ》れた。戦乱《せんらん》の波《なみ》は大坂《おおさか》・京都《きょうと》にとどまらず、全国各地《ぜんこくかくち》で西軍方《せいぐんがた》と東軍方《とうぐんがた》による合戦《かっせん》が発生《はっせい》することになる。

ここに天下分《てんかわ》け目《め》の戦《たたか》いの幕《まく》が上《あ》がった。決戦《けっせん》3か月《げつ》前《まえ》のことである。

*内府《だいふ》ちがいの条々《じょうじょう》……内府《だいふ》とは、当時《とうじ》「内大臣《ないだいじん》」という役職《やくしょく》だった家康《いえやす》のこと。「ほかの大老《たいろう》を無視《むし》して、独断《どくだん》で政治《せいじ》を行《おこな》っている」など、家康《いえやす》の落《お》ち度《ど》を13か条《じょう》にわたって示《しめ》した。

元忠《もとただ》は家康《いえやす》の人質時代《ひとじちじだい》から仕《つか》えていた幼《おさな》なじみのような家臣《かしん》だった。上《うえ》杉攻《すぎぜ》めに出陣《しゅつじん》する前《まえ》、家康《いえやす》は元忠《もとただ》の元《もと》を訪《おとず》れて酒《さけ》を飲《の》み交《か》わしたという。この時《とき》、三成挙兵《みつなりきょへい》を予感《よかん》していたのか、家康《いえやす》は伏見城《ふしみじょう》に多《おお》くの兵《へい》を残《のこ》そうとするが元忠《もとただ》は断《ことわ》る。結局《けっきょく》、これが二人《ふたり》の今生《こんじょう》の別《わか》れとなった。

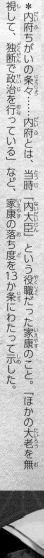

決戦《けっせん》への覚《かく》ごを決《き》め、家康《いえやす》は西《にし》へ向《む》かう

「ふん、三成《みつなり》め、やはり兵《へい》を挙《あ》げおったか」

家康《いえやす》が三成《みつなり》の挙兵《きょへい》を知《し》ったのは、下野《しもつけ》（栃木県《とちぎけん》）小山《おやま》の地《ち》。家康《いえやす》は上杉《うえすぎ》攻《ぜ》めを休止《きゅうし》し、諸将《しょしょう》を集《あつ》めて軍議《ぐんぎ》を開《ひら》いた。

「三成《みつなり》は秀頼様《ひでよりさま》を手中《しゅちゅう》におさめ、大名《だいみょう》から軍勢《ぐんぜい》を集《あつ》めているようです」

上杉《うえすぎ》攻《ぜ》めのために従軍《じゅうぐん》していた諸将《しょしょう》の間《あいだ》に、動《どう》ようが広《ひろ》がった。しかしそんなかれらに家康《いえやす》は意外《いがい》なことを言《い》う。

「大坂《おおさか》に家族《かぞく》を残《のこ》したものも多《おお》かろう。三成《みつなり》はかれらを人質《ひとじち》にするにちがいない。三成《みつなり》につきたければ、今《いま》ここで申《もう》し出《で》よ。ここで去《さ》っても、わしはうらみもせぬし、おこりもせぬ」

家康《いえやす》の言葉《ことば》が真実《しんじつ》かどうか、諸将《しょしょう》たちは迷《まよ》いに迷《まよ》った。その時《とき》、声《こえ》を上《あ》げたのが三成《みつなり》ぎらいで有名《ゆうめい》な福島正則《ふくしままさのり》だ。

「わしは徳川《とくがわ》どのにつくぞ！」

「わしもじゃ。徳川《とくがわ》どの、わが城《しろ》を戦《いくさ》のきょ点《てん》としてお使《つか》いくだされ」

続《つづ》けて宣言《せんげん》したのは山内一豊《やまのうちかずとよ》だ。豊臣《とよとみ》の古参家臣《こさんかしん》である二人《ふたり》の発言《はつげん》をきっかけに、他《ほか》の武将《ぶしょう》たちも次々《つぎつぎ》と家康《いえやす》につくと宣言《せんげん》する。

「よくぞ言《い》ってくれた。上杉《うえすぎ》攻《ぜ》めは取《と》りやめじゃ。敵《てき》は今《いま》より、三成《みつなり》である！」

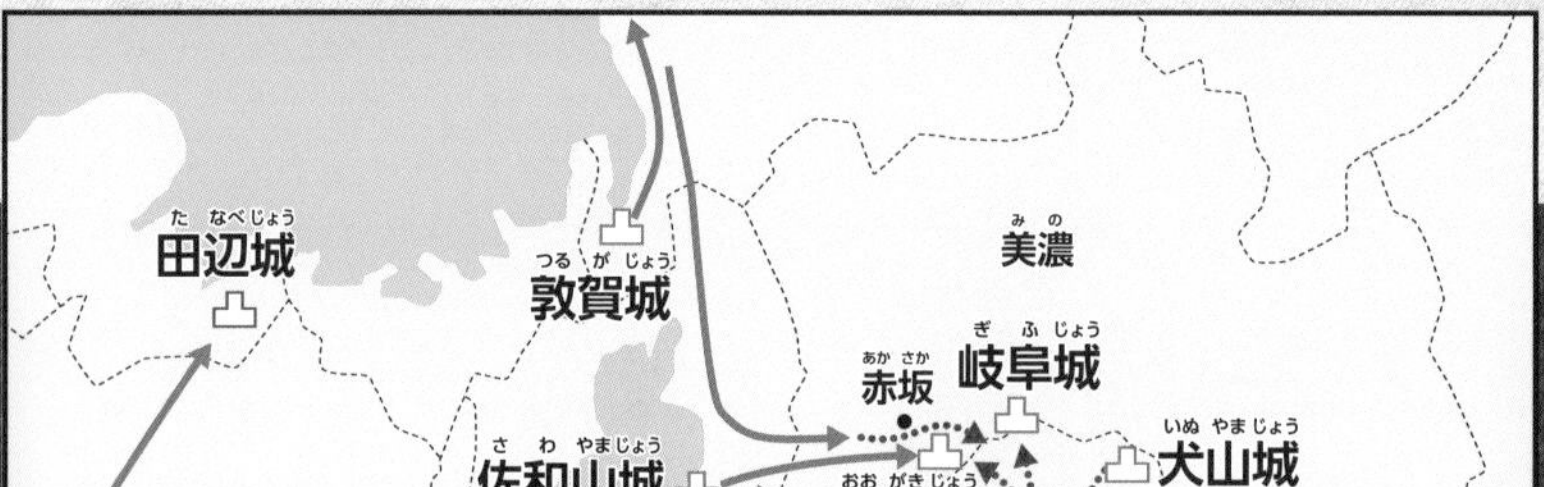

赤《あか》が東軍《とうぐん》、青《あお》が西軍《せいぐん》の動《うご》き。小山評定《おやまひょうじょう》で三成《みつなり》との決戦《けっせん》を決《き》めた家康《いえやす》は、東軍《とうぐん》を二手《ふたて》に分《わ》けて西進《せいしん》。福島正則《ふくしままさのり》ら先《せん》ぽう部隊《ぶたい》は西軍《せいぐん》が支配《しはい》する美濃《みの》の攻略《こうりゃく》にかかる。一方《いっぽう》、西軍《せいぐん》は畿内《きない》や伊勢《いせ》などの東軍勢力《とうぐんせいりょく》が守《まも》る城《しろ》を攻撃《こうげき》していた。

戦国《せんごく》の最終勝者《さいしゅうしょうしゃ》 徳川家康《とくがわいえやす》

小山評定《おやまひょうじょう》と呼《よ》ばれるこの話《はな》し合《あ》いが行《おこな》われたのは7月《がつ》25日《にち》のこと。翌日《よくじつ》には福島正則《ふくしままさのり》らの軍《ぐん》が大坂《おおさか》を目指《めざ》し出発《しゅっぱつ》した。

しかし、本隊《ほんたい》である家康《いえやす》の兵《へい》は動《うご》かない。この時《とき》、かれは西軍《せいぐん》の将《しょう》へ寝返《ねがえ》りをさそう手紙《てがみ》をしたためていたという。

(機《き》は熟《じゅく》した!)

家康《いえやす》が重《おも》いこしを上《あ》げたのは、評定《ひょうじょう》からおよそ1か月《げつ》も経《た》ってからのこと。

「秀忠《ひでただ》は中山道《なかせんどう》を通《とお》って西《にし》を目指《めざ》せ! わしは東海道《とうかいどう》から西《にし》にもどる!」

家康《いえやす》は息子《むすこ》の秀忠《ひでただ》に軍《ぐん》の大半《たいはん》を指揮《しき》させ、中山道《なかせんどう》から大坂《おおさか》へ進《すす》むよう指示《しじ》。家康《いえやす》も江戸城《えどじょう》を発《た》った。西軍《せいぐん》と東軍《とうぐん》が関ヶ原《せきがはら》でぶつかりあう2週間前《しゅうかんまえ》のことだった。

東軍《とうぐん》 戦力評価《せんりょくひょうか》

兵力《へいりょく》は7万《まん》4千《せん》と西軍《せいぐん》より少《すく》ないうえ、秀忠率《ひでただひき》いる主力《しゅりょく》は真田昌幸《さなだまさゆき》に足止《あしど》めされている。不利《ふり》な状《じょう》きょうをくつがえすため、家康《いえやす》は西軍武将《せいぐんぶしょう》に寝返《ねがえ》りのさそいをかけるが…?

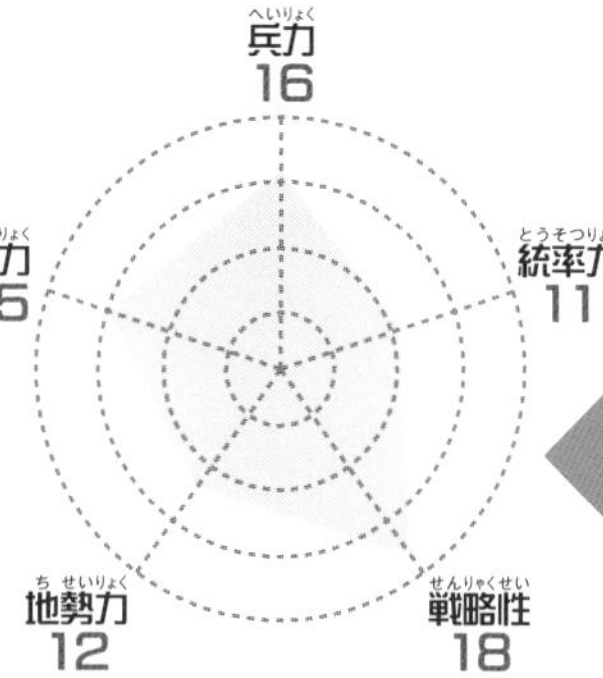

合計《ごうけい》 72

岐阜城《ぎふじょう》は西軍方《せいぐんがた》の織田秀信《おだひでのぶ》（信長《のぶなが》の孫《まご》）の城《しろ》である。東軍《とうぐん》は福島正則《ふくしままさのり》、池田輝政《いけだてるまさ》の２軍《ぐん》が攻撃《こうげき》を行《おこな》った。木《き》曽川《そがわ》の上流《じょうりゅう》、下流《かりゅう》の二方向《にほうこう》に分《わ》かれながら進軍《しんぐん》し、合流後《ごうりゅうご》岐阜城《ぎふじょう》を包囲《ほうい》、わずか1日《にち》で攻《せ》め落《お》としたのである。

両軍《りょうぐん》が関《せき》ヶ《が》原《はら》に布陣《ふじん》、決戦《けっせん》の時《とき》がせまる

「岐阜城《ぎふじょう》が落《お》とされ、東軍《とうぐん》が美濃《みの》の赤坂《あかさか》に布陣《ふじん》しました！」

東軍《とうぐん》が予想《よそう》より早《はや》く接近《せっきん》、さらに西軍方《せいぐんがた》のきょ点《てん》・岐阜城《ぎふじょう》が東軍《とうぐん》によって落城《らくじょう》した。急報《きゅうほう》を受《う》けた三成《みつなり》はおどろいた。東軍《とうぐん》と有利《ゆうり》に戦《たたか》うため、一《ひと》つでも多《おお》くの城《しろ》をおさえるべく東進《とうしん》していた最中《さいちゅう》だった。

「との、どうかわしに兵《へい》を貸《か》してください」

声《こえ》をあげたのは三成《みつなり》の家臣《かしん》、島左近《しまさこん》。かれはわずか5百《ひゃく》の兵《へい》で東軍《とうぐん》をちょう発《はつ》。さそいに乗《の》った部隊《ぶたい》を討《う》ち取《と》るなど、西軍《せいぐん》の強《つよ》さを見《み》せつけた。

「この戦《たたか》いは勝利《しょうり》したが、東軍《とうぐん》の集《あつ》まりが早《はや》すぎる。ろう城《じょう》では勝《か》てぬ」

集《あつ》まりつつある東軍《とうぐん》を見《み》て、三成《みつなり》は戦《たたか》いの場所《ばしょ》を関《せき》ヶ《が》原《はら》へ移《うつ》すことにした。

「秀忠《ひでただ》は何《なに》をしておる！」

一方《いっぽう》の家康《いえやす》もあせっていた。大半《たいはん》の兵《へい》を預《あず》けていた秀忠《ひでただ》が姿《すがた》を見《み》せないのだ。実《じつ》はこの時《とき》、秀忠《ひでただ》は真田昌幸《さなだまさゆき》の居城《きょじょう》・上田城《うえだじょう》で足止《あしど》めされていた。

「うーむ、仕方《しかた》あるまい。今《いま》の兵《へい》で戦《たたか》うのみよ」

家康《いえやす》も夜《よる》のうちに関《せき》ヶ《が》原《はら》へと移動《いどう》を開始《かいし》。

そして早朝《そうちょう》、東軍《とうぐん》の井伊直政《いいなおまさ》が宇喜多秀家《うきたひでいえ》を攻撃《こうげき》したのを合図《あいず》に、天下分《てんかわ》け目《め》の戦《いくさ》の火《ひ》ぶたが切《き》って落《お》とされた。

徳川秀忠《とくがわひでただ》

徳川家康《とくがわいえやす》の三男《さんなん》で後《のち》の江戸幕府《えどばくふ》二代将軍《にだいしょうぐん》。関ヶ原《せきがはら》の戦《たたか》いでは徳川《とくがわ》の古参家臣《こさんかしん》で構成《こうせい》された3万《まん》の大軍《たいぐん》を任《まか》されていたが、上田城《うえだじょう》を守《まも》る真田昌幸《さなだまさゆき》に足止《あしど》めされ、決戦《けっせん》に間《ま》に合《あ》わなかった。秀忠軍《ひでただぐん》のおくれで、家康《いえやす》は福島正則《ふくしままさのり》ら豊臣大名《とよとみだいみょう》にたよらざる得《え》ない不本意《ふほんい》な状《じょう》きょうとなる。そのため、家康《いえやす》は決戦後《けっせんご》、秀忠《ひでただ》との面会《めんかい》をきょ否《ひ》するほど激《げき》どしたという。

前半《ぜんはん》は西軍優勢《せいぐんゆうせい》！
三成《みつなり》はさらに追撃《ついげき》しようとするが…

決戦当日《けっせんとうじつ》の朝《あさ》、戦場《せんじょう》は真《ま》っ白《しろ》なきりに包《つつ》まれていた。

「数《かず》の上《うえ》ではわれらが勝《まさ》っておる！　気圧《けお》されるな！」

三成《みつなり》はそうさけんで仲間《なかま》の士気《しき》をあげた。

実際《じっさい》、この時《とき》の兵数《へいすう》は、東軍《とうぐん》7万《まん》4千《せん》、西軍《せいぐん》8万《まん》4千《せん》。東軍《とうぐん》は開《ひら》けた盆地《ぼんち》に布陣《ふじん》し、西軍《せいぐん》は戦《たたか》いやすい高台《たかだい》や山上《さんじょう》に陣《じん》を張《は》っている。さらに、三成《みつなり》や小西《こにし》行長《ゆきなが》など最前線《さいぜんせん》の部隊《ぶたい》は士気《しき》が高《たか》く、西軍《せいぐん》が有利《ゆうり》であった。

（この戦《いくさ》、勝《か》てる！）と、笹尾山《ささおやま》で戦《たたか》う三成《みつなり》はそう確信《かくしん》した。しかし黒田長政《くろだながまさ》、細川忠興《ほそかわただおき》といった東軍《とうぐん》の兵《へい》に攻《せ》め立《た》てられ、西軍《せいぐん》はおされがちになっていく。

「との、この勢《いきお》いでは持《も》ちませぬ！」

「諸将《しょしょう》にいっせい攻撃《こうげき》を指示《しじ》せよ！」

おし負《ま》けそうになった三成《みつなり》は、周囲《しゅうい》の西軍《せいぐん》に対《たい》して総攻撃《そうこうげき》の命令《めいれい》を放《はな》った。

吉川広家《きっかわひろいえ》、島津義弘《しまづよしひろ》、小早川秀秋《こばやかわひであき》など、数万《すうまん》の西軍《せいぐん》が東軍《とうぐん》に向《む》かえば、戦《たたか》いはすぐに終《お》わるはず、三成《みつなり》はそう考《かんが》えたのだ。

「広家様《ひろいえさま》、石田《いしだ》どのから攻撃指示《こうげきしじ》が届《とど》いております」

「兵《へい》は動《うご》かさぬ。三成《みつなり》には、今《いま》は弁当《べんとう》の用意《ようい》をしているから、終《お》わったら参《まい》る、

開戦当初《かいせんとうしょ》、家康《いえやす》は桃配山《ももくばりやま》に本陣《ほんじん》を置《お》いていた。しかし、東軍《とうぐん》の苦戦《くせん》を知《し》ると、笹尾山《ささおやま》の近《ちか》くに本陣《ほんじん》をうつして戦《せん》きょうを確認《かくにん》したという。

と伝《つた》えておけ」

南宮山《なんぐうさん》に陣《じん》を構《かま》える広家《ひろいえ》は、三成《みつなり》からの使者《ししゃ》に冷《つめ》たくそう言《い》った。

実《じつ》は広家《ひろいえ》は、家康《いえやす》から寝返《ねがえ》りをさそう密書《みっしょ》を受《う》け取《と》っていた。かれが仕《つか》えるのは西軍《せいぐん》の総大将《そうだいしょう》である毛利輝元《もうりてるもと》だ。もし西軍《せいぐん》が負《ま》ければ毛利家《もうりけ》は領地《りょうち》ぼっ収《しゅう》になってしまう。しかしまだ西軍《せいぐん》が勝《か》つ可能性《かのうせい》がある以上《いじょう》、すぐに東軍《とうぐん》に寝返《ねがえ》ることもできない。そのため広家《ひろいえ》はどちらの味方《みかた》もせず、戦《たたか》いの行方《ゆくえ》を見守《みまも》ることに決《き》めた。これにより、広家《ひろいえ》のそばに陣《じん》を置《お》く、長宗我部盛親《ちょうそかべもりちか》や安国寺恵瓊《あんこくじえけい》などの1万《まん》の兵《へい》も足止《あしど》めを食《く》らうことになってしまった。

一方《いっぽう》、九州《きゅうしゅう》から参戦《さんせん》していた島津軍《しまづぐん》にも三成《みつなり》から総攻撃《そうこうげき》の使者《ししゃ》が向《む》かった。

島津義弘《しまづよしひろ》もまた、そのいらいをけった。元々《もともと》三成《みつなり》との間《あいだ》にいさかいがあったため、といわれている。

「この戦《いくさ》、各々《おのおの》で戦《たたか》いたい。と石田《いしだ》どのに伝《つた》えよ」

真面目《まじめ》だが人当《ひとあ》たりが悪《わる》い三成《みつなり》は、多《おお》くの将《しょう》にきらわれていたという。そのため、兵《へい》の数《かず》が多《おお》くても三成《みつなり》の指揮《しき》では団結《だんけつ》できないまま、戦《いくさ》は混戦《こんせん》となっていったのだ。

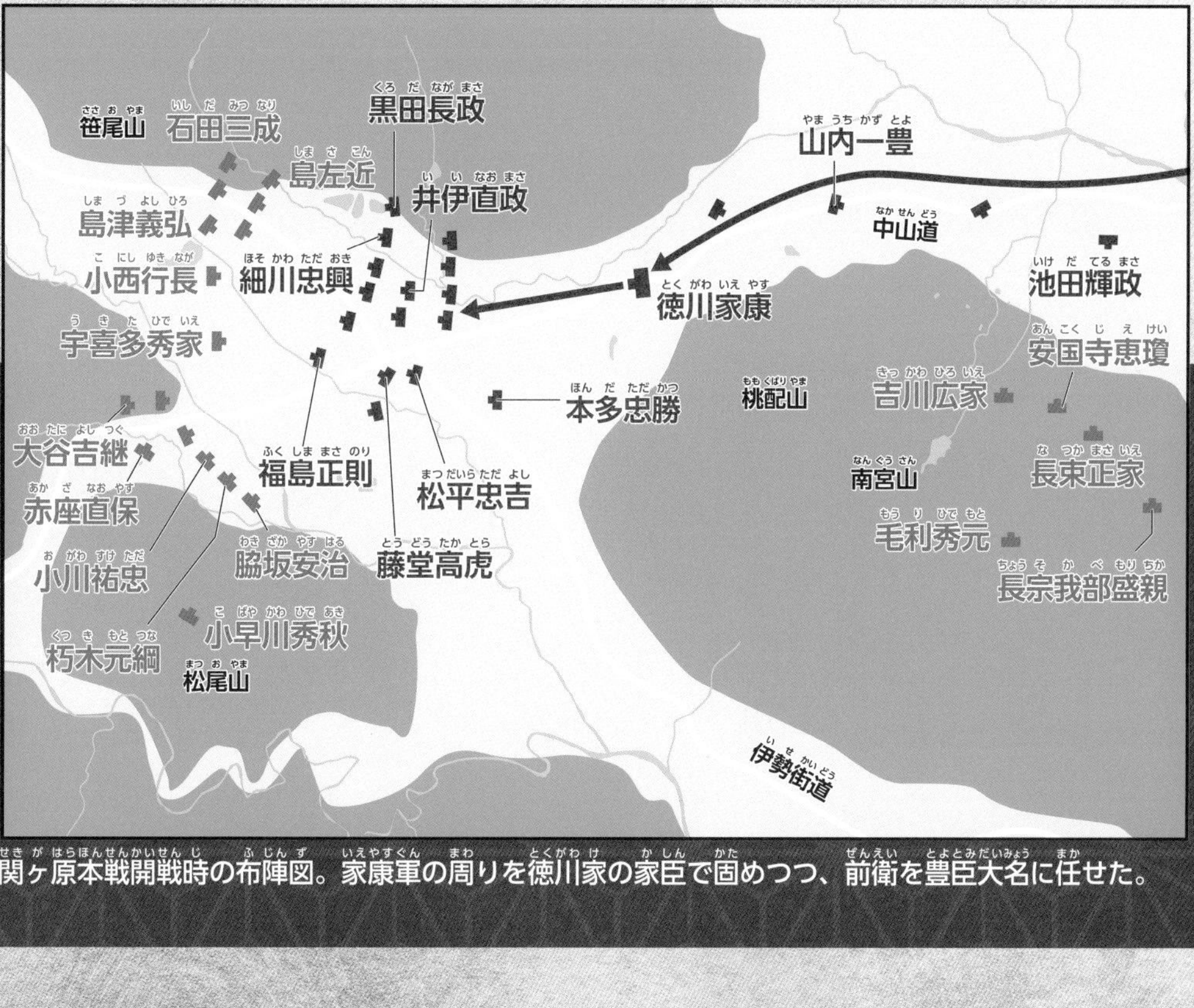

関ヶ原本戦開戦時《せきがはらほんせんかいせんじ》の布陣図《ふじんず》。家康軍《いえやすぐん》の周《まわ》りを徳川家《とくがわけ》の家臣《かしん》で固《かた》めつつ、前衛《ぜんえい》を豊臣大名《とよとみだいみょう》に任《まか》せた。

小早川秀秋《こばやかわひであき》の寝返《ねがえ》りで西軍《せいぐん》は敗北《はいぼく》！

早朝《そうちょう》から始《はじ》まった関《せき》ヶ原《がはら》の戦《たたか》いは、おしては引《ひ》いての大混戦《だいこんせん》となり、時刻《じこく》はもう昼《ひる》。その中《なか》でいらだちをかくせないのが家康《いえやす》だった。

「おそい！　小早川秀秋《こばやかわひであき》はまだ動《うご》かぬのか！」

松尾山《まつおやま》に陣《じん》をしく西軍《せいぐん》の将《しょう》・小早川秀秋《こばやかわひであき》とは、密《ひそ》かに「東軍《とうぐん》に寝返《ねがえ》る」と、家康《いえやす》との間《あいだ》で約束《やくそく》ができていた。だというのに秀秋《ひであき》の軍《ぐん》はいつまでも動《うご》かない。おこった家康《いえやす》が松尾山《まつおやま》に向《む》かって空鉄砲《からでっぽう》を撃《う》ち、秀秋《ひであき》はその音《おと》で裏切《うらぎ》りを決《けつ》意《い》した……というのは後《のち》の創作《そうさく》だが、正午《しょうご》、秀秋《ひであき》はとうとう覚《かく》ごを決《き》めた。とつ然《ぜん》、西軍《せいぐん》の大谷吉継《おおたによしつぐ》の軍《ぐん》に背後《はいご》からおそいかかったのである。

さらに脇坂安治《わきさかやすはる》なども寝返《ねがえ》り、大谷軍《おおたにぐん》はくずれ、吉継《よしつぐ》は自害《じがい》してしまう。

「もはやここまでか……。無念《むねん》だ」

総《そう》くずれになる味方《みかた》を見《み》て、三成《みつなり》も戦《いくさ》を断念《だんねん》。三成《みつなり》、宇喜多秀家《うきたひでいえ》、小西行長《こにしゆきなが》など西軍《せいぐん》の武将《ぶしょう》たちは、命《いのち》からがら戦場《せんじょう》からにげ出《だ》すのだった。

吉継《よしつぐ》の墓《はか》。自害《じがい》した吉継《よしつぐ》の首《くび》は、東軍《とうぐん》に見《み》つからないよう家臣《かしん》の湯浅五助《ゆあさごすけ》によってこの場所《ばしょ》にうめられたという。

イラストは、寝返《ねがえ》って松尾山《まつおやま》から大《おお》谷吉継《たによしつぐ》に攻《せ》めかかる小早川秀秋《こばやかわひであき》。実《じつ》は大谷吉継《おおたによしつぐ》は小早川《こばやかわ》の裏切《うらぎ》りを想定《そうてい》しており、あらかじめ用意《ようい》していた精兵《せいへい》を用《もち》いて一度《いちど》は松尾山《まつおやま》におしもどしていた。しかし、脇坂《わきざか》、朽木《くちき》、小川《おがわ》、赤座《あかざ》の４隊《たい》まで寝返《ねがえ》った事《こと》により、おし切《き》られてしまった。

三成《みつなり》を処《しょ》けいし、家康《いえやす》は天下統一《てんかとういつ》に王手《おうて》をかける

関《せき》ヶ原《がはら》の戦《たたか》いはたった8時間《じかん》という短時間《たんじかん》で終《お》わった。

三成《みつなり》など西軍《せいぐん》の主要《しゅよう》な将《しょう》は早々《そうそう》ににげ出《だ》し、戦場《せんじょう》に残《のこ》されたのは東軍《とうぐん》とにげおくれた西軍《せいぐん》の兵《へい》ばかり。そのにげおくれの中《なか》に、島津軍《しまづぐん》がいた。

「仕方《しかた》あるまい、正面《しょうめん》をとっ破《ぱ》する！」

前後左右《ぜんごさゆう》、どこも東軍《とうぐん》ばかり。その様子《ようす》を見《み》た島津義弘《しまづよしひろ》は腹《はら》をくくる。残《のこ》っていた島津《しまづ》の兵《へい》を集《あつ》めると、敵《てき》の真《ま》ん中《なか》をつっ切《き》ったのだ。この時《とき》の島津軍《しまづぐん》は、敵《てき》に追《お》いつかれるとしんがりの将《しょう》が死《し》ぬまで敵《てき》を足止《あしど》めして義弘《よしひろ》をにがす「捨《す》て奸《がまり》」というそう絶《ぜつ》な策《さく》を決行《けっこう》した。

「おじ上《うえ》！どうかにげのびてくだされ」

「すまぬ、豊久《とよひさ》！」

おいっ子《こ》の豊久《とよひさ》さえ「捨《す》て奸《がまり》」として義弘《よしひろ》は生《い》きのび、なんとか自領《じりょう》の九州《きゅうしゅう》までにげ帰《かえ》ることに成功《せいこう》。この退《たい》きやく戦《せん》は「島津《しまづ》の退《の》き口《ぐち》」と呼《よ》ばれ、後《のち》の世《よ》まで語《かた》り草《ぐさ》になった。

慶長出羽合戦《けいちょうでわがっせん》（山形県《やまがたけん》）

西軍《せいぐん》の上杉景勝《うえすぎかげかつ》の右《みぎ》うで・直江兼続《なおえかねつぐ》が東軍《とうぐん》の最上義光《もがみよしあき》を攻《せ》めた。最上軍《もがみぐん》は長谷堂城《はせどうじょう》で敵《てき》を防《ふせ》ぎ関《せき》ヶ原本戦《がはらほんせん》の東軍勝利《とうぐんしょうり》を知《し》ると逆《ぎゃく》しゅうに転《てん》じる。義光《よしあき》は自《みずか》ら先陣《せんじん》をきって上杉軍《うえすぎぐん》を追《お》うが、兼続《かねつぐ》は冷静《れいせい》な指揮《しき》でてっ退《たい》を成功《せいこう》させた。

全国《ぜんこく》で起《お》こった東軍《とうぐん》vs.西軍《せいぐん》の戦《たたか》い

三成《みつなり》の挙兵《きょへい》をきっかけにはじまった関《せき》ヶ原《がはら》の戦《たたか》いは全国《ぜんこく》に広《ひろ》がった。本戦《ほんせん》に参加《さんか》した大名《だいみょう》たち以外《いがい》も西軍《せいぐん》、東軍《とうぐん》に別《わか》れ全国各地《ぜんこくかくち》で争《あらそ》っていたのだ。その一部《いちぶ》を見《み》てみよう

さて、戦場《せんじょう》からとう亡《ぼう》した三成《みつなり》だが、合戦《かっせん》の7日後《かご》に近江《おうみ》（滋賀県《しがけん》）にひそんでいるところを見《み》つかり、家康《いえやす》の前《まえ》に引《ひ》きずり出《だ》される。

「どうじゃ。申《もう》し開《ひら》きはあるか？」

「秀吉様《ひでよしさま》を裏切《うらぎ》った大悪党《だいあくとう》め！」

くやしがる三成《みつなり》だったが、小西行長《こにしゆきなが》や安国寺恵瓊《あんこくじえけい》とともに京都《きょうと》の六条河原《ろくじょうがわら》で首《くび》を切《き》られた。

この後《あと》、西軍《せいぐん》に加《くわ》わった大名《だいみょう》は処分《しょぶん》を命《めい》じられ、毛利《もうり》家《け》や上杉家《うえすぎけ》など多《おお》くの大名《だいみょう》が領地《りょうち》のぼっ収《しゅう》という厳《きび》しい処《しょ》ばつを受《う》けた。代《か》わりに東軍《とうぐん》に加《くわ》わったものには、領《りょう》地《ち》の加増《かぞう》などの恩賞《おんしょう》が家康《いえやす》からあたえられた。

こうして関ヶ原《せきがはら》の戦《たたか》い後《ご》、家康《いえやす》は天下人《てんかびと》に大《おお》きく近付《ちかづ》いたのだった。

「わしの天下《てんか》まで、あと少《すこ》しじゃ」

数年後《すうねんご》、家康《いえやす》は征夷大将軍《せいいたいしょうぐん》となり江戸幕府《えどばくふ》を開《ひら》く。だが、大坂《おおさか》にはまだ強大《きょうだい》な力《ちから》を持《も》つ豊臣秀頼《とよとみひでより》がいる。豊臣《とよとみ》をほろぼさなければ徳川《とくがわ》の天下《てんか》は来《こ》ない。家康《いえやす》は最後《さいご》の戦《たたか》いに向《む》けて策《さく》をめぐらせはじめるのだった。

田辺城《たなべじょう》の戦《たたか》い（京都府《きょうとふ》）

細川藤孝《ほそかわふじたか》が5百人《ひゃくにん》の兵《へい》で守《まも》る田辺城《たなべじょう》を、1万《まん》5千《せん》の西軍《せいぐん》が攻《せ》める。藤孝《ふじたか》は討《う》ち死《じ》にを覚《かく》ごするが、かれが継承《けいしょう》していた「古今伝授《こきんでんじゅ》（『古今和歌集《こきんわかしゅう》』の解《かい》しゃくの秘伝《ひでん》）」が失《うしな》われることをおそれた天皇《てんのう》の命令《めいれい》で和《わ》ぼくした。

石垣原《いしがきばる》の戦《たたか》い（大分県《おおいたけん》）

秀吉《ひでよし》にぼっ収《しゅう》された領地《りょうち》を取《と》りもどすため三成挙兵《みつなりきょへい》に応《おう》じた大友義統《おおともよしむね》が杵築《きつき》城《じょう》を攻撃《こうげき》するが、東軍方《とうぐんがた》の黒田官兵衛《くろだかんべえ》に敗《やぶ》れる。その後官兵衛《ごかんべえ》は九州制圧《きゅうしゅうせいあつ》をもくろみ進軍《しんぐん》するが、関ヶ原本戦《せきがはらほんせん》が1日《にち》で終結《しゅうけつ》したため野望《やぼう》はくだかれた。

西軍武将《せいぐんぶしょう》を調略《ちょうりゃく》した黒田長政《くろだながまさ》

小早川《こばやかわ》・吉川《きっかわ》を寝返《ねがえ》らせた知将《ちしょう》

小早川秀秋《こばやかわひであき》や吉川広家《きっかわひろいえ》を西軍《せいぐん》から裏切《うらぎ》らせて勝利《しょうり》した東軍《とうぐん》。彼《かれ》らに調略《ちょうりゃく》（寝返《ねがえ》りの交《こう》しょう）を仕《し》かけたのは、黒田長政《くろだながまさ》という武将《ぶしょう》だった。

長政《ながまさ》は豊臣秀吉《とよとみひでよし》に天下《てんか》を取《と》らせた軍師《ぐんし》・黒田官兵衛《くろだかんべえ》の子《こ》。官兵衛《かんべえ》も秀吉《ひでよし》の中国攻《ちゅうごくぜ》めや小田原攻《おだわらぜ》めなどで、敵将《てきしょう》の調略《ちょうりゃく》や和《わ》ぼく交《こう》しょうを行《おこな》った交《こう》しょう名人《めいじん》である。長政《ながまさ》は父《ちち》の才能《さいのう》をしっかり受《う》けついでいた。東《とう》西両軍《ざいりょうぐん》からさそいをかけられてなやむ秀秋《ひであき》に対《たい》しては家康《いえやす》の誠実《せいじつ》さを説《と》いて背中《せなか》をおし、本家《ほんけ》である毛利家《もうりけ》を心配《しんぱい》する広家《ひろいえ》に対《たい》しては毛利家存続《もうりけそんぞく》を約束《やくそく》するなど、相手《あいて》にあわせたやり方《かた》で説得《せっとく》している。結果《けっか》、関ケ原《せきがはら》の戦《たたか》いはわずか1日《にち》で東軍勝利《とうぐんしょうり》に終《お》わった。

家康《いえやす》は調略《ちょうりゃく》における長政《ながまさ》の功績《こうせき》をとても喜《よろこ》び、福岡《ふくおか》54万石《まんごく》という破格《はかく》の恩賞《おんしょう》をあたえる。長政《ながまさ》は町《まち》づくりもうまく、九州最大《きゅうしゅうさいだい》の都市《とし》となる福岡《ふくおか》の基《き》そを築《きず》いた。

調略《ちょうりゃく》が勝敗《しょうはい》を分《わ》けた合戦《かっせん》

七尾城《ななおじょう》の戦《たたか》い。城主《じょうしゅ》の急死《きゅうし》や伝染《でんせん》病《びょう》で城内《じょうない》が混乱《こんらん》する中《なか》、上杉謙信《うえすぎけんしん》が重臣《じゅうしん》を調略《ちょうりゃく》し落城《らくじょう》させた。

稲葉山城《いなばやまじょう》の戦《たたか》い。織田信長《おだのぶなが》は斎藤《さいとう》龍興《たつおき》に愛想《あいそ》をつかした重臣《じゅうしん》を調略《ちょうりゃく》し、城《しろ》を攻略《こうりゃく》した。

甲州攻《こうしゅうぜ》め。木曽義昌《きそよしまさ》の寝返《ねがえ》りをきっかけに織田軍《おだぐん》が武田領《たけだりょう》に攻《せ》め入《い》り、武田家《たけだけ》をほろぼした。

武田信玄《たけだしんげん》の駿河攻《するがぜ》め。信玄《しんげん》はあらかじめ今川家《いまがわけ》の重臣《じゅうしん》を調略《ちょうりゃく》して、いとも簡単《かんたん》に駿府《すんぷ》を落《お》とした。

第10番

戦国最後《せんごくさいご》の戦《たたか》い！ 泰平《たいへい》の世《よ》をつくるのはどちらだ！

大坂《おおさか》の陣《じん》

関《せき》ヶ原《がはら》の戦《たたか》いで勝利《しょうり》した徳川家康《とくがわいえやす》は、征夷大将軍《せいいたいしょうぐん》となり幕府《ばくふ》を開《ひら》いた。武士《ぶし》の頂点《ちょうてん》に立《た》とうとする家康《いえやす》を、天下人《てんかびと》の子《こ》、豊臣秀頼《とよとみひでより》は止《と》められるのか？ 戦国最後《せんごくさいご》の戦《たたか》いが始《はじ》まろうとしている！

家康《いえやす》、秀頼《ひでより》をおそれる…!?

（本当《ほんとう》にこのりっぱな青年《せいねん》が、あのサルといわれた秀吉《ひでよし》の息子《むすこ》なのか？）

二条城《にじょうじょう》の会見《かいけん》の場《ば》に現《あらわ》れた堂々《どうどう》たる姿《すがた》の青年《せいねん》に、家康《いえやす》はおどろいた。その視《し》線《せん》の先《さき》にいるのは、豊臣秀頼《とよとみひでより》。天下人《てんかびと》・豊臣秀吉《とよとみひでよし》の後《あと》をついだ、豊臣家《とよとみけ》の主《あるじ》だ。関ケ原《せきがはら》の戦《たたか》い当時《とうじ》、まだ8歳《さい》だった秀頼《ひでより》を利用《りよう》して、家康《いえやす》は天下《てんか》を思《おも》い通《どお》りにあやつった。しかし、あれから11年《ねん》の月日《つきひ》が流《なが》れて19歳《さい》になった秀頼《ひでより》は、小《こ》がらで貧相《ひんそう》だった秀吉《ひでよし》とは似《に》ても似《に》つかない、りりしい若武者《わかむしゃ》に成長《せいちょう》していた。美女《びじょ》と名高《なだか》い母《はは》・淀殿《よどどの》のおもかげが色濃《いろこ》いのだろう。

（これは、会見《かいけん》の場《ば》をもうけて正解《せいかい》だった。秀頼《ひでより》がここまで化《ば》けるとは……）

あせりと不安《ふあん》を感《かん》じた家康《いえやす》は、決意《けつい》を新《あら》たにしたという。秀頼《ひでより》は生《い》かしておけぬ、と。

この会見《かいけん》の後《あと》すぐに、秀頼《ひでより》の忠臣《ちゅうしん》・加藤清正《かとうきよまさ》が急死《きゅうし》。さらに前田利長《まえだとしなが》などの豊臣家《とよとみけ》に協力的《きょうりょくてき》な大名《だいみょう》も亡《な》くなり、豊臣家《とよとみけ》が支《ささ》えを失《うしな》っていく中《なか》で、ついに事《じ》件《けん》が起《お》きる。

「秀頼様《ひでよりさま》、この家康《いえやす》の不幸《ふこう》を願《ねが》うとはどのようなおつもりですか!?」

家康《いえやす》からとつ然《ぜん》、秀頼《ひでより》に問《と》いつめる手紙《てがみ》が送《おく》られた。『秀頼様《ひでよりさま》が方広寺《ほうこうじ》に寄《き》付《ふ》した鐘《かね》に刻《きざ》まれている〝*国家安康《こっかあんこう》〟と〝*君臣豊楽《くんしんほうらく》〟という文字《もじ》。これは家康《いえやす》を二《ふた》つにさいて、豊臣《とよとみ》だけが楽《らく》に栄《さか》えるというのろいでございましょう』

豊臣秀吉《とよとみひでよし》が築《きず》いた大坂城《おおさかじょう》は、巨大《きょだい》な堀《ほり》で何《なん》重《じゅう》にも城内《じょうない》を囲《かこ》んだ難攻不落《なんこうふらく》の城《しろ》だった。大坂夏《おおさかなつ》の陣《じん》で秀吉時代《ひでよしじだい》の城《しろ》は燃《も》えており、現在《げんざい》の城《しろ》は徳川秀忠《とくがわひでただ》が再建《さいけん》したものである。

もちろん秀頼《ひでより》はのろいをかけるつもりなどない。これは家康《いえやす》の言《い》いがかりだ。なんとしても豊臣家《とよとみけ》をほろぼしたい家康《いえやす》が、無理《むり》やり合戦《かっせん》のきっかけにしたのである。家康《いえやす》は「ふとどきな豊臣家《とよとみけ》を処《しょ》ばつする」ために、秀頼《ひでより》が住《す》む大坂城《おおさかじょう》に出陣《しゅつじん》。大坂《おおさか》の陣《じん》が開戦《かいせん》した。

＊国家安康《こっかあんこう》……国《くに》が平和《へいわ》で安定《あんてい》していることを祝《いわ》う言葉《ことば》だが、「家康《いえやす》」の二字《にじ》を分断《ぶんだん》している。

＊君臣豊楽《くんしんほうらく》……君主《くんしゅ》から民《たみ》まで、豊《ゆた》かで楽《たの》しい生活《せいかつ》を送《おく》るという意味《いみ》だが、「豊臣《とよとみ》」を君主《くんしゅ》として楽《たの》しむ言葉《ことば》だと疑《うたが》われた。

戦国《せんごく》の最終勝者《さいしゅうしょうしゃ》 徳川家康《とくがわいえやす》

徳川軍《とくがわぐん》 戦力評価《せんりょくひょうか》

徳川軍《とくがわぐん》は冬《ふゆ》の陣《じん》では19万《まん》、夏《なつ》の陣《じん》では15万《まん》ほどの兵《へい》で大坂《おおさか》城《じょう》を包囲《ほうい》した。難攻不落《なんこうふらく》と名《な》高《だか》い大坂城《おおさかじょう》を確実《かくじつ》に落《お》とすために、大砲《たいほう》などの強力《きょうりょく》な武器《ぶき》もたくさん用意《ようい》している。

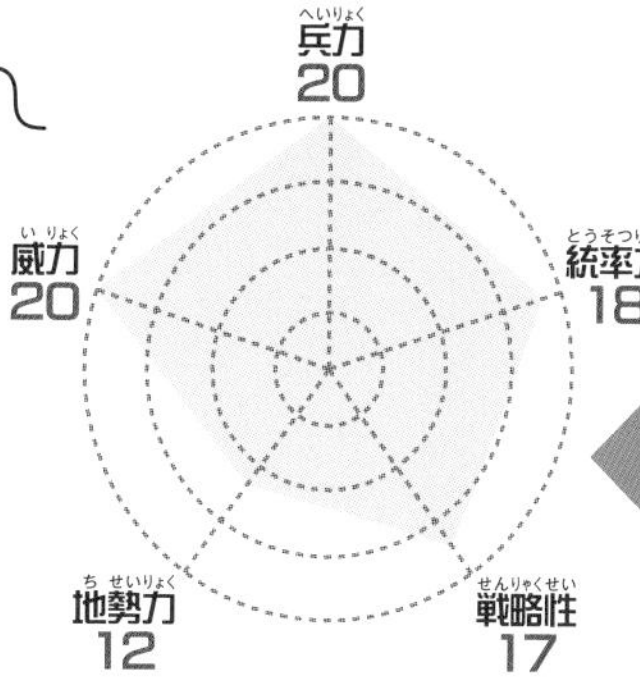

合計《ごうけい》 87

無敵《むてき》! 真田丸《さなだまる》!!

攻《せ》め寄《よ》せる家康《いえやす》の軍勢《ぐんぜい》を、秀頼《ひでより》はただ待《ま》っていたわけでない。

(家康《いえやす》め、必《かなら》ずや返《かえ》り討《う》ちにしてやるぞ)

たとえ方広寺《ほうこうじ》の鐘《かね》の件《けん》をうまく退《しりぞ》けたとしても、家康《いえやす》がまた言《い》いがかりをつけて、合戦《かっせん》にもちこもうとすることはわかりきっている。「ならばここで家康《いえやす》の息《いき》の根《ね》を止《と》めるしかない」と意《い》を決《けっ》した秀頼《ひでより》は、全国《ぜんこく》に散《ち》らばった「浪人《ろうにん》」たちに手紙《てがみ》を書《か》き、豊臣家《とよとみけ》に味方《みかた》してくれるようたのんだ。浪《ろう》人《にん》とは、主君《しゅくん》に仕《つか》えていない武士《ぶし》のことだ。当時《とうじ》は関ヶ原《せきがはら》の戦《たたか》いに敗《やぶ》れて仕事《しごと》を失《うしな》った浪人《ろうにん》がたくさんいて、返《かえ》りざきのチャンスをねらっていた。

こうして集《あつ》まった浪人《ろうにん》の一人《ひとり》が真田信繁《さなだのぶしげ》(幸村《ゆきむら》)である。かれは知将《ちしょう》として知《し》られる真田昌幸《さなだまさゆき》の子《こ》で、関ヶ原《せきがはら》の戦《たたか》いで父《ちち》とともに西軍《せいぐん》についた。真田父子《さなだふし》は、上田城《うえだじょう》で徳川秀忠《とくがわひでただ》を足止《あしど》めして関ヶ原本戦《せきがはらほんせん》におくれさせたため、おこった家康《いえやす》によって紀伊《きい》(和歌山県《わかやまけん》)の山中《さんちゅう》に閉《と》じこめられていたのだ。

信繁《のぶしげ》は、秀頼《ひでより》からの手紙《てがみ》を受《う》け取《と》ると、必死《ひっし》の思《おも》いで山《やま》をぬけ出《だ》し、秀頼《ひでより》の

真田信繁《さなだのぶしげ》［幸村《ゆきむら》］

信濃《しなの》（長野県《ながのけん》）の大名《だいみょう》・真田昌幸《さなだまさゆき》の子《こ》。冬《ふゆ》の陣《じん》では真田丸《さなだまる》で徳川軍《とくがわぐん》をやぶり、夏《なつ》の陣《じん》では家康本陣《いえやすほんじん》に特攻《とっこう》するなど大活《だいかつ》やくを見《み》せた。江戸時代以降《えどじだいいこう》、「真田幸村《さなだゆきむら》」の名《な》前《まえ》で講談《こうだん》や軍記物《ぐんきもの》の人気者《にんきもの》となる。

もとにかけつけたのである。

信繁《のぶしげ》は、大坂城《おおさかじょう》の南《みなみ》に真田丸《さなだまる》という出丸《でまる》（城《しろ》の外《そと》がわの砦《とりで》）を築《きず》いた。

「父上《ちちうえ》、真田《さなだ》の武勇《ぶゆう》を天下《てんか》に見《み》せつけてまいります。どうか天《てん》から見届《みとど》けてください」

信繁《のぶしげ》は亡《な》き父《ちち》・昌幸《まさゆき》にちかう。昌幸《まさゆき》は大坂《おおさか》の陣《じん》がおこる数年前《すうねんまえ》、故郷《こきょう》にもどれない無念《むねん》をなげきながら紀伊《きい》で亡《な》くなったのだった。

「なんだ、この砦《とりで》は」

「どうやら守《まも》りはうすそうだぞ」

真田丸《さなだまる》に攻《せ》めこんだ徳川軍《とくがわぐん》は、反撃《はんげき》されないことに気《き》づくと調子《ちょうし》に乗《の》って真田丸《さなだまる》のおくにつっこんできた。

しかし、これこそが信繁《のぶしげ》の作戦《さくせん》だ。深入《ふかい》りした徳川軍《とくがわぐん》は信繁《のぶしげ》の伏兵《ふくへい》に左右《さゆう》から攻撃《こうげき》され、鉄砲《てっぽう》の雨《あめ》を浴《あ》びて、たくさんのぎせい者《しゃ》を出《だ》した。徳川《とくがわ》軍《ぐん》は大坂城《おおさかじょう》に一歩《いっぽ》も入《い》れなかったのだ。

大坂城《おおさかじょう》は東《ひがし》・西《にし》・北《きた》が川《かわ》や水堀《みずほり》で攻《せ》めにくい地形《ちけい》だったが、南《みなみ》だけは平地《へいち》が続《つづ》いていた。この弱点補完《じゃくてんほかん》のために信繁《のぶしげ》は南方《なんぼう》に真田丸《さなだまる》という砦《とりで》を築《きず》き、守《まも》りだけでなく攻《せ》めの起点《きてん》としても活用《かつよう》して徳川軍《とくがわぐん》を撃退《げきたい》したのだ（『大坂冬の陣図屏風 模本《おおさかふゆのじんずびょうぶもほん》』東京国立博物館蔵《とうきょうこくりつはくぶつかんぞう》／Colbase）。

砲撃《ほうげき》で打《う》ちくだかれた豊臣方《とよとみがた》の戦意《せんい》

真田丸《さなだまる》でさんざんに打《う》ち負《ま》かされた徳川軍《とくがわぐん》は、20万《まん》ともいわれる大軍《たいぐん》で大坂《おおさか》城《じょう》を包囲《ほうい》しておきながら、城《しろ》の「惣構《そうがま》え」もとっ破《ぱ》できずにいた。惣構《そうがま》えとは、城《しろ》を城下町《じょうかまち》ごとぐるりと取《と》り囲《かこ》む防衛線《ぼうえいせん》のことだ。秀吉《ひでよし》が築《きず》かせた大坂城《おおさかじょう》の惣《そう》構《がま》えは、元々流《もともとなが》れている川《かわ》を利用《りよう》しており、さらに広《ひろ》い水堀《みずほり》も設《もう》けられている。どんなに大規模《だいきぼ》な軍勢《ぐんぜい》で攻《せ》め寄《よ》せても、一気《いっき》になだれこむことができなかった。

「秀吉《ひでよし》め、死《し》んでもなお、わしの天下取《てんかと》りをじゃましおって」

家康《いえやす》はくやしさにふるえたが、そこは歴戦《れきせん》の強者《つわもの》である。冷静《れいせい》になって状《じょう》きょうを分《ぶん》せきし、力《ちから》おしで大坂城《おおさかじょう》を落《お》とすのは無理《むり》だと判断《はんだん》した。

(ならばこちらに有利《ゆうり》な条件《じょうけん》で和《わ》ぼくしてから、再《ふたた》び攻《せ》めこむのがいいだろう)

家康《いえやす》は方針《ほうしん》を変《か》えて、豊臣家《とよとみけ》に和《わ》ぼく交《こう》しょうを持《も》ちかける。

しかし、とっくのむかしに家康《いえやす》との共存《きょうぞん》は不可能《ふかのう》だと見切《みき》っている秀頼《ひでより》はそれをつっぱねた。

「家康《いえやす》め、いまさらなにを言《い》うのだ。和《わ》ぼくなど応《おう》じるものか」

そんな秀頼《ひでより》の態度《たいど》にも、家康《いえやす》はほくそ笑《え》む。

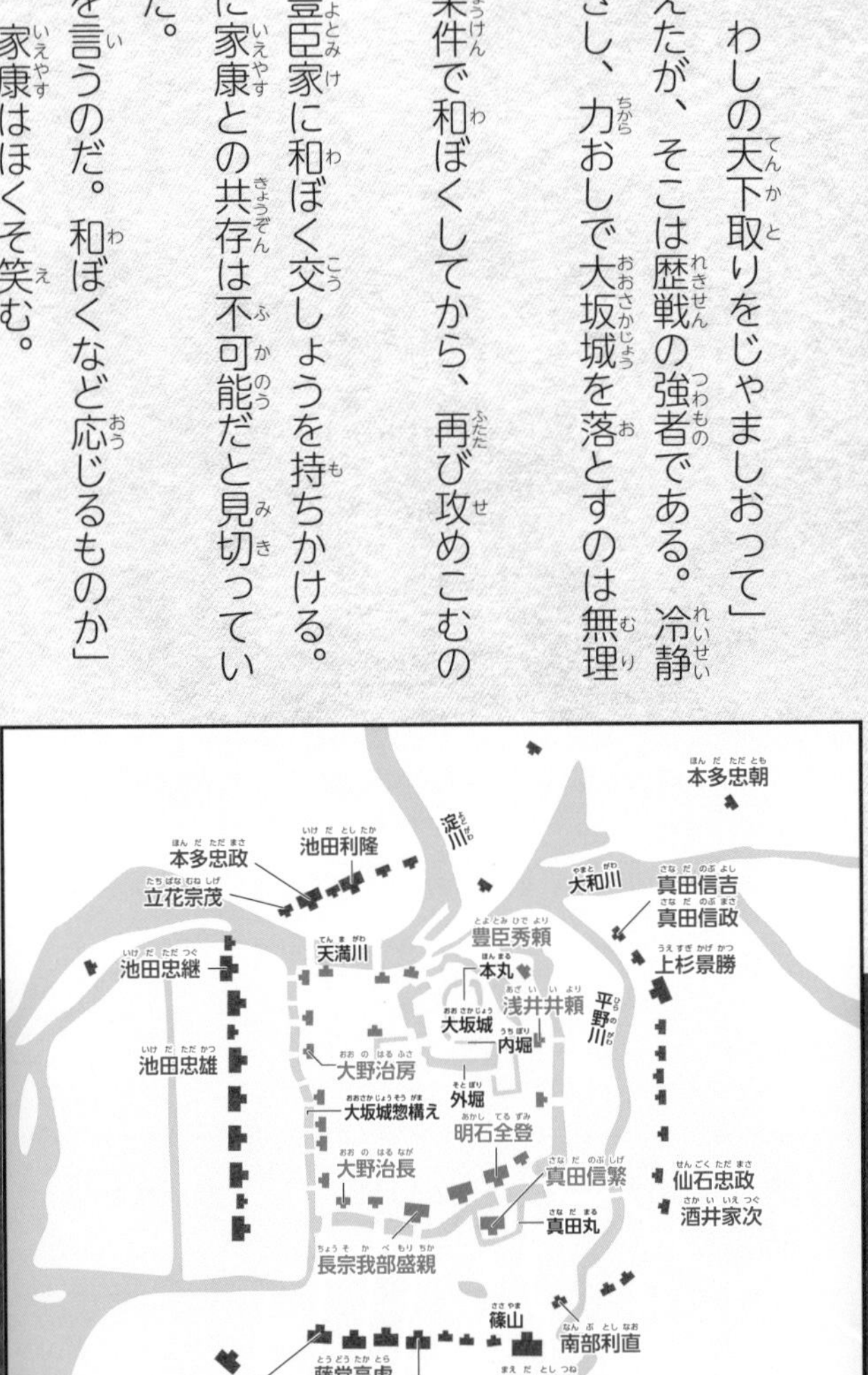

豊臣家《とよとみけ》は各地《かくち》の有力大名《ゆうりょくだいみょう》らに助勢《じょせい》をたのんだが、表立《おもてだ》って味方《みかた》につく大名《だいみょう》はおらず、豊臣軍《とよとみぐん》のほとんどは浪人《ろうにん》で構成《こうせい》されていた。対《たい》して、徳川軍《とくがわぐん》は全国《ぜんこく》の大名《だいみょう》で構成《こうせい》されていた。

「ふふふ、強《つよ》がっていられるのも今《いま》のうちよ」

家康《いえやす》は、おくの手《て》としてかくしていた大砲《たいほう》を持《も》ち出《だ》して、大坂城《おおさかじょう》の本丸《ほんまる》に撃《う》ちこみ始《はじ》めたのである。

「きゃあああ、お城《しろ》のかべがくずれたわ」

「家康《いえやす》が大砲《たいほう》を撃《う》ちこんでいるのよ、おそろしい」

大坂城《おおさかじょう》の本丸《ほんまる》には、秀頼《ひでより》の母《はは》・淀殿《よどどの》と、そのお世《せ》話《わ》をする侍女《じじょ》たちもたくさん住《す》んでいる。連日《れんじつ》の砲《ほう》撃《げき》にかの女《じょ》たちは追《お》いつめられ、ついに侍女《じじょ》が砲撃《ほうげき》に巻《ま》きこまれて亡《な》くなってしまう。

「なんとむごいことを。もうこれ以上《いじょう》のぎせい者《しゃ》は出《だ》したくありません。秀頼《ひでより》、家康《いえやす》の和《わ》ぼくに応《おう》じるのです」

侍女《じじょ》の死《し》にショックを受《う》けた淀殿《よどどの》は、秀頼《ひでより》に和《わ》ぼくするよう求《もと》めた。秀頼《ひでより》はしぶったが、家康《いえやす》の側《そく》室《しつ》・阿茶局《あちゃのつぼね》と、淀殿《よどどの》の妹《いもうと》・常高院《じょうこういん》が使者《ししゃ》として説得《せっとく》したため、ついに両軍《りょうぐん》は和《わ》ぼくする。

和《わ》ぼく成立《せいりつ》の時期《じき》が冬《ふゆ》だったため、この合戦《かっせん》は大《おお》坂冬《さかふゆ》の陣《じん》と呼《よ》ばれる。

徳川軍《とくがわぐん》は淀川《よどがわ》の中州《なかす》に砲台《ほうだい》を設置《せっち》し、昼《ちゅう》夜《や》問《と》わず大坂城《おおさかじょう》に砲撃《ほうげき》を加《くわ》えた。建物《たてもの》が破《は》かいされたことに加《くわ》え、ごう音《おん》が豊臣《とよとみ》軍《ぐん》や女性《じょせい》たちを心理的《しんりてき》に追《お》いつめた。

またもや言《い》いがかりで出陣《しゅつじん》する家康《いえやす》

大坂冬《おおさかふゆ》の陣《じん》の和《わ》ぼくで家康《いえやす》がねらった「有利《ゆうり》な条件《じょうけん》」とは、「大坂城《おおさかじょう》の堀《ほり》をすべてうめること」だった。大軍《たいぐん》で攻《せ》めても思《おも》うように城《しろ》を攻撃《こうげき》できなかった最大《さいだい》の理由《りゆう》は、大坂城《おおさかじょう》を守《まも》る堀《ほり》に行《ゆ》く手《て》をはばまれたからである。

家康《いえやす》はぬかりなくこの条件《じょうけん》を入《い》れこんで、和《わ》ぼくを成立《せいりつ》させ、次《つぎ》の日《ひ》には堀《ほり》のうめ立《た》てを開始《かいし》し、わずか1か月《げつ》ほどで工事《こうじ》を完《かん》りょうさせる。

「ああ……、父上《ちちうえ》から受《う》けついだ大切《たいせつ》な城《しろ》が、こわされていく」

大坂城《おおさかじょう》で生《う》まれ育《そだ》った秀頼《ひでより》は、その様子《ようす》を悲《かな》しみながら見《み》つめていた。

この堀《ほり》のうめ立《た》てについては、家康《いえやす》が条件《じょうけん》を自分勝手《じぶんかって》に解《かい》しゃくして無理《むり》やり内堀《うちぼり》までうめたという説《せつ》もあったが、現在《げんざい》では元々《もともと》すべてうめることが決《き》まっていたとわかっている。

こうして大坂城《おおさかじょう》を「まるはだか」にした家康《いえやす》は、また言《い》いがかりをつけた。

「秀頼様《ひでよりさま》は合戦《かっせん》が終《お》わったのに、浪人《ろうにん》たちをやとったままにしている。これは再《ふたた》び合戦《かっせん》を起《お》こそうとしているからですよね？」

確《たし》かに秀頼《ひでより》は浪人《ろうにん》をやとったままだったが、それはいやがらせをしてくる家《いえ》康《やす》から、豊臣家《とよとみけ》を守《まも》るためである。本当《ほんとう》に再《ふたた》び合戦《かっせん》を起《お》こしたいのは家康《いえやす》のほうだ。家康《いえやす》はまたもや「ふとどきな豊臣家《とよとみけ》を処《しょ》ばつする」ために、和《わ》ぼくを破《は》きして大坂城《おおさかじょう》に出陣《しゅつじん》したのだった。

お江《ごう》が淀殿《よどどの》と秀頼《ひでより》を供養《くよう》した養源院《ようげんいん》。

ざんねん 浅井三姉妹《あざいさんしまい》の悲劇的運命《ひげきてきうんめい》

淀殿《よどどの》には常高院《じょうこういん》の他《ほか》にもう一人《ひとり》・お江《ごう》という妹《いもうと》がいる。織田信長《おだのぶなが》のめいにあたるが、父《ちち》を信長《のぶなが》にほろぼされている。両親《りょうしん》を戦《いくさ》で失《うしな》いながらも、過《か》こくな乱世《らんせい》を生《い》きぬいた。しかし、淀殿《よどどの》が豊臣秀吉《とよとみひでよし》、お江《ごう》が徳川秀忠《とくがわひでただ》にとついだことで姉妹《しまい》は敵同士《てきどうし》となり、常高院《じょうこういん》の仲《ちゅう》かいもむなしく、淀殿《よどどの》は豊臣家《とよとみけ》とともにほろんでしまう。

堀《ほり》をうめる徳川軍《とくがわぐん》。うめ立《た》てをいち早《はや》く終《お》わらせるため、付近《ふきん》の家《いえ》などがこわされ、堀《ほり》に放《ほう》りこまれたという。徳川軍《とくがわぐん》を手《て》こずらせた真田丸《さなだまる》もこの時《とき》に破《は》かいされている。

城外《じょうがい》でくり広《ひろ》げられる決死《けっし》の戦《たたか》い！

「堀《ほり》を失《うしな》った大坂城《おおさかじょう》にろう城《じょう》しても、もはや無意味《むいみ》。徳川軍《とくがわぐん》に勝《か》つためには、城《しろ》から打《う》って出《で》るしかありません」

秀頼《ひでより》を中心《ちゅうしん》に集《あつ》まった豊臣軍《とよとみぐん》の面々《めんめん》に、信繁《のぶしげ》は言《い》い切《き》った。豊臣軍《とよとみぐん》の兵力《へいりょく》は徳川軍《とくがわぐん》より少《すく》ないが、城《しろ》にこもれば必《かなら》ず負《ま》けるとわかっている以上《いじょう》、策略《さくりゃく》を工《く》夫《ふう》して城外《じょうがい》で戦《たたか》うしかない。信繁《のぶしげ》は仲間《なかま》の後藤又兵衛《ごとうまたべえ》、毛利勝永《もうりかつなが》と相談《そうだん》して、大坂城南東《おおさかじょうなんとう》の道明寺《どうみょうじ》の地《ち》で徳川軍《とくがわぐん》をむかえ撃《う》つと決《き》めた。

ところが、合流《ごうりゅう》すると約束《やくそく》した夜中《よなか》にきりが出《で》てしまい、道明寺《どうみょうじ》にたどりつけたのは又兵衛《またべえ》だけだった。目《め》の前《まえ》には、すでに徳川《とくがわ》の大軍《たいぐん》がおし寄《よ》せている。

「ならば、いざよくここで討《う》ち死《じ》にするまで！」

猛将《もうしょう》として名《な》を知《し》られた又兵衛《またべえ》は、徳川軍《とくがわぐん》に攻《せ》めかかって何十人《なんじゅうにん》もの兵《へい》を切《き》り伏《ふ》せ、敵将《てきしょう》を討《う》ち取《と》ったが、最後《さいご》は、敵《てき》の鉄砲《てっぽう》に撃《う》ちぬかれて力《ちから》つきた。しかし又兵衛《またべえ》が徳川軍《とくがわぐん》を食《く》い止《と》めてくれたおかげで信繁《のぶしげ》と勝永《かつなが》が合流《ごうりゅう》すると、形《けい》勢《せい》が逆転《ぎゃくてん》する。お昼《ひる》をすぎたころには、徳川軍《とくがわぐん》の伊達政宗《だてまさむね》が指揮《しき》する鉄砲隊《てっぽうたい》と五分五分《ごぶごぶ》の戦《たたか》いにまで持《も》ちこんだ。

同《おな》じころ、道明寺《どうみょうじ》より北《きた》の八尾《やお》と若江《わかえ》の地《ち》でも、豊臣軍《とよとみぐん》が徳川軍《とくがわぐん》の進軍《しんぐん》を食《く》い止《と》めるために激戦《げきせん》をくり広《ひろ》げていた。八尾方面《やおほうめん》には長宗我部盛親《ちょうそかべもりちか》、若江方面《わかえほうめん》には木村重成《きむらしげなり》が夜中《よなか》のうちに出陣《しゅつじん》し、家康《いえやす》の信《しん》らいがあつい藤堂高虎《とうどうたかとら》などの軍《ぐん》

後藤又兵衛《ごとうまたべえ》

父《ちち》を早《はや》くに亡《な》くし、黒田官兵衛《くろだかんべえ》に育《そだ》てられた。しかし官兵衛《かんべえ》の子《こ》・黒田《くろだ》長政《ながまさ》とは仲《なか》が悪《わる》く、黒田家《くろだけ》をはなれ、大坂《おおさか》の陣《じん》は豊臣側《とよとみがわ》として参戦《さんせん》。武力《ぶりょく》に優《すぐ》れ、道明寺《どうみょうじ》の戦《たたか》いでは人数差《にんずうさ》をものともせず勇《ゆう》かんに戦《たたか》った。

をむかえ撃《う》ったのだ。

子《こ》どものころから秀頼《ひでより》に仕《つか》えてきた重成《しげなり》は、高虎《たかとら》の軍勢《ぐんぜい》を破《やぶ》る活《かつ》やくをしても満足《まんぞく》せず、「わたしはまだ、家康《いえやす》の首《くび》を取《と》っていない」と言《い》ってさらに攻《せ》め入《い》り、敵将《てきしょう》との一騎打《いっきう》ちのすえに討《う》ち取《と》られてしまった。

「重成《しげなり》どのが討《う》ち死《じ》にだと！　このままではわしも危《あや》うい」

その報告《ほうこく》を受《う》けた盛親《もりちか》は、自分《じぶん》の軍《ぐん》が孤立《こりつ》する危険《きけん》を感《かん》じて大坂城《おおさかじょう》に退《たい》きゃくする。

「信繁《のぶしげ》と勝永《かつなが》も退《たい》きゃくせよ」

秀頼《ひでより》から八尾《やお》・若江《わかえ》の敗戦《はいせん》の報告《ほうこく》と退《たい》きゃく命《めい》令《れい》が届《とど》くと、信繁《のぶしげ》と勝永《かつなが》も大坂城《おおさかじょう》に近《ちか》い天王寺《てんのうじ》まで退《たい》きゃくした。信繁《のぶしげ》が退《たい》きゃくする間《あいだ》、おそれをなした政宗《まさむね》の軍勢《ぐんぜい》はまったく追《お》ってこない。信《のぶ》繁《しげ》はその様子《ようす》を見《み》ると、

「徳川軍《とくがわぐん》は＊百万《ひゃくまん》もいるといっても、男《おとこ》は一人《ひとり》もいないようだ」

と言《い》って政宗《まさむね》の軍《ぐん》を指《ゆび》さし、自分《じぶん》の軍《ぐん》の兵士《へいし》たちとともに大笑《おおわら》いした。

＊百万《ひゃくまん》……大軍《たいぐん》を表現《ひょうげん》するたとえで、実際《じっさい》に徳川軍《とくがわぐん》が百万《ひゃくまん》だったわけではない。

豊臣軍《とよとみぐん》はうめ立《た》てられた堀《ほり》をほり返《かえ》そうと奮闘《ふんとう》するが、間《ま》に合《あ》わなかった。まるはだかにされた大坂城《おおさかじょう》ではろう城戦《じょうせん》は不可能《ふかのう》と判断《はんだん》し、豊臣軍《とよとみぐん》は徳川軍《とくがわぐん》に野戦《やせん》をいどむ。両軍《りょうぐん》あわせて総勢《そうぜい》15万《まん》だった関ヶ原《せきがはら》をもこえる総勢約《そうぜいやく》21万規模《まんきぼ》となった大坂夏《おおさかなつ》の陣《じん》は、日本《にほん》の合戦史上最《かっせんしじょうもっと》も激戦《げきせん》であったといえる。

日本一《ひのもといち》の兵《つわもの》の散《ち》りぎわ

道明寺《どうみょうじ》の激戦《げきせん》の翌日《よくじつ》、大坂城《おおさかじょう》の目前《もくぜん》の天王寺《てんのうじ》で、最終決戦《さいしゅうけっせん》の幕《まく》が開《あ》けた。ここまでくれば小細工《こざいく》は必要《ひつよう》ないとばかりに、徳川軍《とくがわぐん》の大軍勢《だいぐんぜい》が真正面《ましょうめん》から豊臣《とよとみ》軍《ぐん》にせまってくる。

その戦場《せんじょう》を見《み》すえた信繁《のぶしげ》は、（ただやられるだけで終《お》わらせるつもりはない）と静《しず》かに闘志《とうし》を燃《も》やしていた。赤《あか》いよろいでそろえた「赤備《あかぞな》え」の自分《じぶん》の軍《ぐん》をふり返《かえ》ると、

「みな、行《い》くぞ！　ねらうは家康《いえやす》の首《くび》、ただ一《ひと》つ！」

そう号令《ごうれい》して、一直線《いっちょくせん》に家康《いえやす》の本陣《ほんじん》を目《め》ざしてとつ撃《げき》する。

自分《じぶん》にせまってくる赤備《あかぞな》えの一団《いちだん》に気《き》づいた家康《いえやす》は、「なんじゃ、あの軍団《ぐんだん》は」とふるえあがった。まるで炎《ほのお》のような信繁《のぶしげ》の軍勢《ぐんぜい》は、3度《ど》家康《いえやす》の陣《じん》にとつ入《にゅう》し、家康《いえやす》の馬印《うまじるし》をなぎたおし、家康《いえやす》が死《し》を覚《かく》ごするほどに追《お》いつめたという。

しかし、残念《ざんねん》ながら圧《あっ》とう的《てき》な兵力差《へいりょくさ》はくつがえせなかった。全身《ぜんしん》に傷《きず》を負《お》った信繁《のぶしげ》は、安居神社《やすいじんじゃ》で休息《きゅうそく》しているところを徳川軍《とくがわぐん》に見《み》つかって討《う》ち取《と》られたのだった。後《のち》の記録《きろく》には、「信繁《のぶしげ》こそが日本一《ひのもといち》の兵《つわもの》である」と書《か》き残《のこ》されている。

信繁《のぶしげ》は安居神社《やすいじんじゃ》にて休息中《きゅうそくちゅう》、松平忠直軍《まつだいらただなおぐん》の西尾宗次《にしおむねつぐ》という武士《ぶし》に見《み》つかる。つかれ果《は》てていた信繁《のぶしげ》は「自分《じぶん》の首《くび》を手《て》がらにせよ」といって、応戦《おうせん》しなかったという。安居神社《やすいじんじゃ》には真田信繁《さなだのぶしげ》の銅像《どうぞう》が建《た》てられている。

真田軍《さなだぐん》の勢《いきお》いはすさまじく、大坂城《おおさかじょう》へ直進《ちょくしん》した徳川《とくがわ》軍前衛《ぐんぜんえい》と入《い》れちがう形《かたち》で家康本陣《いえやすほんじん》へ一直線《いっちょくせん》に向《む》かっていった。本陣《ほんじん》は大混乱《だいこんらん》におちいり、家康《いえやす》はあわてて馬《うま》でにげたという。家康《いえやす》の馬印《うまじるし》・金《きん》おうぎがたおされたのは三方ヶ原《みかたがはら》での敗戦以来《はいせんいらい》であった。

大坂城《おおさかじょう》が炎上《えんじょう》、戦国最後《せんごくさいご》の戦《いくさ》が終《お》わる

大坂城《おおさかじょう》に火《ひ》の手《て》が上《あ》がった。城内《じょうない》に裏切《うらぎ》り者《もの》が出《で》て、台所《だいどころ》に火《ひ》を放《はな》ったのだ。秀吉《ひでよし》が築《きず》いた天下人《てんかびと》の象徴《しょうちょう》が業火《ごうか》に包《つつ》まれる。

「千《せん》、お前《まえ》はお父上《ちちうえ》のもとにもどるのだ」

秀頼《ひでより》は正室《せいしつ》・千姫《せんひめ》を家族《かぞく》のもとへ帰《かえ》すことにした。千姫《せんひめ》の父《ちち》は、家康《いえやす》の息子《むすこ》・徳川秀忠《とくがわひでただ》である。

「わたくしだけですか？　秀頼《ひでより》さまは？」

千姫《せんひめ》の問《と》いに秀頼《ひでより》は答《こた》えない。大坂城《おおさかじょう》とともに散《ち》るつもりなのだ。かごで秀忠《ひでただ》のもとに送《おく》られた千姫《せんひめ》は、涙《なみだ》ながらに秀忠《ひでただ》にお願《ねが》いした。

「父上《ちちうえ》、どうか秀頼様《ひでよりさま》とそのご家族《かぞく》の命《いのち》をお救《すく》いください」

しかし、家康《いえやす》の長年《ながねん》の悲願《ひがん》を知《し》っている秀忠《ひでただ》は、千姫《せんひめ》の願《ねが》いをかなえるわけにはいかなかった。

「千《せん》よ、それはできない相談《そうだん》だ。豊臣家《とよとみけ》を完全《かんぜん》にほろ

（写真上《しゃしんうえ》）黒田長政《くろだながまさ》が戦《たたか》いの様子《ようす》を描《えが》かせた『大坂夏《おおさかなつ》の陣図屏風《じんずびょうぶ》』（大阪城天守閣蔵《おおさかじょうてんしゅかくぞう》）。

夏《なつ》の陣《じん》で亡《な》くなった秀頼《ひでより》と信繁《のぶしげ》だが、合戦《かっせん》の直後《ちょくご》から「実《じつ》は生《い》きている」というウワサが流《なが》れていた。当時《とうじ》、京《きょう》で「花《はな》のようなる秀頼様《ひでよりさま》を、鬼《おに》のようなる真田《さなだ》が連《つ》れて退《の》きも退《の》いたよ鹿児島《かごしま》へ」という歌《うた》がはやっていた他《ほか》、鹿児島《かごしま》には今《いま》も秀頼《ひでより》や信繁《のぶしげ》の墓《はか》とされる墓石《ぼせき》が残《のこ》っている。左《ひだり》の写真《しゃしん》は大坂城《おおさかじょう》につながるぬけ穴《あな》があったとされる三光神社《さんこうじんじゃ》。

ぼさなければ、徳川家《とくがわけ》の真《しん》の天下《てんか》は訪《おとず》れないのだ」

そのころ、秀頼《ひでより》は淀殿《よどどの》とともに、本丸《ほんまる》の北《きた》にある山里丸《やまざとまる》に移《うつ》った。

「母上《ははうえ》、無念《むねん》ですがもはやここまで。ともに父上《ちちうえ》のもとにまいりましょう」

「仕方《しかた》ありません。秀頼《ひでより》、そなただけでも生《い》きてほしかったけれど……」

燃《も》えさかる炎《ほのお》の中《なか》で、秀頼《ひでより》と淀殿《よどどの》はみずから命《いのち》を絶《た》った。こうして豊臣家《とよとみけ》は、大坂城《おおさかじょう》とともにめつ亡《ぼう》。落城《らくじょう》の時期《じき》が夏《なつ》だったため、この合戦《かっせん》は大坂夏《おおさかなつ》の陣《じん》と呼《よ》ばれる。

ついに本当《ほんとう》の天下人《てんかびと》となった家康《いえやす》は、このとき70歳《さい》を過《す》ぎており、翌年《よくとし》に天寿《てんじゅ》をまっとうした。だが、家康《いえやす》の死後《しご》も大名《だいみょう》たちは徳川家《とくがわけ》に忠誠《ちゅうせい》をちかったため、天下《てんか》から合戦《かっせん》がなくなった。血《ち》で血《ち》をあらう戦国時代《せんごくじだい》は終《お》わりをむかえ、江戸幕府《えどばくふ》による約《やく》250年《ねん》の平和《へいわ》な世《よ》が始《はじ》まったのである。

天下人《てんかびと》の子《こ》

豊臣秀頼《とよとみひでより》

豊臣軍《とよとみぐん》 戦力評価《せんりょくひょうか》

夏《なつ》の陣《じん》での兵力《へいりょく》は、徳川軍《とくがわぐん》の3分《ぶん》の1の5万《まん》。さらに、冬《ふゆ》の陣《じん》で徳川軍《とくがわぐん》を防《ふせ》いだ鉄《てっ》ぺきの堀《ほり》も夏《なつ》の陣《じん》では失《うしな》ってしまったため、真田信繁《さなだのぶしげ》ら浪人《ろうにん》たちの奮闘《ふんとう》だけがたよりである。

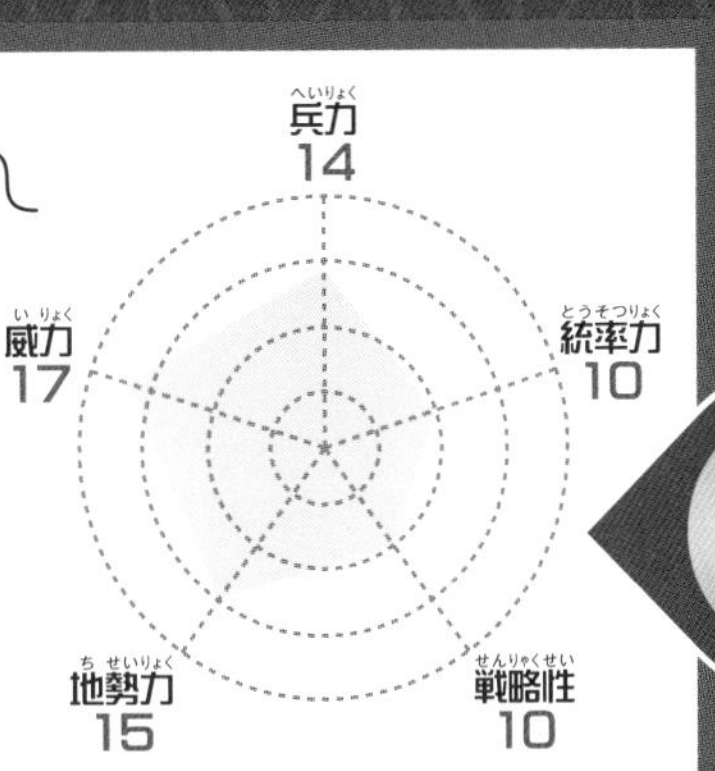

合計《ごうけい》
66

大坂城攻略法《おおさかじょうこうりゃくほう》の考案者《こうあんしゃ》

堀《ほり》のうめ立《た》て戦法《せんぽう》を考《かんが》えたのは秀吉《ひでよし》!?

大坂冬《おおさかふゆ》の陣《じん》で豊臣軍《とよとみぐん》は巨大《きょだい》な堀《ほり》を生《い》かして徳川軍《とくがわぐん》に対《たい》し有利《ゆうり》に戦《たたか》った。その最大《さいだい》の要因《よういん》は、大坂城《おおさかじょう》が巨大《きょだい》な堀《ほり》で何重《なんじゅう》にも囲《かこ》まれていたからだ。特《とく》に1番外側《ばんそとがわ》の「惣構《そうがま》え」は城下町《じょうかまち》まで守《まも》っており、土地《とち》が広《ひろ》く使《つか》えたため、大軍《たいぐん》でろう城《じょう》するのに有利《ゆうり》だった。

この惣構《そうがま》えをつくったのは、秀頼《ひでより》の父《ちち》・秀吉《ひでよし》。彼《かれ》はある時《とき》、家康《いえやす》の前《まえ》で「わしの大坂城《おおさかじょう》はだれも落《お》とせん」とじまんした。さらに調子《ちょうし》に乗《の》った秀吉《ひでよし》は「だが、わしなら攻略《こうりゃく》できる。まず、大坂城《おおさかじょう》を力攻《ちからぜ》めにし、堀《ほり》のうめ立《た》てを条件《じょうけん》に入《い》れて和《わ》ぼくする。城《しろ》が丸《まる》はだかになったところを再《ふたた》び攻《せ》めれば簡単《かんたん》に落《お》とせるぞ」と攻略方法《こうりゃくほうほう》までじまんげに語《かた》ったという。そう、家康《いえやす》は大坂城《おおさかじょう》の攻略法《こうりゃくほう》を、生前《せいぜん》の秀吉《ひでよし》から聞《き》いていたのだ。

この話《はなし》が本当《ほんとう》かは不明《ふめい》だが、豊臣《とよとみ》めつ亡《ぼう》の原因《げんいん》が秀《ひで》吉自身《よしじしん》にあったとしたら、なんとも皮肉《ひにく》な話《はなし》である。

大坂城《おおさかじょう》の惣構《そうがま》え

豊臣時代《とよとみじだい》の大坂城《おおさかじょう》。元々城周辺《もともとしろしゅうへん》には淀川《よどがわ》や猫間川《ねこまがわ》などの川《かわ》が流《なが》れており、秀吉《ひでよし》はこれを惣構《そうがま》えの堀《ほり》として利用《りよう》した。さらに秀吉《ひでよし》は東横堀川《ひがしよこぼりがわ》と南惣構《みなみそうがま》え堀《ぼり》をつくって、大坂城《おおさかじょう》の守《まも》りを固《かた》める。南惣構《みなみそうがま》え堀《ぼり》は空堀《からぼり》で守《まも》りが弱《よわ》かったため、真田信繁《さなだのぶしげ》が弱点克服《じゃくてんこくふく》のため真田丸《さなだまる》を築《きず》いた（イラスト=香川元太郎《かがわげんたろう》）。

【製作スタッフ】

第1番 桶狭間の戦い
●本文 山本ミカ
●本文・総大将イラスト 竹村ケイ

第2番 川中島の戦い
●本文 山本ミカ
●本文・総大将イラスト panther

第3番 長篠の戦い
●本文 山本ミカ
●本文・総大将イラスト 竹村ケイ

第4番 耳川の戦い
●本文 鷹橋忍
●本文・総大将イラスト 裏海マユ

第5番 備中高松城の戦い
●本文 海藤緑沙
●本文・総大将イラスト 真琴

第6番 本能寺の変
●本文 山本ミカ
●本文・総大将イラスト 花吹色

第7番 小牧・長久手の戦い
●本文 稲泉知
●本文・総大将イラスト 花吹色

第8番 人取橋の戦い
●本文 野中直美
●本文・総大将イラスト 裏海マユ

第9番 関ヶ原の戦い
●本文 野中直美
●本文・総大将イラスト 池田正輝

第10番 大坂の陣
●本文 稲泉知
●本文・総大将イラスト 池田正輝

〈武将イラスト〉
山田しぶ（山本勘助）
もつる（武田信繁、酒井忠次）
Babovich（山県昌景）
トト丸（島津家久）
ナチコ（黒田官兵衛、長宗我部元親）
トミダトモミ（小早川隆景、片倉小十郎）
坪井亮平（柴田勝家）
喜久家系（織田信雄、織田信忠）
miska（伊達成実）
菊屋シロウ（加藤清正）
深山ひたき（徳川秀忠）
渡里（後藤又兵衛）

〈編集協力〉
二本木昭

〈DTP〉
明昌堂

〈合戦CG〉
成瀬京司

〈ブックデザイン〉
山口秀昭（Studio Flavor）

戦《せん》国《ごく》合《かっ》戦《せん》年《ねん》表《ぴょう》

年《ねん》号《ごう》	できごと
1554年《ねん》	甲《こう》相《そう》駿《すん》三《さん》国《ごく》同《どう》盟《めい》が結《むす》ばれる
1555年《ねん》	毛《も》利《う》元《もと》就《なり》が厳島《いつくしま》の戦《たたか》いで陶《すえ》晴《はる》賢《かた》に勝利《しょうり》
1560年《ねん》	織《お》田《だ》信《のぶ》長《なが》が桶《おけ》狭《はざ》間《ま》の戦《たたか》いで今《いま》川《がわ》義《よし》元《もと》に勝利《しょうり》 第《だい》1番《ばん》
1561年《ねん》	武《たけ》田《だ》信《しん》玄《げん》と上《うえ》杉《すぎ》謙《けん》信《しん》が川《かわ》中《なか》島《じま》で戦《たたか》う 第《だい》2番《ばん》
1568年《ねん》	信《のぶ》長《なが》が足《あし》利《かが》義《よし》昭《あき》を15代《だい》将《しょう》軍《ぐん》にする
1573年《ねん》	信《のぶ》長《なが》が室《むろ》町《まち》幕《ばく》府《ふ》をほろぼす
1575年《ねん》	信《のぶ》長《なが》が長《なが》篠《しの》の戦《たたか》いで武《たけ》田《だ》勝《かつ》頼《より》に勝利《しょうり》 第《だい》3番《ばん》
1578年《ねん》	島《しま》津《づ》義《よし》久《ひさ》が耳《みみ》川《かわ》の戦《たたか》いで大《おお》友《とも》宗《そう》麟《りん》に勝利《しょうり》 第《だい》4番《ばん》
1582年《ねん》	羽《は》柴《しば》（豊《とよ》臣《とみ》）秀《ひで》吉《よし》が備《びっ》中《ちゅう》高《たか》松《まつ》城《じょう》を水《みず》攻《ぜ》めする 第《だい》5番《ばん》
	明《あけ》智《ち》光《みつ》秀《ひで》が本《ほん》能《のう》寺《じ》で信《のぶ》長《なが》を殺《さつ》害《がい》 第《だい》6番《ばん》
	秀《ひで》吉《よし》が山《やま》崎《ざき》の戦《たたか》いで光《みつ》秀《ひで》に勝利《しょうり》
1583年《ねん》	秀《ひで》吉《よし》が賤《しず》ヶ《が》岳《たけ》の戦《たたか》いで柴《しば》田《た》勝《かつ》家《いえ》に勝利《しょうり》
1584年《ねん》	秀《ひで》吉《よし》と家《いえ》康《やす》が尾《お》張《わり》で戦《たたか》う（小《こ》牧《まき》・長《なが》久《く》手《て》の戦《たたか》い） 第《だい》7番《ばん》

1585年《ねん》

島津家久《しまづいえひさ》が沖田畷《おきたなわて》の戦《たたか》いで龍造寺隆信《りゅうぞうじたかのぶ》に勝利《しょうり》

秀吉《ひでよし》が関白《かんぱく》の役職《やくしょく》をもらう

秀吉《ひでよし》が四国《しこく》の長宗我部元親《ちょうそかべもとちか》を臣従《しんじゅう》させる

秀吉《ひでよし》が豊臣《とよとみ》の姓《せい》をもらう

1586年《ねん》　佐竹義重《さたけよししげ》らと伊達政宗《だてまさむね》が戦《たたか》う（人取橋《ひととりばし》の戦《たたか》い）第《だい》8番《ばん》

1587年《ねん》　秀吉《ひでよし》が九州《きゅうしゅう》の島津義久《しまづよしひさ》を臣従《しんじゅう》させる

1589年《ねん》　政宗《まさむね》が摺上原《すりあげはら》の戦《たたか》いで蘆名義広《あしなよしひろ》に勝利《しょうり》

1590年《ねん》　秀吉《ひでよし》が関東《かんとう》の北条家《ほうじょうけ》をほろぼす

1592年《ねん》　1回目《かいめ》の朝鮮出兵《ちょうせんしゅっぺい》（文禄《ぶんろく》の役《えき》）が始《はじ》まる

1597年《ねん》　2回目《かいめ》の朝鮮出兵《ちょうせんしゅっぺい》（慶長《けいちょう》の役《えき》）が始《はじ》まる

1598年《ねん》　秀吉《ひでよし》が伏見城《ふしみじょう》で死去《しきょ》する

1600年《ねん》　家康《いえやす》が関ヶ原《せきがはら》の戦《たたか》いで石田三成《いしだみつなり》に勝利《しょうり》第《だい》9番《ばん》

1603年《ねん》　家康《いえやす》が征夷大将軍《せいいたいしょうぐん》になり江戸幕府《えどばくふ》を開《ひら》く

1614年《ねん》　大坂冬《おおさかふゆ》の陣《じん》が起《お》こる 第《だい》10番《ばん》

1615年《ねん》　家康《いえやす》が大坂夏《おおさかなつ》の陣《じん》で豊臣家《とよとみけ》をほろぼす 第《だい》10番《ばん》

『10番勝負シリーズ』プロデューサー　海藤緑沙

岡山県出身。上智大学法学部卒。児童書を中心に、書籍の企画・編集・執筆に携わる。歴史関係のプロデュース書籍として、『ニッポンの総理大臣』（企画・編集）、『戦国ストライカー！　織田信長の超高速無回転シュート』（執筆）などがある。

編・著　かみゆ歴史編集部（滝沢弘康、小関裕香子、小林優）

「歴史はエンターテイメント」をモットーに、雑誌・ウェブから専門書までの編集制作を手がける歴史コンテンツメーカー。扱うジャンルは日本史、世界史、宗教、神話、アートなど幅広い。戦国史関連の主な編集制作物に『戦国武将が教える最強!日本の城』『オールカラー図解 流れがわかる戦国史』（ワン・パブリッシング）、『地域別×武将だからおもしろい 戦国史』（朝日新聞出版）、『イラストでサクッと理解 流れが見えてくる戦国史図鑑』（ナツメ社）、『日本の合戦 解剖図鑑』（エクスナレッジ）などがある。

10番勝負シリーズ

戦国武将10番勝負

2024年5月7日　第1刷発行

編著者　かみゆ歴史編集部
発行人　土屋徹
編集人　滝口勝弘
編集長　安藤聡昭
発行所　株式会社Gakken
〒141-8416　東京都品川区西五反田2-11-8
印刷所　中央精版印刷株式会社

●この本に関する各種お問い合わせ先
本の内容については、下記サイトのお問い合わせフォームよりお願いします。
https://www.corp-gakken.co.jp/contact/
在庫については　Tel 03-6431-1197（販売部）
不良品（落丁、乱丁）については　Tel 0570-000577
学研業務センター　〒354-0045　埼玉県入間郡三芳町上富279-1
上記以外のお問い合わせは　Tel 0570-056-710（学研グループ総合案内）